U0708213

韓祝齡篆刻

天津朱卷集成

（三）

劉宗江 編

『十四五』國家重點圖書出版規劃項目
津沽筆記史料叢刊第十二種
主編 王振良

天津出版傳媒集團
天津古籍出版社

于士祜

八世祖登仕 明萬歷丁巳科拔貢生歷任內閣中書大理寺右評事

七世祖世臣 庠生

六世祖起洮 候補理藩院知事勅封文林郎浙江松陽縣知縣

五世祖植

高祖汝煇 庠生

高祖妣氏孟 廩膳生鴻臚寺序班諱澤廣公女

曾祖坒 太學生貤贈文林郎 例

曾祖妣氏孟 例贈孺人庠生諱廷瑛公女增廣生諱廷珩公姪女嘉慶戊午科舉人諱廷玢公嫡堂姪女

祖維鈺 嘉慶丁卯科舉人丁丑大挑二等冀州教諭

字蔭周號筠菴行二道光己丑年十月初五日吉時生係直隸天津府天津縣學附學生民籍

七世伯祖鼎臣 候選州同

六世叔祖起浤 庠生 起淏 庠生

六世堂叔祖起泮 庠生

五世嫡堂伯叔祖蓂 雍正甲辰科舉人揀選知縣 模 勅封文林郎浙江松陽縣知縣 楷 太學生 椿 檢 太學生 樵 庠生 果 栻

五世從堂叔祖楠 乾隆辛酉科拔貢生候選知縣

嫡堂高叔祖汝烈 庠生 汝燮 太學生 汝照 乾隆壬申恩舉人浙江松陽黃巖縣知縣通判銜署理湖州府烏鎮同知己亥恩科浙江鄉試同考官 汝煦 太學生

從堂高叔祖汝煓 汝烱 汝煜 汝熢 庠生 汝熉 庠生 汝煐 汝焜

從堂曾伯叔祖堯 坦 圻 壐 埔 候選鹽大使 址 太學生 城 太學生 墉 河南中牟縣蘭陽縣濟源縣知縣 垣 增 墊 堉 坤

府尹

祖妣氏房 敕封孺人候選州吏目諱珍公女候選州吏目諱瑞公姊女嘉慶辛酉科亞元名荃公庠生名毓芬公候選未入名蘭生公堂姑母候選從九名芝公姑母

父元英 道光辛巳恩科副貢生候選直隸州州判

母氏徐 敕封孺人太學生諱公女嘉慶庚辰科進士現任禮部尚書名澤醇公道光壬辰科舉人原任浙江歸安縣知縣諱德成公姪女太學生諱寶立公胞姊武舉諱寶德公嫡堂姊長淮衛千總名椿公道光戊戌科進士浙江衢州府知府名相公現任鹽山縣訓導名棻公道光庚戌科進士現任翰林院編修名桐公堂姊咸豐辛亥科恩科武舉名元照胞姑母

具慶下

業師

翟式金夫子 名錫晉 處士

埈 壎

從堂叔祖 人龍 太學生 文虎 太學生 誥贈奉政大夫 維誌 文蔚 太學生 茂鍾 文鯤 候選從九品 文炤 現任山西綏遠城盈寧庫大使 維鉒

維銓 蘊鍾 華鍾 超鍾 歲貢生候選教諭 維鏜 健鍾

維鎮 維鐸 維鏞 維錡 維鋨 維釗 維

鏡 維錦 庠生 維銘

從堂叔 光泰 道光庚子恩科舉人前選廣西岑谿縣知縣軍功保舉揀發湖南即補同知 光謙 候選從九品 元恒 光乾 河南候補未入 光萃 珣 山西雲州吏目 光晉 光豫 琦 太學生 璋 元慶 元理 元璞 元琭 元燾 元治 元淳 元淮 光漢 元疇 元吉 俱業儒

胞兄 士祺 廩貢生軍功保舉現任永平府訓導

從堂兄弟 祚昌 增貢生咸豐甲寅科八旗官學教習 禧謂 候選從九品 潤清 潤澤 潤滋 保合 得中 得善 裕昌 得書

胞兄景菴夫子 名士祺 廩膳生

姊丈王荆室夫子 名慶有

丁少衡夫子 名運樞 道光辛卯科舉人

課師

張仁齋夫子 諱長蒔 歲貢生

汪蓮渠夫子 諱彭壽 輔仁書院山長

蕭春田夫子 名德宣 前任天津海防同知

玉香圃夫子 名蘭廣 前任天津縣知縣

楊瀛仙夫子 諱雲驚 原任天津縣知縣

陳砥堂夫子 名則廉 現任天津府教授

楊慰農夫子 名霈 前任長蘆鹽運使

李秋原夫子 名昀 輔仁書院山長

王芷汀夫子 名壆 問津書院山長

年伯錢香士夫子 名炘和 現任天津道

祁昌 八兒 工俱業 紅備

從堂姪長蔭 幼

娶郭氏 乾隆癸卯科舉人郎鄖縣教諭諱秉彝公曾孫女郡庠生諱道五公孫女廩貢生道光戊子辛卯拔取謄錄欽加州同銜何間縣訓導名開蘭公女

賈氏 增廣生議敘州吏目候選州判諱鎰公曾孫女乾隆甲午科副榜丙午科舉人原任高陽縣教諭諱　公堂會孫女國學生諱丕緒公孫女國學生名諱穉公女郡庠生諱樑公邑庠生諱棨公國學生名椿公胞姪女議敘六品銜名炳章胞妹邑庠生名府元邑庠生名炳宸郡庠生名炳麟炳堂姊妹

子

女二

二

歷

張子班夫子名起鵷前任天津道

蔡　夫子名紹洛現任天津府知府

朱曉岩夫子名溥現任天津縣知縣

覺羅崑圃夫子名海瑛現任長蘆鹽運使

受知師

王蔭堂夫子諱廣蔭原任順天學政

張詩舲夫子名祥河現任順天學政

鄉試中式副榜第九名

鄉試中式第　名

會試中式第　名

殿試第　甲第　名

朝考

欽點

族繁不及備載

世居城內南大寺前

華俊篪

字心竹號琴訪一號晴舫行六道光丁亥年八月初四日吉時生直隸[illegible]天津縣學增貢生民籍刑部主事山東司行走

始祖維揆 字萬廉前明附監生嘉靖間由江蘇無錫隨從祖嵩峯公直隸天津道任嵩峯公轉山東副使留天津遂家焉

二世祖承節

三世祖廷林

四世祖天禪

四世祖妣氏張

二世伯叔祖承德　承志　寶祺

三世伯叔祖國瑞 前明撫標守備　廷秀　廷贊　廷貴

四世伯叔祖天正　天祥 候選同知誥授奉政大夫　天祉　天祚

天武　天爵 候選州同敕授儒林郎　天鎮 候選從九品、例贈登仕郎

天裕 歲貢生候選訓導敕授修職郎

堂太高伯叔祖嵩　崑　岱　嵒　嶙 候選同知誥授奉政大夫

嫡堂太高伯叔祖岳　崗　巒 國學生　嶠

太高祖嶧 例贈儒林郎

太高祖妣氏王 例贈孺人

氏陸 例贈孺人

高祖漢 字濟川 例贈修職郎

高祖妣氏郭 例贈孺人

氏徐 例贈孺人

曾祖維猷 字顯章 貤封奉直大夫

曾祖妣氏李 貤封宜人

祖琪 字東巖 誥封奉直大夫布政司理問加二級

高伯叔祖嶽 昇太學生 祝 祜 發太學生 芝敕封文林郎 振太學生 申貤封昭武都尉 蘭乾隆庚子科舉人充四庫全書館謄錄武英殿校錄歷任安徽全椒含山五河等縣知縣安慶府江防同知誥授奉政大夫 雯誥封奉直大夫 翰例封修職郎

堂高伯叔祖漢 漣 文溥 文澤 文潤 文濤 文治 涵 鑑源 元淳候選州同敕授儒林郎 貤封奉政大夫 龍光庠生 文瀾 文溪 文溶 文淲

從堂高叔祖金坤 金城

胞高伯祖濱 誥封奉直大夫 治太學生敕封承德郎 津敕封儒林郎

曾伯叔祖巖貤封文林郎 峻太學生敕封文林郎 衡例封修職郎 崙太學生

祖妣氏靳 誥封宜人康
熙庚子科舉人
歷任陝西汧陽山陽縣
知縣諱連公曾孫女原
任四川雅州府知府諱
夢熊公乾隆戊午科舉
人原任福建汀州府知
府陞任四川成龍潼緜
茂兵備道諱世菁公姪
孫女國學生諱巒公女
父樹 字蔭溥附貢生軍功
議敘六品銜 賞戴
藍翎 敕授承德郎 誥封奉
例封文林郎
政大夫刑部
主事加二級
母氏孫 敕封安人 例
封孺人 誥封宜
人國學生諱有恒公孫
女乾隆辛卯科舉人庚

山 例封登仕郎 崑 岡 太學生例封文林郎 岳 太學生 國 太學生馳封
儒林郎 堂 太學生封文林郎 淞 例候選從九品 亭 候選州同 嶧 太學生 岑
誥封昭武都尉 翹瀛 太學生 均 候選布政司理問 杲 墀 候選布政司理
問 章靖
堂曾伯叔祖 如楝 希堯 卓 如椿 如桐 如桂
希舜 楷 椋 如粱 庠生 永一 永植 永純
永桂 永模 森 如棠 敕贈文林郎 封奉政大夫 馳 如
棣 敕贈文林郎 如楠 庠生 如栻 永相 永泰 永林
永彬 永楙 伯紅 伯聚
從堂曾叔祖春

子大挑二等前任直隸涞水縣訓導候選知縣諱有章公胞姪孫女國學生諱元龍公女廩膳生諱兆麟公胞姪女廩膳生諱際昌公候選從九品名運昌公胞姊廩膳生諱廷棟公嫡堂姊

長慶下

祖訓

庭訓

業師

課師

受知師

嫡堂曾伯叔祖維翰誥封奉直大夫 維典國學生封承德郎 例維謨敕封文林郎

伯叔祖長春太學生 長震嘉慶丁卯科舉人丙戌會試大挑二等直隸東明縣訓導湖南桂陽州州同署臨武縣知縣敕授儒林郎 長紳邑庠生 長桂 長恩候選衛千總 長達 長麐 長本 長亭議敘從九品 長卿道光辛卯恩科舉人甲辰會試大挑二等現任奉天開原縣訓導 長忠道光庚子恩科舉人癸丑會試大挑二等揀選知縣 長芳邑庠生 長椿 長庚 長吉邑庠生 長愼議敘四品銜 長安廩膳生 長英議敘守禦所千總 長耀 長熙 長蔚 長信 長忠 長念 長忞 長憲 長忩 登鰲 穉卿 長齡 長順 長儒

張仲仁夫子 名恩成 邑庠生道光乙酉科挑取謄錄

叔祖癸生夫子 諱長忠 道光庚子科舉人癸丑大挑二等揀選知縣

劉曉山夫子 名鳳喈 道光甲午科舉人甲辰大挑二等現任直隸肥鄉縣教諭

王菊農夫子 名知學 歲貢生候選訓導

王運章夫子 諱世清 道光甲午科舉人前任直隸天津縣教諭

長森 長康 長福 長新太學生 長城

堂伯叔祖烜國學生 敕封文林郎 誥封奉政大夫 烺國學生 敕封文林郎 誥封奉政大夫 煓 烈敕贈文林郎 炳 鐸 鈺 錦 銅 璋

玲 璽 珺 仁 和謙 福謙 六謙 禹謙

隆謙 應元 應期 應昌 應武 應科 應盛 應魁 應文 應斌庠生 應春 長泰 長清

長凝 長復 長堃 長及 長志 長胄

長中 珍 瑶 琛

從堂叔祖紹庭敕授武略騎尉 理道光乙酉科拔貢 朝考一等第二名直隸望都縣教諭浙江桐鄉縣知縣署諸暨縣知縣 敕授文林郎 緒祖 敕授武略騎尉 仰

三

崇佩如夫子名綸前任長蘆鹽政現任倉場總督

文六吉太老夫子名謙前任長蘆鹽政現任直隸布政使司布政使

楊慰農太老夫子名霈道光己丑科進士前任長蘆鹽運使司鹽運使歷任湖廣總督

錢香士夫子名炘和道光乙未科進士前任長蘆鹽運使司鹽運使歷任直隸布政使司布政使

祖 敕封武略騎尉 耀祖國學生例封文林郎

胞叔祖瑨字芝山浙江候補批驗大使 敕授修職郎 誥封奉直大夫戶部主事加一級

琳字夢石候選州同 敕授儒林郎 敕封承德郎光祿寺署正加一級

伯叔 承緒 承祖議敘從九品 承紱 承意 承露 承志

毓奇 鼐 承霖邑增生 承先國學生 承訓 承儀

光鼐邑庠生 承俊 鼎元邑庠生 光第 承瀛 承祚

復光太學生 承瀚 承灝 承烈 承禧 承運

光鑾 光甌 承澐 承勛 承霈 光錫

光葆 光閣 百順 遴潔 光紡 承詩議敘從九品

承書議敘從九品 承三 承時俱業儒

瑛蘭坡夫子 名棻 前任長蘆鹽運使司鹽運使現任河南巡撫

覺羅海覓圃夫子 名瑛 前任長蘆鹽運使司鹽運使現任貴州布政使司布政使

克華亭夫子 名明 道光甲辰科進士歷任詹事府右中允左中允翰林院侍講侍讀前任長蘆鹽運使司鹽運使

張子班太年伯夫子 諱起鵷 前任直隸天津河間兵備道 欽加布政使銜

堂伯叔典 嘉慶丙子科舉人丙戌會試大挑一等分發山西歷署高平左雲山陰繁峙河津平遙等縣知縣渾源州吉州知州補趙城縣知縣調聞喜縣知縣再調陽曲縣知縣陞任霍州忻州直隸州知州署蒲州府知府 誥授奉政大夫

封 附貢生候選訓導 晉墀 國學生 鳳墀 國學生 玉墀 道光辛巳恩科舉人乙未會試大挑一等分發山東歷任福山昌邑蓬萊等縣知縣調嶧縣知縣署陝西大荔西鄉縣知縣 玉鳴 增貢生候選訓導 玉衡 國學生

奔 庠生 致儼 致中 致和 致隆 致興 致堯

致奉 致恭 致敬 士棻 議敘從九品 士英 雲

彪 營千總軍功賞戴藍翎 雲鵬 鰲 繼善 朗 英 俊

超 光明 光裕 光盛 光培 光輝

從堂叔棠 前任河南商水縣典史 樾 敕授武略騎尉 樽 議敘從九品 棣 議敘

陞任順天府府尹

徐小如夫子 名鏞 前任直隸天津府河防同知現任直隸正定府知府

謝雲舫夫子 諱子澄 道光壬辰科舉人前直隸天津縣知縣 欽加布政使銜

汪蓮溪夫子 諱彭 嘉慶戊辰科舉人前任直隸艮鄉縣教諭 欽加同知銜

焦桂樵太姻伯夫子 名佑瀛 道光丁酉科拔貢己亥科舉人現任光祿寺少卿軍機章京

從九品楷 椿咸豐乙卯科副榜本科考取八旗漢教習 棫邑庠生 桂 彬

邑庠生文炳 文煥 文煒俱業儒

嫡堂叔光藻字蘭舟咸豐辛亥恩科副榜癸丑科考取八旗漢教習補鑲紅旗官學教習期滿引見以知縣用戶部主事江南司兼江西司行走

胞叔光煒原名集字義堂布政司理問光祿寺署正珍饈署兼典簿廳行走良醞署坐辦出嗣

胞叔祖夢石公 楨字楚翹 玉牒館議敘典史候選都司出嗣胞叔祖芝山公

兄弟世珍 世蓁 世朋 世益 世仲俱業儒

堂兄弟銓 錞 鑾 鑒國學生 鏞 銳 鎮邑庠生 錫

鑄郡庠生 鑅道光癸卯科舉人咸豐壬子恩科進士 欽點主事工部都水司行走 鍈山西候補知縣前陝西布政司庫大使 鈞咸豐辛亥恩科舉人候選知縣 鍾國學生

毛素存夫子 名永柏 前任直隸天津縣知縣現任山東青州府知府

王菱堂夫子 諱廣蔭 道光癸未科榜眼工部尚書前任順天學政

龔西園夫子 諱文齡 嘉慶庚辰科進士工部右侍郎前任順天學政

汪醇卿夫子 諱廷儒 道光甲辰科進士翰林院編修辛亥科順天鄉試同考官

李靜山夫子 名培祜 道光丁未科進士翰林院編修現任吏科給事中乙卯科

銘 名國學生 鉞 鍪 淦 鉁 鎬 銜 俱業儒

從堂弟恩禧 恩福 恩順 葆恬 葆淳 綱

珠 平 俱業儒

嫡堂弟俊三 原名恩錫字芸舫候選部司務 俊彝 字仙舫國學生 俊同 俊

奎 俊賡 俊颺 俊儒 俱業儒

胞兄映辰 原諱向榮字心葵候選鹽知事

胞弟俊疇 原名雲字心畬議敘守禦所千總

堂姪澐 泌 濂 潤 汶 沁 淮 澄 俱業儒

嫡堂姪景屛 景祿 俱幼

胞姪景恬 國學生 景彥 國學生 景廉 景恒 景安 俱業儒

履歷

順天鄉試

同考官

楊叔逼年伯夫子名濟咸豐

辛亥科副榜壬子科舉

人現任國子監助教

鄉試中式第二百三十一名

正大光明殿覆試

欽定二等第七名

會試中式第　名

殿試第　甲第　名

朝考第　等第　名

欽點

昺怡　昺績俱幼

胞姪孫有鳳　兆鳳　振鳳　毓鳳　威鳳俱幼

娶楊氏戶部江南司員外郎廣東鹽運使司鹽運使
湖嘉汀贛分司署理廣東惠州府知府諱紹
庭公曾孫女郡庠生候選知縣諱恩溥公孫女嘉
慶庚午科舉人刑部湖廣司山東司員外郎廣東
司郎中總辦秋審處熱河理刑司　京察一等歷
任江西吉安廣西南甯等府知府護理左江兵備
道諱恩培公胞姪孫女廣東候補典史諱家駿公
長女道光甲辰　恩科舉人癸丑會試大挑二等
前任直隸順義縣訓導諱家麟公
胞姪女候選典史名績熙嫡堂姊

子昺醇業儒　昺龢幼

女一

族繁不及備載　世居天津帶河門內戶部街

欽命四書詩題

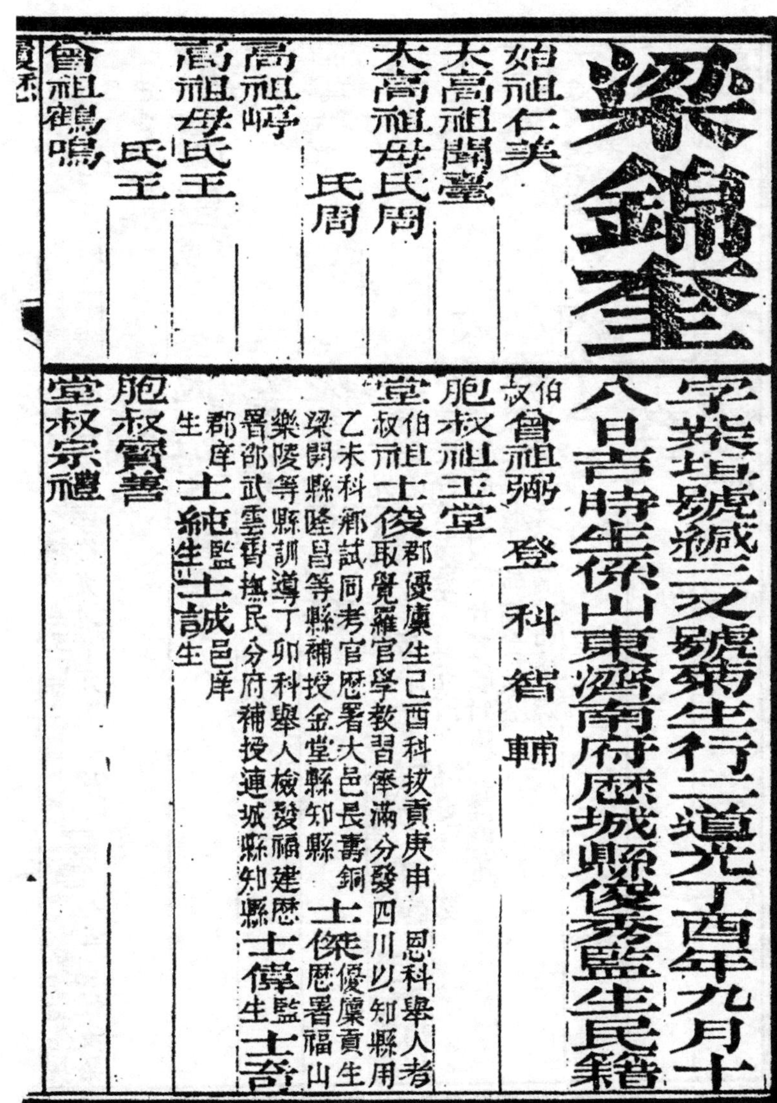

梁錦奎

字炳垣號虎臣又號菊生行三道光丁酉年九月十八日吉時生係山東濟南府歷城縣優貢監生民籍

始祖仁美

太高祖開臺

太高祖母氏周

氏周

高祖嶟

高祖母氏王

氏王

曾祖鶴鳴

伯叔曾祖彌 登 科 省 輔

胞叔祖玉堂

堂伯叔祖士俊郡優廩生己酉科拔貢庚申恩科舉人考取覺羅官學教習俸滿分發四川以知縣用乙未科鄉試同考官歷署大邑長壽銅梁開縣墊昌等縣補授金堂縣知縣 士傑優廩貢生歷署福山樂陵等縣訓導丁卯科舉人檢發福建歷署邵武雲霄撫民分府補授連城縣知縣 士偉監生 士奇 士純郡庠生 士誠監生 邑庠生

胞叔寶善

堂叔宗禮

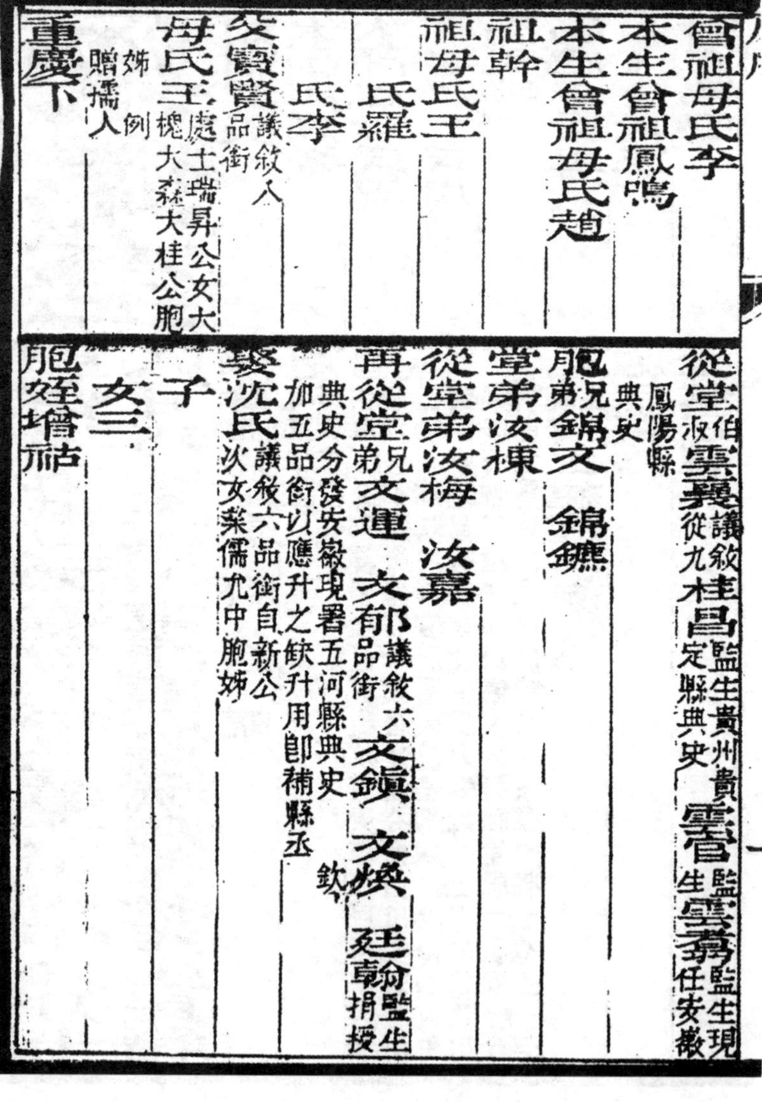

曾祖母氏李

本生曾祖鳳鳴

本生曾祖母氏趙

祖幹

祖母氏王

氏羅

氏李

父寳賢 議敘八品銜

母氏王 處士瑞昇公女大槐大森大桂公胞姊 例贈孺人

重慶下

從堂伯叔 雲驤 議敘從九 桂昌 監生貴州貴定縣典史 雲晉 監生 雲翥 監生現任安徽鳳陽縣典史

胞兄弟 錦文 錦鑣

堂弟 汝棟

從堂弟 汝梅 汝嘉

再從堂兄弟 文運 文郁 議敘六品銜 文鎮 文煥 廷翰 監生捐授典史分發安徽現署五河縣典史欽加五品銜以應升之缺升用即補縣丞

娶沈氏 議敘六品銜自新公次女業儒允中胞姊

子

女三

胞姪 增祜

嚴侍下

受業知師

王老夫子 印 用信

丁瑚齋夫子 印 琪 甲辰舉人

姻伯李樂山夫子 印 伯華

歲貢生候選教諭

丁旭林夫子 印 烜 增廣生

丁少衡夫子 印 運樞 辛卯舉人

趙梅峯夫子 印 酉山 庠生

梁竹禪夫子 印 任 增廣生

舅岳劉孟和夫子 諱 鶴春

三從堂姪開陽 開明 開瑞 開基 俱業儒

前候選同知劉鳳誥夫子印賜麟戊午舉人

年伯嵇春原夫子諱文駿

壬辰舉人候選教諭主講濟南書院

太年伯花南村夫子印壽山

丁卯舉人前平陰縣教諭主講景賢書院

楊子厚夫子印福祺戊戌翰林

前安徽鳳陽府知府主講景賢書院

何子貞夫子印紹基丙申翰林

前四川學政主講濼源書院

年伯傅秋屏夫子印繩勛

甲戌翰林前江蘇巡
撫主講濼源書院

何學川夫子 印 慶瀾 乙巳進士

現任山東學政

賈荆山夫子 印 瓚 乙巳翰林現任

山東布政使司

鄉試中式第一百十二名
會試中式第　名
殿試第　甲第　名
朝考第　等第　名
欽點

族繁祗載本支
祖居南關帝館現移居城裏苗家巷

山東鄉試硃卷　同治壬戌　恩科並辛酉正科

中式第二百十二名舉人梁錫奎濟南府歷城縣俊秀監生民籍

同考試官現任東昌府清平縣知縣桂　閱

薦

大主考日講起居注官翰林院編修南書房行走實錄館纂修武英殿總纂國史館纂修楊　批

取

又批氣靜神

大主考光祿寺卿南書房行走副都御史翰林院編修潘　批

中

又批義精語粹

本房總批

胸具成竹舌吐慧蓮滌筆於雪盌冰甌取材於瑤林璧府二三藝意新孳甲杼柚從心入千字詞妙齏辛鑪錘在手銜華佩實允推五經無雙茹古涵今豈惟十事對九洵木雞之養到信苞鳳之蜚聲撤闈來謁知生世多秉禮家有遺經甲第爭輝羨桐枝之繼美丁年績學知椿蔭之貽謀攝時備歷風塵未獲芹宮擢秀此際高翔

雲路欣看桂苑分香勉爾鵰摶副予鶚跂

季氏使閔子騫爲費宰閔子騫曰善爲我辭焉如有復我者則吾必在汶上矣　梁錦奎

拒權臣者有微術詞婉而意決矣夫季氏不臣費實甚之會是閔子而爲之宰乎觀其告使者之言所以拒季氏者微哉嘗思有道之儒固當途所引而重也而無端之遇亦卽吾黨所以忘蓋下士託虛名賦緇衣而徒殷企慕斯卻徵有深意安素履而自抱貞純是豈相需殷而相遇疎乎亦以堅白之操有和平出之而愈峻者則誠當途所望而難卽者爾聖門有閔子騫魯之大賢也世居東國詎忍輕於違鄉學本尼山要難屈以徇物何居乎季氏有爲

費宰之使乎恃權勢以抗公家或恐保障無人致肘腋有侵凌之患故謀臣雖多在位碩彥猶切旁求而命介維殷居然有惟我得人之想樹黨同以保世守且慮羽翼或缺致宗祊有震撼之憂然搜羅不乏政事之才雅慕尤重純全之詣而儀文特至儼然存私門多助之心費宰一使季氏固有不容辭者則辭而必復可知也

乃閔子則謂使者曰日者辱大夫之厚意攬寘晙於宗邦貢干旌之予子下及蓬廬來車乘之翹翹光生梓里此在吾固有不容辭之義而非一辭可免者也而吾竊思之出處兩途吾人原無成見果其宦情未淡雅不欲以高尚沽名而無如偃蹇之餘車紱翻嫌

困我耕耘十畝此生久荷君恩果其經濟堪資必不敢以疎狂自廢而待恐消埃無補泉石亦且笑人善爲我辭非不知辭之必有復也如有復我者則吾必在汶上矣然而吾非矯激鳴高追念自庭闈奉侍遽傳孝友之名函丈追隨謬負德行之目顧此虛聲耿耿者殊滋愧耳荷拔擢於鄉僚敢忘大惠全疎慵於田里難昧初心退避之忱知非敢漱石枕流漫附於巢父許由後也良會難逢而吾才適拙驅余車兮水涘追惜爲斷尾之雞也哉然而吾亦非潔清自好也念自公山搆隙頻增民社之危私室多才莫勝封疆之任顧此嚴邑岌岌者非易爲矣風議雖傳於長府僅託空言詩

書難靖夫蕭牆莫圖報稱迂拘之士知不能理財治賦出而與冉求季路衡也此邦信美而相逼何深弭余節兮河干能辭爲漸楄之鴻也哉此閔子不輕仕之意也季氏且奈之何哉

本房原薦批

首藝筆意沉著次興會淋漓三穩詩雅飭

聚奎堂原批

首藝志和音雅機暢神流次三一律詩妥

本房加批

朗潤清華凝鍊名貴

設其裳衣　　梁錦奎

於裳衣見先人設之而孝更深矣夫先人有裳衣所以昭其象也武周設之不較宗器爲更重哉昔我周之盛也佩鞸琫而丕煥鴻猷服黼冔而聿昭駿業懿鑠哉煌煌象服與古爲新矣顧彰身有度先朝之黼黻彌光而祀事孔明宗祖之彝裘勿墜大聖人志氣所凝竊幸近取諸身僾然伸如在之誠焉宗器有陳固已今夫撫桮棬而致慨手澤猶存覩篋笥而增懷心儀如結不更有裳衣乎端法服以肅觀瞻或素或青皆足見前王之制遺裘未渺卽令緒永存故爵弁緣衣直與垂矢和弓共增光於房序暨衣冠以謹俟

度爲絺爲綌亦足覘宮寢之勞舊制未湮卽前型可見故夏收殷冔堪與赤刀大訓並輝映於櫝題維此裳衣先人所遺也設之爲容已哉形聲俱泯之處色笑每難於親承因思繞膝牽衣怳然遇列祖之精神所寄冥漠無見之中寒燠猶同於親問所以象形惟肖默然睹先人之魂魄所依將謂赤芾金舄特昭一時物采之隆則設之者情未眞也武周本繼述之心以設之袞冕以象先王而儀僄駿奔猶見赫明之文物鷩冕以象先公而光流鷩藻倍增涉降之聲靈音容其未杳乎際此露濡霜凝尚得展裳衣而笑貌親之將謂袞衣繡裳僅播一朝文明之盛則設之者意未至也武周

本繼述之念以設之臨在上而質在旁則列聖容儀偕日月星辰
而並耀肆之筵而授之几則歷朝寵命與山龍粉米以爭輝櫛沐
其猶新乎當此更裘易葛庶幾對袞衣而瞻依共之所以采章與
功德俱留則我公我侯久荷絲綸之錫而覩虞廷之藻火祖澤常
昭撫覃室之纁組榮封特進奉商家之鞶帶先烈重光堂皇鉅麗
實兼三代文章則萃古羅今可想其盛於凝旒端冕服物與威儀
並著則一絲一縷無非勤儉所貽而瞻黻黼於農官思文烈永貢
織皮於故國纘武功崇收闕鞏於名邦勤王績茂燦爛顯榮備列
累朝服御則鏤金錯采可憶其容於被袞垂紳至是而時食於以

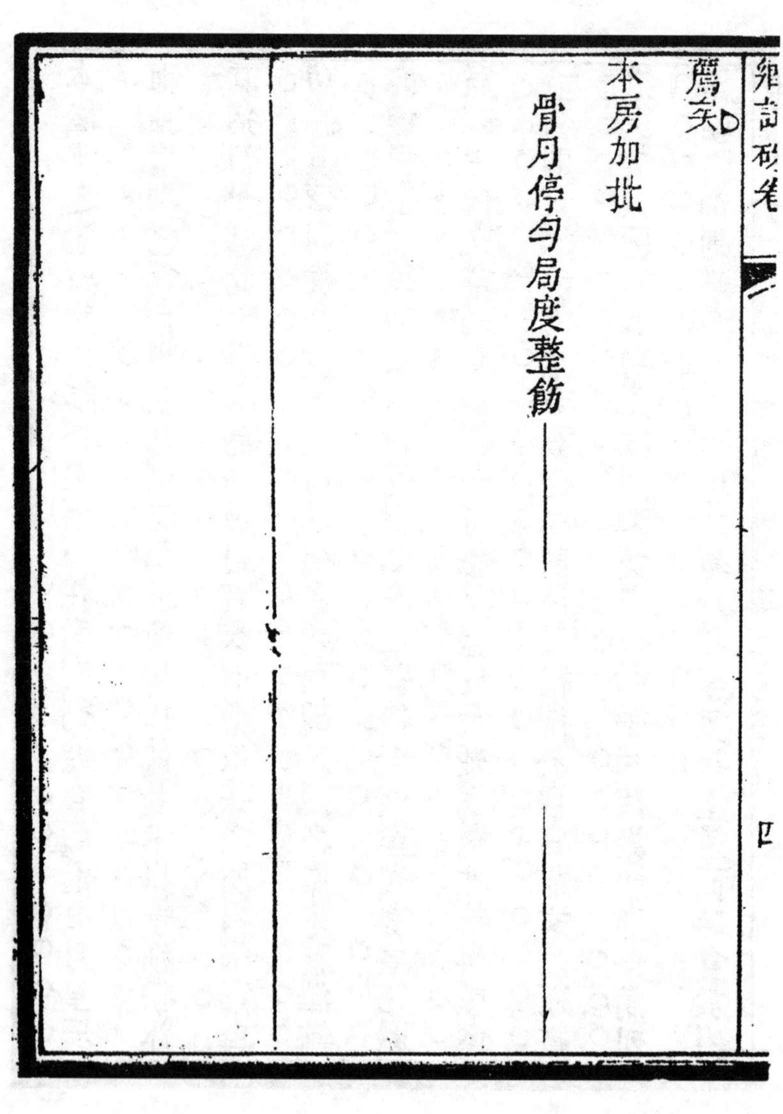

薦矣。

本房加批

骨月停勻局度整飭

校者教也序者射也

梁錦奎

遞詳校序之義可與庠各釋其名焉蓋教也射也亦爲國之要務也校序之取義如此不可與庠各釋其名乎且自創治有鴻規著文明者書懸象魏與歌傳貍首觀武備者德耀龍光然此非閭閻顓蒙所及知編氓動作所克協也有立教之聖人出振聵覺聾而顓蒙以化志正體直而動作以嫻夫而後化洽豚魚慝消雀鼠是尚賢尚德可與尚齒者顧其名而各思其義也試由庠而遞推夫校與序曷言乎其爲校也有年而烝髦士風紘雅管足以登長治而卜久安賓興而進賢能秋版春弋足以迓洪庥而熙景運斯時

申命須則鸞旂視學于惠洽則鳩杖談經鼉鼓振聲靈何一時之習於校者盡革面而洗心耶君子曰是殆有教以致之且夫教固所以興行豈必由於勢迫權驅哉林總雖云至繁特風動無由斯日新難卜耳聖天子臨辟雍教胄子舉論秀書升之典則示之以教況其在鄉校乎將見民頑則性多剛剛而以柔克之積習可化囂凌民愚則性多柔柔而以剛克之世風自臻渾樸迨至牖羣黎以道德進椎魯以詩書蹈德詠仁咸鼓舞於樂淑禮陶之際何莫非由校以成之也吾故奮而證之曰校者教也昌言乎其爲序也貫華誇七札之穿各奏爾能揖讓行而奮爭不事懸弧肇四方之

志發彼有的禮度飭而文教聿新斯時在野而修拾矢之儀觀圜而聚堵牆之衆騶虞宣盛治何一時之習於序者盡型仁而講讓耶君子曰是殆有射以防之且夫射原所以觀德豈必矜於折旋右抽哉梗頑縱云難化特觀瞻未肅斯革變無由耳聖天子選擇宮命諸侯講舍矢序賓之文則示之以射況其在州序乎將見人情莫患好爭而示之以讓自可化其桀驁人情莫患自弱弱而劑之以强何至失諸正鵠迨至尚功即以考行飲酒於以屬民私豵獻豜咸陶泳於戲矢櫜弓之後何莫非由序以成之也吾故確而指之曰序者射也此與周之庠皆鄉學也審乎是而三代立教

衡諱破者

之意○從可識矣○

本房加批

平正飽滿出色當行

賦得鵲華秋色 得圖字五言八韻　梁錦奎

滿幅皆秋色鄉心畫裏摹人留鴻雪迹景現鵲華圖溥霧籠丹竈清霜削碧芙開孱延爽氣點黛接平蕪秀抱東西郭妝成大小孤雙峯空翠合一紙蔚藍鋪靈藥時猶覓單椒澤更腴

九重魁首近作頌效嵩呼

本房加批

披一品衣抱九仙骨

欽命四書詩題

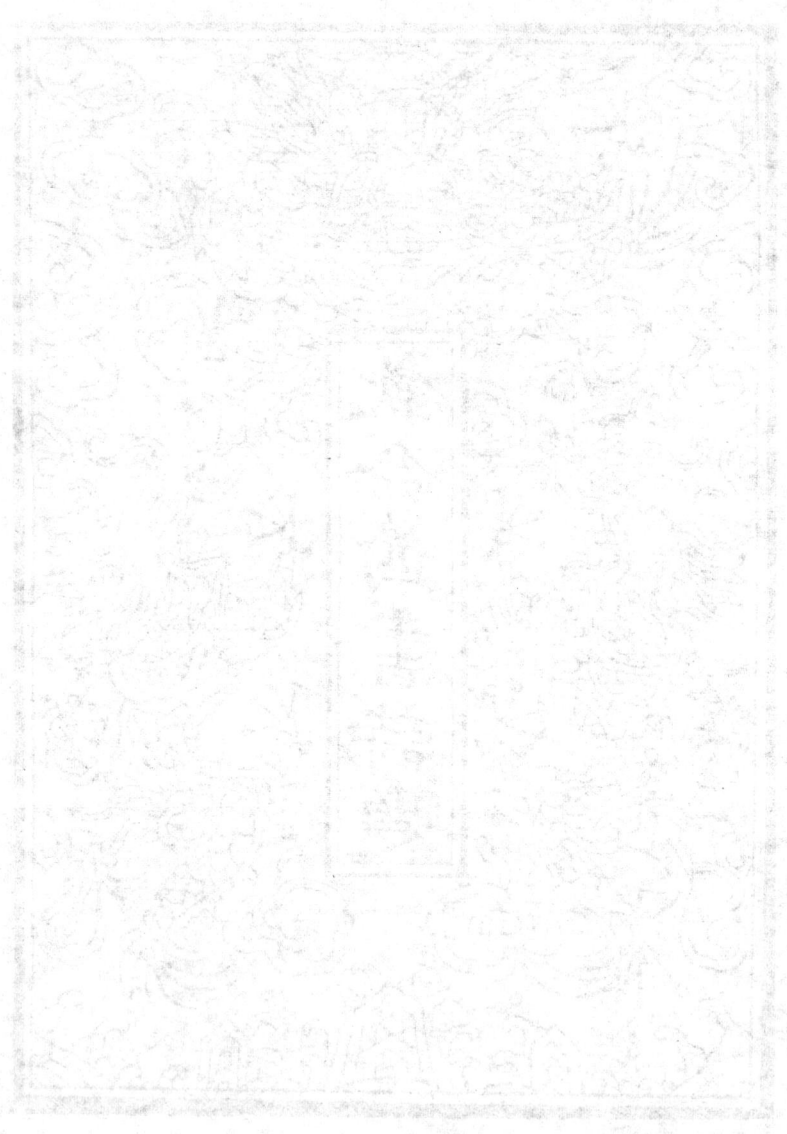

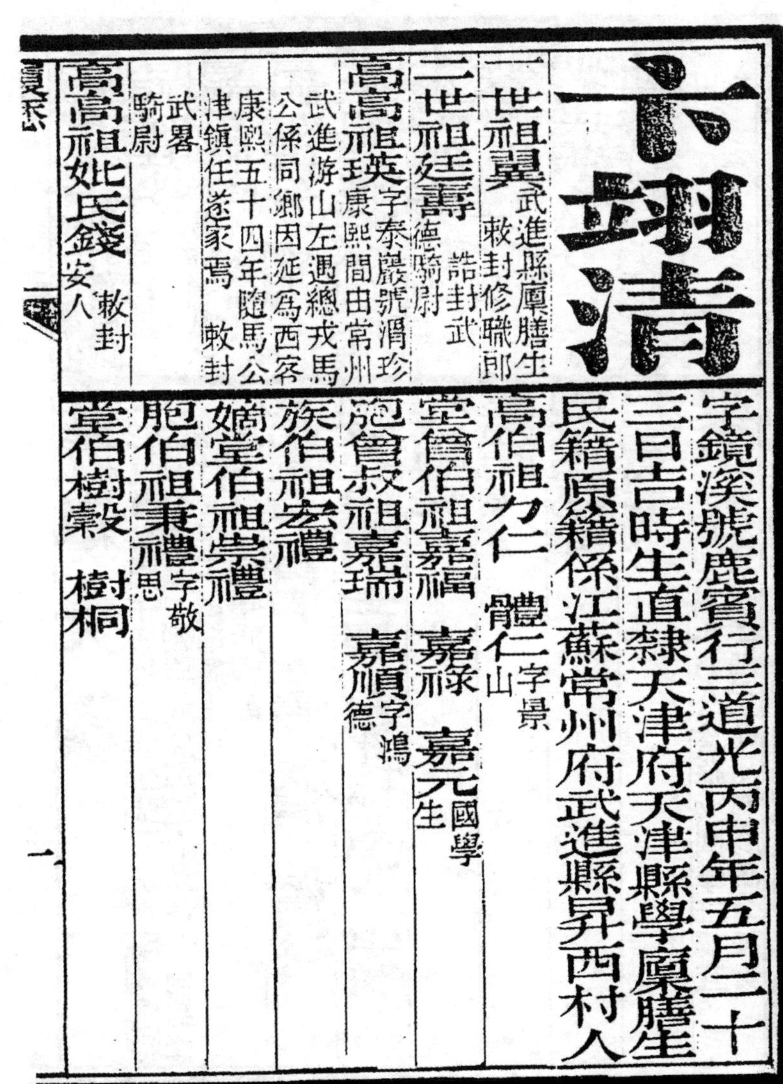

卞錫清

字鏡溪號鹿賓行三道光丙申年五月二十
三日吉時生直隸天津府天津縣學廩膳生
民籍原籍係江蘇常州府武進縣昇西村人

一世祖翼 武進縣廩膳生 敕封修職郎
二世祖廷壽 誥封武德騎尉
高祖瑛 字泰巖號渭珍 康熙間由常州
武進游山左遇總戎馬
公係同鄉因延為西客
康熙五十四年隨馬公
津鎮任遂家焉 敕封
武畧
騎尉
高高祖妣氏錢 敕封
安人

高伯祖方仁　體仁 字景山
堂曾伯祖嘉禧　嘉祿　嘉元 國學生
胞曾叔祖嘉瑞　嘉禎 字鴻德
族伯祖宏禮
嫡堂伯祖崇禮
胞伯祖秉禮 字敬思
堂伯樹穀　樹桐

履歷

高祖中立 字惟一 邑庠生 敕封修職郎

高祖妣氏李 孺人 敕封

曾祖嘉祥 字鴻裕 贈文林郎 例

曾祖妣氏石 孺人 例贈

本生祖宗禮 字致和 贈文林郎 例

本生祖妣氏方 孺人 例贈

祖亨禮 字逢文 贈文林郎 例

祖妣氏馮 孺人 例封

父樹榕 字楚芳 歲貢生候選訓導 例封文林郎

從堂伯叔 樹椿 樹人 樹馨

本生胞伯樹棠 字名培 太學生 例贈修職郎 樹德 字儉齋 候選從九品 例封修職郎 樹華 字亦賓 增廣生 例贈修職郎

堂弟 毓清 寅清 佐清 祝清 振清 業儒

嫡堂兄弟 桂清 吉清 賓廉 郡庠生 頌清 宇清

胞弟煜光

堂姪印 幼

嫡堂姪錫璋

胞姪萬年 幼

娶金氏 邑庠生諱生彩公曾孫女 國學生諱宜晉公孫女 候選正九品印慶瀾公長女

母氏譚 例封孺人

具慶下

庭訓

業師以先後課自為序

胞伯亦賓老夫子 諱樹華 增廣生

卞臣陸老夫子 諱校 甲辰恩科舉人

文溪孫老夫子 諱立達 廩膳生

子玉璋

女

二

房[師]

心泉陸老夫子 印文耀 邑庠生

右如王老夫子 諱禱 廩膳生

智林張老夫子 諱觀瀛 道光甲辰恩科舉人咸豐甲寅考取宗學教習第四名期滿引見候選知縣

紀山葉老夫子 印滏堂 庚子科副榜壬子科舉人壬戌科大挑二等現任博野縣訓導

受知師

雲舫謝老夫子 諱子澄 壬辰

恩科舉人原任天津

縣知縣軍功 欽加布

政使司布

政使銜

蓮橋蔡老夫子 諱紹洛 道光

壬午 恩科進士

前任天津府知府

詩舲張老夫子 諱祥河 嘉慶

庚辰科進士 太子太

保工部尚書兼管順天

府府尹前任提

督順天學政

嘯庵汪老夫子 印元方 癸巳

科進士現任禮部右侍

郎前任提督順天學政

履歷

研樵叢老夫子印文煥丙辰
科進士欽加五品銜
翰林院檢討咸豐辛酉
科順天鄉
試同考官

鄉試中式第一百二名
保和殿覆試
欽定二等第十名
會試中式第名
殿試第甲第名
朝考第等第名
欽點

族繁祇載本支
世居鎭海門內

三

順天鄉試硃卷 同治甲子科

中式第一百二十名舉人卞翊清係直隸天津府天津縣學廩膳生民籍

署薦官 道銜戶部員外郎軍機處行走前翰林院庶吉士加三級范 閱

薦

大主考 經筵講官 太子少保禮部尚書 軍機大臣 實錄館總裁加三級李 取 批

又 批 情深文明

大主考 經筵講官戶部尚書加三級羅 取 批

又 批 義精詞卓

大主考 經筵講官吏部尚書 國史館副總裁 上書房總師傅教習庶吉士加三級朱 取 批

又 批 言文旨遠

大主考 經筵講官協辦大學士吏部尚書武英殿總裁正藍旗滿洲都統教習庶吉士加三級瑞 中 批

又 批 氣足神完

本房原薦批
氣充詞沛不蔓不支次
春容大雅三暢適詩妥
協
聚奎堂原批
暢茂條達章妥句適次
精實三順詩工經文有
筆致

上老老而民興孝　卞翊清

以孝教家而理可通於國矣夫上之老老非以爲民也而民即以興孝應之家國之通不已可見哉且內則一篇命之冢宰聖王所以教民孝也而一自端本於宮闈不必日討國人而訓之而民已殷然其各輸蓋孺慕原於賦秉朝廷第循奉侍之文敦親共此知能草野亦識服勞之義王者不出戶庭而大化所由成即順德所由致其所感格者神也經所謂平天下在治其國者何哉夫國者家之積不出家而成教於國孝其首焉者也此其機自民應之而要自上始之生我鞠我之愛貴賤何殊取人心之同然者以示之

準克諧足以觀型允若不忘祇載故底豫推聖神而天室承歡黎庶共仰彝倫之敘用勞用力之爲尊卑奚異本天性之自然者以樹之型適追猶懷燕翼問安常懍雞鳴故修儀崇世子而寢門致謹一身已端萬化之原有如上老老矣上亦自盡其孝耳豈以是風示斯民乎哉而民果何如者且夫明發之懷本性眞所畢達人主仰答親恩子職惟期於自盡即合萬國之歡心備九重之珍養敢謂趨承盡力足以昭示於羣倫然百行之本又愚賤所周知人主永言錫類令德已協諸輿情將陟岵動瓶罍之感牽車懷洗腆之思疇弗顧復知恩力求無慚於我后民之興孝有斷然者小民

雖知報本而性成椎魯難遽責以昏定晨省之文然而感召有深焉者矣介眉篤慶宮廷修問視之儀台背言歡閭巷切瞻依之慕民若曰誰無父母側聞聖天子孝思不匱依然孺子之眞情吾儕豈有異秉乎上期介壽而民願祈年家人詬誶之風一變而爲父子雍和之象其興也斯誠不介而孚也歟斯民雖解尊親而俗近澆漓或漸忘夫木本水源之報然而相應有神焉者矣典崇式穀天家廑色養之思禮重馨椒閭里切劬勞之願民若曰誰非人子親見聖天子孝養無虧藹然天倫之樂事此心獨非同具乎上思夔栗而民切烏私耰耡德色之乖胥轉而爲弓冶丕承之樂其興

也斯誠不令而行也歟進觀與弟不倍家國之相通有如此

本房加批

息之深深達之亹亹紓徐卓犖兼擅其長極揣摩之能事

林放問禮之本子曰大哉問　卞翊清

禮以本爲重返本者有契於聖心焉蓋禮必有本逐末者奚爲乎信如林放夫子能勿大其問哉且自禮教不明而舉世共趨於末節也誰克興返古之思哉乃若當世風日降之餘忽動先民是程之感則顯以崇古制卽隱以挽人心大聖人急爲嘉許之俾主持禮教者講明切究於其際始知吾黨之諮詢非淺鮮已今夫本制作之精以安上全下而禮以名因性情之發以去僞著誠而本以見聖人知大禮之無本不立也從周之歎先進之思蓋於此三致意焉而何意問之者猶有林於其人也斯民皆三代之遺而模範

云遂數典者貽譏忘祖禮制之所以變而加厲也念老成之頓謝疇克上追往制以曲伸還純返樸之情創作及數傳而後斯儀型俱杳習慣者漸若自然禮俗之所以趨而日下也慨眞意之消亡誰能力屏虛文俾得復創制顯庸之舊以本爲問夫子聞之益欣然矣人情於世所競尚之端蕩檢踰閑幾不知遷流之所極及一經有識者窮原竟委相與溯規矩於高會而抗懷典要有恍然於今是而昨非者則辨論之維繫非輕也人情於世所爭趨之事愛今薄古幾不思名義之所存及一經有志者原始要終相與定楷模於先正而力除積習有翻然欲革故而鼎新者則風會之轉移

至捷也大哉一歎夫子所爲嘉其問歟世俗之變遷非一日矣卽此雅意推求詎足挽狂瀾於旣倒然其所見自不磨矣開國者幾百年纘緒者數十世設當此流風漸遠空付剝復於人心誰與證前民之遺意乎林放而失志休明也溯祖宗之矩矱經曲立而法物常昭崇古處之衣冠制度明而先型可復本原具在尙賴林放以風示斯人也豈徒託之感喟哉人世之波靡至難返矣卽此空言復古豈能扶王制於就湮然其相詢爲至切矣矜風雅者凡數家詆迂拙者凡幾輩設値此政教不明竟委乘除於運會誰與溯創建之初心乎林放而推尋至切也天地有恒經率履嚴而世風

可轉古今有定理剖晰至而聽議胥删本始不誣尚冀與林放共

持風化也不將大有厚望哉

本房加批

驅煙使墨興會淋漓有精鶩八極心遊萬仞之概

齊人有言曰雖有智慧不如乘勢雖有鎡基不如待時今時則易然也

卞翊清

述齊王之易觀人言而益信矣夫有智慧有鎡基非乘勢待時不可也述齊人之言明齊王之易丑不可恍然於今乎且天時人事之相値庸人忽焉君子審焉自來豪傑間出得以坐享平成豈必度量相越甚遠哉挾持得所憑依倉卒間可期建樹遭際適符夙願日夕内自立功名吾蓄此意以望當代非一日矣奈何方言具在而信從無人也子疑齊王之易而徵諸文王子不可因文王之難而致疑於今時之不易也盍觀齊人之言乎其揆情度理不必

迥異庸流然閱歷深而立說有本知周道濟中材得與英主同功斯弱可强危可安一言足以作有爲之氣其度務察機不必遠追先聖然參觀久而持論不刊因事制宜後嗣可與前人競美斯愚亦明怯亦勇一言可以戢倖獲之心其言曰雖有智慧不如乘勢雖有鎡基不如待時吾繹斯語不禁有感於今也列辟爭雄之日捷足者自詡先登然尺寸無階天復遲迴日久而不遽假以奇逢何異瑣尾流離迄無成就羣雄角勝之秋淺學者敢希速效然丕基是守天復眷顧方殷使之生當夫運會自覺去逆效順彌著從容今時之易不有然哉從來賢豪樹立非不才畧自矜而支絀多

艱卒坐困於震撼危疑之際信如人言抑何顯揭愚蒙乎紹貽謀而先基足據何俟披榛斬棘險阻備嘗逢景運而厥命維新遂覺草偃風行斯須就理統勢與時以作之合乃知西京之舊壤尙難爲功不如東海之雄封猶易爲力也猶水就下猶獸走壙可於今時卜之從來世主承庥不必猷爲遠樹而天人共向自迴勝夫驩虞小補之爲信如人言不誠實獲我心乎推行利而敗轉爲功遂令暮楚朝秦徒勞游說遇合奇而寡堪敵衆不難乾旋坤轉立奏均平合勢與時以償其願乃知豐水之宏猷猶難於創不如臨淄之式法正易於因也敺魚於淵敺爵於叢可於今時信之子可無

疑於齊王之易矣○

本房加批

筆酣墨飽機暢神流想見燭盡三條餘勇可賈

賦得一洗萬古凡馬空得龍字五言八韻　卞翊清

馬以空羣貴騰驤合號龍一番經洗濯萬古任橫縱卓立天閑種經營哲匠胸相皮難物色畫肉笑平庸獨擅丹青技誰希赭白蹤駑駘羞與伍羈勒竟何從妙欲江都擬人應伯樂逢負圖當

盛代寰海慶時雍

本房加批

意態雄傑大雅不羣

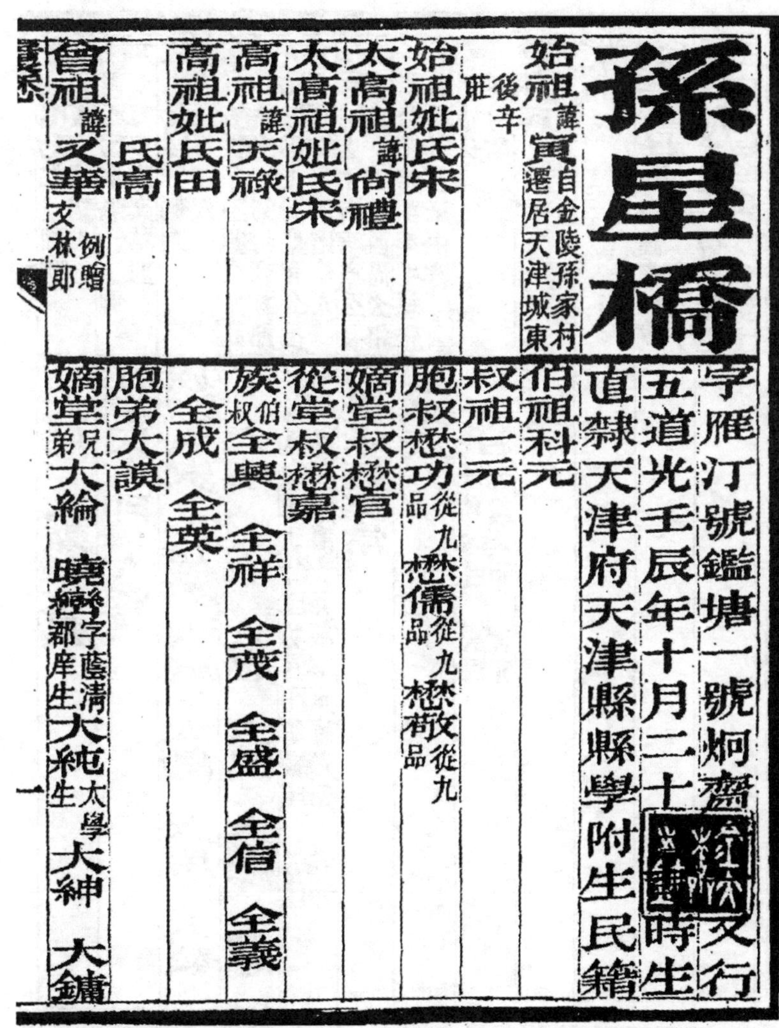

孫星橋

字雁汀號鑑塘一號炯齋[illegible]又行五道光壬辰年十月二十[illegible]時生直隸天津府天津縣縣學附生民籍

始祖諱寅自金陵孫家村遷居天津城東後辛莊

始祖妣氏宋

太高祖諱倚禮

太高祖妣氏宋

高祖諱天祿

高祖妣氏田

氏高

曾祖諱文華例贈文林郎

伯祖科元

叔祖一元

胞叔懋功從九品　懋儒從九品　懋敬從九品

嫡堂叔懋官

從堂叔懋嘉

族伯叔全興　全祥　全茂　全盛　全信　全義

全成　全英

胞弟大謨

嫡堂兄弟大綸　曉巒字藍清郡庠生　大屯太學　大純生　大紳　大鏞

曾祖妣氏杜 例贈孺人

祖 諱成元 字魁一 例贈文林郎

祖妣氏張長 例贈孺人

父 名𤋮德 字丕顯 從九品 例封文林郎

母氏劉 處士諱聖言公長女 例贈孺人

氏劉 處士諱有章公長女 處士西周公相周公胞姊 郡庠生鍾𪇆公姑母 邑庠生漣璧公祖姑母 例贈孺人

嚴侍下

業師

鍾祥曾老夫子 諱毓清 處士

錫古馬老夫子 諱福臻 處士

大任 大勳 業儒 大典

從堂兄大印 大經

族兄弟大安 大俊 大慶 大齡 大用 大發

大順 大成 大忠 大節 大鵬 大恩

嫡堂姪孝祖 幼讀 光祖 幼讀 繩祖 幼讀 耀祖 念祖

再從堂姪葆常

娶系氏

子法祖 幼讀 承祖 寵祖

女

覽先鹿老夫子 名天民

瑚圃王老夫子 諱錫衔 歲貢生候選訓導

穆菴寶老夫子 名德成 順天大城縣歲貢生巳亥科挑取謄錄候選訓導

課師

子駿馬老夫子 名超凡 山東庠生

古漁李老夫子 名仙源 丙午科舉人大挑二等即選教諭

星源張老夫子 名德潤 丁酉科舉人大挑二等現任滦州學正

受知師

古廉李老夫子諱清鳳丙申科進士刑部右侍郎前任順天提督學政

鄉試中式第七名

保和殿覆試　等第　名

會試中式第　名

殿試第　甲第　名

朝考第　等第　名

欽點

族繁不及備載

世居城東後辛莊

欽命四書詩題

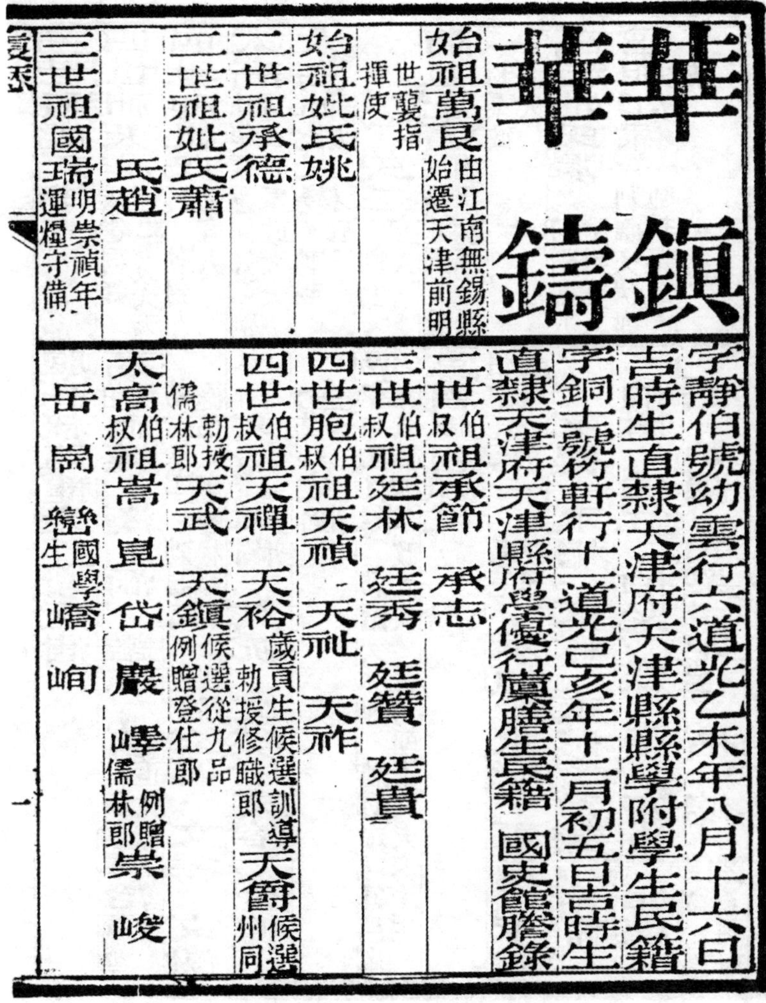
華鎮
華鑄
始祖萬良由江南無錫縣始遷天津前明世襲指揮使
始祖妣氏姚
二世祖承德
二世祖妣氏蕭
氏趙
三世祖國瑞明崇禎年運糧守備
履歷

字靜伯號幼雲行六道光乙未年八月十六日
吉時生直隸天津府天津縣縣學附學生民籍
字銅士號衍軒行十道光己亥年十二月初五日吉時生
直隸天津府天津縣府學優行廩膳生民籍 國史館謄錄
二世伯叔祖承節 承志
三世伯叔祖廷林 廷秀 廷贊 廷貴
四世胞伯叔祖天禎 天祉 天祚
四世伯叔祖天禪 天裕歲貢生候選訓導敕授修職郎 天爵候選州同
敕授儒林郎天武 天鎮候選從九品例贈登仕郎
太高伯叔祖嵩 崑 岱 巖 學峍例贈儒林郎 崇 峻
岳 崗 國學生巒 嶠 峋

三世祖妣氏李

四世祖天祥候選同知例授奉政大夫

四世祖妣氏郝勅封宜人

太高祖嶙候選同知例封奉政大夫

太高祖妣氏楊勅封宜人

氏王勅封宜人

高祖元濬候選州同勅贈儒林郎貤封奉政大夫

高祖妣氏張勅贈孺人貤封宜人

曾祖如棣勅贈文林郎貤封奉政大夫

胞高叔祖龍光邑庠生　元清

高伯叔祖漣　漢　涵　鑑　源　濱誥封奉直大夫　治國學生

勅封承德郎津　勅封儒林郎渶　勅封修職郎文溥　文澤　文澍

文治　文瀾　文滮　文溪　文溶　金坤

金城　文潤

胞伯叔曾祖如棠勅贈文林郎貤封奉政大夫晉封朝議大夫　如楠邑庠生

堂曾叔祖如栻

伯叔曾祖永一　永純　永植　永桂　永模　永柏

永槐　永相　永林　永彬　希堯　希舜

伯棣　伯紅　伯聚　森　卓　如椿　如棟

杰　如欄　如梁庠生　如桂　楷　棕　維翰誥封奉

曾祖妣氏劉 敕贈孺人 貤封宜人

節孝載入天津志

祖烈 敕贈文林郎 誥贈奉政大夫

祖母氏白 敕封孺人 誥贈宜人享九十壽鄉飲大賓諱國棟公女

鑄

父玉墀 號濬泉道光辛巳恩科舉人乙未會試大挑一等籤掣陝西吉近改掣山東歷任福山昌邑蓬萊嶧縣等縣知縣陝西大荔岐山西鄉等縣知縣、欽加同知銜 敕授文林郎 誥授奉政大夫

直大夫 維猷 貤封朝議大夫 維典 國學生 封承德郎 例 維模 敕封文林郎 永泰 春

胞伯祖燦 貤封奉政大夫

嫡堂伯叔祖烜 國學生 奉政大夫 敕封文林郎 晉封朝議大夫 誥封 炳 照

國學生 奉政大夫 敕封文林郎 晉封朝議大夫 誥封

伯叔祖鐸 鈺 錦 釗 璋 璽 玲 珺 銅

琪 貤封朝議大夫 璿 浙江候補批驗大使 敕授修職郎 誥封武顯將軍 誥封奉政大夫 紹庭 敕授武略騎尉 琳 候選州同 敕授儒林郎 誥封朝議大夫 理 道光乙酉科拔貢 朝考一等第二名直隸望都縣教諭浙江桐鄉縣知縣署諸暨縣知縣 敕授文林郎

緒祖 敕封武略騎尉 仰祖 敕封武略騎尉 耀祖 國學生 敕封文林郎

應元 應期 應奎 應魁 應昌 應武

二

母氏劉 敕封孺人誥封宜人國學生諱向榮公孫女國學生諱維嶽公長女湖北棗陽縣知縣諱維憲公姪女國學生諱錫公嘉慶己卯科舉人道光癸未科進士山東德平范縣樂陵等縣知縣諱錞公妹國學生諱鉦公胞姊

慈侍下

鐄

父玉衡 號雲巖國學生 例贈文林郎

母氏姚 例封孺人乾隆甲子科舉人廣西桂林府同知諱文坤公曾孫女候選同知諱錫璜公孫女湖南湘鄉巴陵等縣知縣諱錫琳公

應盛 應文 應春 應科 仁 義 禮 智

信 應斌武庠生 長泰 長清 長凝 和謙 福

謙 四謙 六謙 禹謙 隆謙 長富 長堃

長吉 長志 長春 長忠 珍 瑤 琛

胞伯 晉墀國學生貤封奉政大夫 鳳墀國學生貤封奉政大夫

從堂伯叔 典嘉慶丙子科舉人丙戌會試大挑一等籤掣山西歷任高平左雲山陰繁峙河津平遙趙城聞喜陽曲等縣知縣渾源州吉州知州霍州忻州直隸州知州署蒲州府知府誥授奉政大夫晉封朝議大夫 封附貢生候選訓導 玉鳴增貢生候選訓導

伯叔 致藩 致中 致和 致隆 致興 致元 致

奉 致恭 致敬 致儼 士蓁議敘從九品 士英

致賢 逢 奕武庠生 繼善 致恩 致富 樹

邑庠生諱錫璐公山東禹城縣縣丞諱錫璋公孫女候選從九品諱紹友公長女道光甲午科舉人諱鼎枚公從九品諱覲榮公妹邑庠生諱震榮公姊山東候補縣丞名景棻姑母

慈侍下

庭訓

庭訓

鎮 業師受知師

胞伯濬泉夫子諱玉墀詳前

堂叔紫卿夫子名玉鳴詳前

表兄陳旭峯夫子名泰開

附貢生軍功議敘六品銜 賞戴藍翎 勅授承德郎 誥授朝議大夫 光煒光祿寺署正候選治中 賞戴花翎 誥授奉政大夫 楨候選都司欽加參將銜 賞戴藍翎 光燾咸豐辛亥恩科副榜癸丑科考取八旗漢教習期滿引見以知縣用改戶部主事江西司主稿兼江南司行走欽加員外郎銜 棠原任河南商水縣典史 樾勅授武略騎尉 樽議敘從九品 玉森議敘從九品 楷 椿咸豐乙卯科副榜乙未科考取漢教習候選知縣 棫附貢生 桂 彬邑庠生 文炳 文煥 雲彪營千總軍功賞戴藍翎 雲鵬 騫 朗 英 俊 超 光明 光裕 光盛 光培 光輝 光奎勅封武德騎尉 光純勅封武德騎尉 光羲武庠生儘先把總賞戴藍翎五品頂戴 光蔭勅授武略騎尉 德魁 德元 德彪 必尊 必德 必齡 必源 必奎 必勝 必剛 必順

邑庠生

趙晴嵐夫子名新癸卯舉人現任山東德州知州

朱石屏夫子諱續昌甲午舉人

于毅亭夫子名壯圖甲午舉人現任祁州學正

丁少衡夫子名逢樞辛卯舉人現任福建甯化縣知縣

李古廉夫子諱清鳳丙申進士前任刑部侍郎順天學政

鑄業師受知師

必强　必勇

嫡堂兄弟銓國學生　錞國學生　鑒國學生郎選典史欽加理問銜　鋭國學生

鏞國學生　錫國學生

堂兄弟鎣道光癸卯科舉人咸豐壬子恩科進士欽點主事籤掣工部都水司行走兼司務廳行走　鍈山西平陸縣知縣前署靜樂縣知縣　鈞咸豐辛亥恩科舉人壬戌會試大挑一等籤掣山東署陵縣知縣　鍾國學生　銘國學生　鉞　欽　鍪增廣生　淦

鏒廩膳生甲子科挑取謄錄　衍業儒

兄弟映辰候選鹽知事　傹咸豐已未恩科舉人刑部主事山東司主稿管理督催所事務　俊疇議敘同知銜　俊三候選部司務　俊同郡庠生　俊彝議敘同知銜　俊聲業儒　俊儒國學生　俊奎國學生　俊賡　俊成　俊

年　俊猷　葆恬　葆純　葆勤　振綱　守愚

表兄陳旭峯夫子 名泰開 詳前

張雲亭夫子 諱九搏 壬子進士 前任河南淇縣知縣

李星舫夫子 名漢章 辛亥舉人 陝西即補知縣

查果菴夫子 名教勤 癸卯舉人 現任懷來縣教諭

太年伯沈雲巢太夫子 名兆澐 丁丑翰林前浙江布政使司布政使

李古廉夫子 諱清鳳 詳前

泰來 洴 崧 峯 崧 岫 峻 嶐 嘯

嵇 嵦 崎 豳 俱業儒

嫡堂姪學鴻 學洛 俱業儒

堂姪澐 泌 濂 潤 泗 濤 瀾 浯 澄 俱業儒

姪景恬 議敘守禦所千總銜 景彥 國學生 景廉 邑庠生 景恂 業儒 景埏 邑庠生 景文 國學生 景安 景怡 景升 景屏 景成 景祿 景龢 景咸 榮德 榮昌 榮錦 俱業儒

姪孫爾鳳 士鳳 舞鳳 鑅鳳 岐鳳 久鳳 振鳳 有鳳 兆鳳 燚 俱幼

蕭質齋夫子 名培元 壬子翰林
辛酉順天鄉試同考官
現任山東濟南府知府

楊詒堂夫子 諱式穀 辛丑翰林
前任禮部侍郎順天學政

龐寶生夫子 名鍾璐 丁未翰林
現任禮部侍郎
前順天學政

石襄臣夫子 名贊清 戊戌進士
前任天津府知府
現任宗人府府丞

鎮鑄課師

王松樵夫子 名治隆 增貢生

周德齋夫子 諱之翰 甲午舉人

鎮娶王氏 國學生諱照藜公孫女從九品名綺公次女郡庠生名紀元歲貢生候選訓導名慶有嫡堂妹國學生名廷琳胞姑母邑庠生名廷珍邑庠生名廷瑜姑母

子學淇 學瀛 俱幼

女一

鑄娶周氏 乾隆庚寅恩科舉人山西布政使司布政使署山西巡撫鴻臚寺卿諱光裕公河南懷慶府知府諱光緒公胞姪孫女雲南嵩明州知州諱光第公孫女江南南捕通判諱承基公候選縣丞諱承志公胞姪女知府用山東臨清直隸州知州諱承業公女山東郯城縣知縣名士溥候選知府名士澄嫡堂妹山東德平縣知縣名士瀚胞妹

子

女

前任深澤縣教諭

陸蓮圃夫子 諱桓 乙酉舉人前任懷柔縣教諭

高鶴汀夫子 名振瑪 癸卯舉人河南郎補知府

吳傅巖夫子 名士俊 癸巳進士前署湖南長沙府知府

克華亭夫子 名明林 甲辰翰林前任長蘆鹽運使司鹽運使

許少珊夫子 名誦恆 丁酉舉人前署長蘆鹽運使司鹽運使

履歷

王蔭堂夫子名榕吉甲辰進士

前任天津縣知縣

現任順天府府尹

廉琴舫夫子諱兆綸庚子翰林

前任倉場侍郎

程容伯夫子名恭壽己亥舉人

前任太常寺卿

李雲生夫子名同文前任天津河間兵備道

恩雲峯夫子名福前任天津府知府現任保定府知府

陳小瀋夫子名重己酉舉人現任

天津府清軍同知

恆雲舫夫子 名慶 前任天津河間兵備道現任長蘆鹽運使司鹽運使

張雷門夫子 名震 丁酉舉人天津縣學教諭

陳禹門夫子 名兆熊 甲辰舉人天津縣學訓導

楊竹友夫子 名榮隰 己未進士天津府學教諭

劉鹿苹夫子 名賓 歲貢生天津府學訓導

鎮鄉試中式第二十二名
保和殿覆試三等第四十二名
會試中式第　名
殿試第　甲第　名
欽點
鑄辛酉科挑取謄錄
鄉試中式第二十四名
保和殿覆試二等第十四名
會試中式第　名
殿試第　甲第　名
欽點

族繁不及備載
世居鎮海門內

中式第二十二名舉人華 鎮 直隸天津府天津縣縣學附生民籍

同考試官翰林院編修國史館協修加三級朱 閱 薦

大考經筵講官都察院左都御史實錄館副總裁軍機大臣加三級汪 批 取 又批 博大昌明

大考經筵講官工部尚書管理戶部三庫事務加三級單 批 取 又批 雍容華貴

大考太子少保協辦大學士工部尚書實錄館副總裁藍旗滿洲都統總管內務府大臣加三級瑞 批 取 又批 清真雅正

大考太子太保武英殿大學士管理兵部事務翰林院掌院學士加三級賈 批 中 又批 流利端莊

本房原薦批

首藝清剛雋上悱惻纏綿次虛實兼

到三與會淋漓詩工秀經選言宏富

策條對詳明

聚奎堂原批

意精筆鋭法密機圓次三醖釀深醇

俱徵器識詩雅雋經義風華典贍策

對詳細簡該

慈者所以使衆也康誥曰如保赤子心誠求之

華　鎭

慈更通於使衆引書而釋以誠焉夫慈何與使衆也而所以成教者亦若孝弟焉引書之言保赤子不可驗誠求之心乎且以家國之有異也莫不謂愛子者一心愛民者又一心而豈知有愛子之心不能通諸愛民之心心固不宏有愛民之心不能同於愛子之心心仍不篤則夫欲推其愛於民者亦惟思盡其愛於子而已孝事君弟事長孝弟之心一誠心耳今夫誠於孺慕者所以報顧復之恩也誠於敬恭者所以答友于之愛也孝也弟也由慈致也然

而慈亦有所以成教者慈惠本屬至情施於宮庭豈冀通於草野
然本此心以推曁則積誠相感宮庭也而草野通焉正不必高語
含宏而兆姓已聯指臂慈祥原無盡量厚於寢室即可達於閭閻
惟推此心以敷施則委曲求全寢室也而閭閻寓焉更無俟矜言
博濟而庶類盡荷帡幪慈所以使衆非與孝弟同一理乎且夫慈
之使衆也君自以爲使民直以爲保也民自以爲衆君直以爲子
也斯心也何心也康誥其言之矣慈恩之布不在市恩惟以一心
裕愷惻之原斯順以相推而肺腑所流斯世早環而託命保乂之
謨足登康乂惟以寸心通隱微之志斯引而益近而精神所注無

物可間其中懷所謂誠也康誥曰如保赤子夫亦在心誠求之而已赤子有何知識惟恃此悱惻纏綿之致以默卜從違蓋發於誠而心自摯焉夫此心本非强求耳憫渾噩之無知言窮而通以意幸笑嗁之有象意轉而審以機其與爲推移者心之迫於不容已其深爲固結者誠之出於不自知也端倪未露而揣測必周斯人而含意未伸也已溺已飢不啻入襁褓之性天而寤寐體之矣則其慈爲彌亟矣赤子尚未語言豈任其疾痛疴癢之生而不加體察並動於誠而心自眞焉夫此心本非外求耳同此形氣之分舉念豈容隔膜本有生成之責何人可代仔肩其未肯自諉者不嫌

推求之過煩其未忍自寬者猶謂積誠之未至也擬議已窮而憂勞罔懈斯人而有懷莫吐也咨寒咨暑直如窺孩提之隱願而欣戚同之矣則其慈爲彌周矣觀於中之不遠知康誥之善言慈矣家通於國豈惟孝弟乎

本房加批

純粹以精理法兼到出落處筋摇脈動水乳交融允稱佳製

文質彬彬然後君子

華　鎮

文與質貴得中知成德之不易矣夫彬彬者文質得其中也必如是然後爲君子彼質勝文勝者盡思變計哉且純粹無疵之詣莫不貫損過以就中也此其效於氣象見之而其功以學力成之蓋矯其資性之偏眦倚泯而化裁悉當即驗其功修之篤涵養熟而學問自純真修見焉即眞品昭焉夫乃知純粹無疵之詣其交致於本末者爲已久矣質勝則野非君子之質也文勝則史非君子之文也夫君子非無文質也特不使文質之有偏勝耳蓋原夫文質之由生而知動作威儀悉根性命喜怒哀樂可致中和其內外

之相因者有質以立其初必有文以增其後錯綜參伍道之所爲不倚不偏也因究夫文質之爲用而知事業之發本於含章忠信之存進以學禮其剛柔之並克者有文以宣其蘊卽有質以裕其原和順英華學之所由盡美盡善也從而擬之殆彬彬也然則君子可知矣將以文求君子乎而不徒文也文采風流之致藹然可親乃叩其衷藏而醞釀彌深不改其堅貞之素蓋和而有節者其於文見質也如此將以質目君子乎而不盡質也敦龐質厚之風隱然難犯乃覘其丰采而菁華莫閟仍發爲炳蔚之觀蓋闇而日章者其於質見文也又如此夫然後君子之德於以大成矣明備

溯累朝之制必返本於躬行澹泊留太古之風必致詳於儀數造詣之難也渾融其跡端由兼致其功其彬彬然文不離質質不離文者蓋自平日薰陶之久不知幾經體驗而始得此懿美之徵也化其弁鄙品節愈昭去其浮靡性天愈厚純粹以精之詣舍斯人其莫屬矣竊願篤於儒修者積其功以赴之夫然後君子之名未容漫託矣澤躬以詩書之味則樸野自捐習心於理義之途則紛華自屏令聞之昭也強襲其貌不如馴致其途其彬彬然文以濟質質以濟文者蓋由一心調劑之精不知幾費經營而始得此持平之準也抱其光輝任性者陋欲其誠慤盡飾者浮體用兼備之

修徵斯人誰與歸矣竊願狃於偏見者變其計以從之言文質者可自安於野與史哉

本房加批

精理爲文秀氣成采至通篇著眼然後二字尤爲獨得驪珠

子產聽鄭國之政以其乘輿濟人於溱洧孟子曰惠而不知

爲政

華鎮

舉鄭大夫之軼事而知惠不足尚矣夫乘輿濟人子產何爲而有是事哉斷之曰不知爲政行惠者尙其鑒諸且恩與義合而治成恩與義分而治壞三代以下殘忍成風而矯其弊者又流爲賢者之過其初或出於權宜而非同要結其後必引爲口實而專尙彌縫有救時之心無救時之識致以急遽苟且之事爲臨馭之要圖此有心治道者所深懼也春秋有子產惠人也跡其寛猛相濟御玩無聞其爲政也又何不知之有而溱洧之間乃以濟人一事傳

也易故悲天憫人之念無所施而情不自安亦旣見困厄顛連感觸驟深於當境遂不禁小試其術以紓其隱懷而是非可否之分轉迫於目擊之情形而有所未暇刑名法術之流相夥極而勢難自已忽聞夫名卿賢相哀矜偶動於一時遂爭相附會其詞以傳爲盛德而子義煦仁之事幾以概生平之實績而莫與辨明雖然乘輿濟人是豈政之要務哉宜孟子聞之慨然也大抵草野望澤之意渦儌則怨咨易起安全則願望無餘況分位旣隔萬不敢以委瑣齷齪上勞君相之經營則意外之周旋亦殊覺其多事古今宰世之方公室則患其寡恩私家則患其樹德縱意念無他萬不

至以豆區釜鍾下博羣黎之愛戴而無端之補救究何與於遠圖悊矣其如政何斷之曰不知而凡聽政者可悟矣而爲子產者可鑒矣愚夫婦辛苦墊隘一入於胞與之量而責備未忍自覺然不聞以君公之逸易庶人之勞者非忍也政苟以驩虞相尚儒生何以黜霸功政苟以姑息自安治道何以戒徒善近利急功之習有未足爲法者矣夫嶒車借馬本後世游俠之風而身秉國鈞者乃亦好行其德若是乎大端多昧而細行是矜徒令讀史者太息於才識之未逮也此足見私恩之無與遠謨矣良有司擘畫周詳苟得其表見之端而稱頌每至勿替然不聞噢咻之恩列循良之

傳者非苛也行惠而有害於政道德亦流爲刻覈行政而徒恃乎惠事業必失於因循水懦火烈之情有必欲互用者矣夫解網下車本聖世傳聞之說而號稱博物者乃亦漠不加察如是乎治術甚疏而仁心可感徒令論世者致憾於規模之未宏也此足見小利之有妨大體矣聽政者其毋以惠爲政哉

本房加批

議論閎崇筆情豪邁想見三條燭燼逸興遄飛

賦得石上泉聲帶雨秋得秋字五言八韻　華　鎮

不辨泉兼雨泠泠漱石流聲疑來上界意已帶初秋樹倚層崖溼雲封絕磵稠繁喧攙急障涼意迸輕漚地迥炎威少巖空爽氣浮寒催梧徑早韻雜竹林幽峰影淸如沐煙痕潤未收液池甘醴足登眺愜

宸游

本房加批

淸新俊逸庾鮑風流

鄉試硃卷 同治丁卯科

中式第二十四名舉人華鑄 直隸天津府天津縣府學優行廩膳生現充 國史館謄錄民籍

同考試官 掌浙江道監察御史前翰林院編修加三級 范 閱 薦

大主考 經筵講官都察院左都御史實錄館副總裁軍機大臣加三級 汪 批 取
又批 義精詞湛

大主考 經筵講官工部尚書管理戶部三庫事務加三級 單 批 取
又批 力厚思沈

大主考 太子少保協辦大學士工部尚書實錄館副總裁正藍旗滿洲都統總管內務府大臣加三級 瑞 批 取
又批 氣足神完

大主考 太子太保 武英殿大學士管理兵部事務翰林院掌院學士加三級 賈 批 中
又批 機圓法密

本房原薦批

首藝起講周帀餘皆圓暢後比借

上鞭辟本題縈補亦自然次銖兩

適均三相題有識筆尤酣暢詩工

穩經藝藻采紛披策對殫見洽聞

聚奎堂原批

精理內含寶光外溢次三氣充詞

沛闡發無遺詩秀鍊經藝典麗策

對博通

一講周币
旁皇鈴圓
磬微

高視闊步
氣度雍容

慈者所以使衆也康誥曰如保赤子心誠求之

華鑄

更卽慈以明教可驗諸保赤之誠焉夫慈與使衆通猶孝弟與事君事長通也而其心必誠焉不可驗諸保赤乎今使慈幼循其事而推誠無其心則家國之理無由通卽恩勤之念有未至蓋家庭泯涼德推恩可及於編氓必撫育有真情相關胥原於天性廟堂之勤恤不外夫婦之知能驗諸事而理可旁通也徵諸古而情無虛假己不出家而成教豈第孝弟已哉今夫愛敬貴實厥心而僅託諸虛文則己僞亦怙冒宜周於衆而或遺夫骨肉則又疏於此

開合詁題騰挪所以二字機達筆妙

提頓緊湊絕無拘攣之迹

簡潔輕圓

驗成教之故不尤當於慈證之乎論當然之分則一庭孚惠愛而深顧復迴異劬懋和四境切瞻依而迪吉康豈同勤拊畜婦子則親而近國人則疏而遠情自同分自異也論相通之理則庭闈有正位故家人之貴直等嚴君億兆仰宸居故元后之尊亦稱父母一室固深同體之愛四海亦有待命之原人自分理自合也慈者所以使衆合諸孝弟相通之理不曉然於成教之故哉今夫慈者愛子之心也亦即愛民之心也實則委曲求全推誠相與之心也蓋綏愛之意强則不真惟矢念切恫瘝斯分略君民者自恩聯父子而愷惻之衷親則愈摯故襟懷大胞與而功收指臂者先愛篤

一噴一醒

注下學字

卽借補上襯辟本題手腕嫻熟

裏毛知保赤子繹康誥之辭知保民之慈同於保赤之慈而欲廣保民之慈當還按保赤之慈也於何知之以其心之誠求斷之而已大抵事動以人者文焉愈僞而事動以天者出焉必眞保赤則天懷之露也夫呱呱襁褓之中其鞠育撫摩更難於進饌服勞之節而何以父兄之侍奉勉然者或近於誣而稚弱之攜持自然者胥捐其妄也雖赤子不識不知所望亦無幾事而慈者究不以所望之甚淡而頃刻相忘則天眞豈容矯飾歟大抵相感以情者虛懸無薄而相感以性者固結彌深保赤則性量之流也夫區區孩提之輩其起居動靜豈重於問安授杖之儀而何以尊親有共戴

寫誠求眞、擊

到處不略

趨奉者或屬具文而啼笑露微倪嗅咻者已塵實念也即赤子或欣或戚所欲恒不一端而慈者究不以所欲之甚督而隔膜相視則性眞不有明徵歟此慈之不假强爲也而孝弟可推矣

本房加批

慮周藻密筆警機圓是爐火純青之侯

反跌然後神髓

彬彬君子交關寫得透

截題謹嚴

隱括相雜適均文心

文質彬彬然後君子

華鑄

酌文質之中君子有專歸矣夫彬彬者文質之中也如是而後爲君子文質可相勝哉且未至適中之詣而遽奉以成德之名無惑乎弁陋者自矜浮夸者自詡矣惟深以增美釋回之學而或損或益悉化偏私斯造乎無過不及之天而畸重畸輕不遺疵累華與實交濟本與末兼賅夫而後損過而得中夫而後德成而名立不然徒於野史之外稱君子之名不於文質之中核君子之實恐野史俱自命爲君子而文質迄無定論矣夫君子固酌文質之中而渾文質之迹者也論文質之體則陰陽早宣天地之機運厚所流

靜細爲彬彬二字探源星宿海語特研鍊

三複筆目有實理不同掉弄虛腔

以經詁題證不妄抒

峙爲山嶽菁華所洩昭爲日星極之動植飛潛罔弗本中和以啟苞符而胥徵純備論文質之用則帝王早示權衡之准內昭忠信以植其基外飾威儀以定厥命舉凡升降裼襲無不體中正以嚴防檢而自著和平彬彬乎光昭宇宙乎彬彬乎範圍斯人乎吾於是穆然於君子矣夫君子固酌文質之中而渾文質之迹者也其渾乎迹者文質之相雜也本學問以化裁勵精心以通變故見質即見文而質非樸陋見文即見質而文非紛華彼繪事之雜五色也文章黼黻互呈夫白黑赤青謂非彬彬之相錯綜歟其酌乎中者文質之適均也化其偏以歸於正去其過以劑其平故文質弗

五雀六燕銖兩悉稱

大處落墨函蓋一切

繳上不黏不脫

相掩兩化彌見一神文質異專家並行自昭不悖彼皇華之均六轡也詢度諮諏分按夫善覲禮事可悟彬彬之有折衷耳夫然後君子之實立矣夫然後君子之名歸矣忠孝本乎質君子則繪以文焉周旋在堂陛而吁咈之下閒以賡颺色養在庭闈而愛敬之忱將以愉婉何情深而文明乎雖諫疏可直陳眞誠可徑達一似多質而少文而要之因時起義此際彌見用中之規僅以質求之不得僅以文求之亦不得也斯惇敘之君子也已禮樂近於文君子則萃以質焉玉帛非徒將實以敬恭斯儀容有主鼓鐘非虛設運以和樂斯音節自平何篤實而煇光乎雖覲物釆之繁聽鏗鏘

之韻一似多文而少質而要之因事制宜此際並無不中之憾主乎質而不見爲質輔以文而不專於文也斯明備之君子也已夫君子固酌文質之中而渾文質之迹者也

本房加批

虛實兼到義蘊畢宣文有內心迥非浮煙漲墨

眼光四射

語長心鄭重

抬高子產

子產聽鄭國之政以其乘輿濟人於溱洧孟子曰惠而不知

爲政

華鑄

聽政者施小惠大賢以不知爲政斷之焉夫乘輿濟人子產有此事與否俱未可知孟子以不知爲政斷之亦爲爲政者發耳且主治者君而輔治者相相也者固合一國之政而理之卽合一國之人而濟之者也蓋立法不尙近功而圖治須持大體如徒尙苟且務驩虞將爲之者未必有因傳之者豔爲美事而效之者亦遂流於姑息而不自知此爲政之大患有心人所亟欲辨者也不然春秋有子產亦豈闇於政者哉衣冠可褚田疇可伍敷治旣尙夫川

掩映不浮

醒透

照下人人句

職下節

襯托不薄

圓通警策

防上下有服都鄙有章綏猷更虞夫水懦則其爲政當必有使民以義之規而不斤斤於要譽有以猛濟寬之策而不屑屑於沽名子產誠知政哉而說者乃傳其以乘輿濟人於溱洧也何居夫溱洧之津詩人歌其渙渙矣乘蕳贈芍游觀之士女實繁有徒矣褰裳之患良亦可虞一葦之杭或猶未至子產得毋會逢其適而以授策者代卬須之招耶抑向水濱而命駕欲使國人盡占利濟耶使子產誠有此事將鑄刑書者一子產作丘賦者一子產而乘輿濟人者又一子產也信乎否乎然子產爲此不必爲子產辨聽政之子產爲此又不得不爲政辨也孟子曰惠則惠矣以云爲政則

軒豁呈露

頂筆警鍊

平其政節

不擊自動

照日亦不

足節

不知也惠行於一日而政則周乎百年惠私而政公也夫望澤國而停驂亦若爲斯世切淪胥之痛然心存要結施於一人則恒優而治鮮宏遐推之天下則恒絀環伺者生靈而嗅咮者治術是至纖至細之事可示其恩而大經大法之原未詳其用也何足語論道經邦也哉惠施於至邇而政則及乎至遠惠隘而政廣也夫向河干而攬轡亦若爲斯人深己溺之思然求切近之功施於一時則甚易略遠大之業持諸百世則甚難託命者羣倫而措施者小數將任瀾莫挽僅循豆區鍾釜之遺而覆轍堪虞難躋正直蕩平之路也何足云體國經野也哉然則君子亦平其政而已如徒以

乘輿相濟而杠梁未成則所濟者亦僅區區一乘輿耳安能徧及斯民耶

本房加批

不説壞子產處處照下文以立言前半寓整於散後比力厚思疑筆情圓湛

截金爲句
雕玉作聯

賦得石上泉聲帶雨秋 得秋字五言八韻

華鑄

到耳泠然善聲聲報早秋飛泉穿瘦石涼雨助懸流瀑擬龍
門壯林驚鳥夢幽琴宜喧洞门丘自漱峯頭百道紅全瀉千
巖翠正浮響添蕉葉碎溼許蘚痕留灑潤花前徑生寒竹外
樓作霖逢
聖世
恩宴侍
瀛洲

本房加批

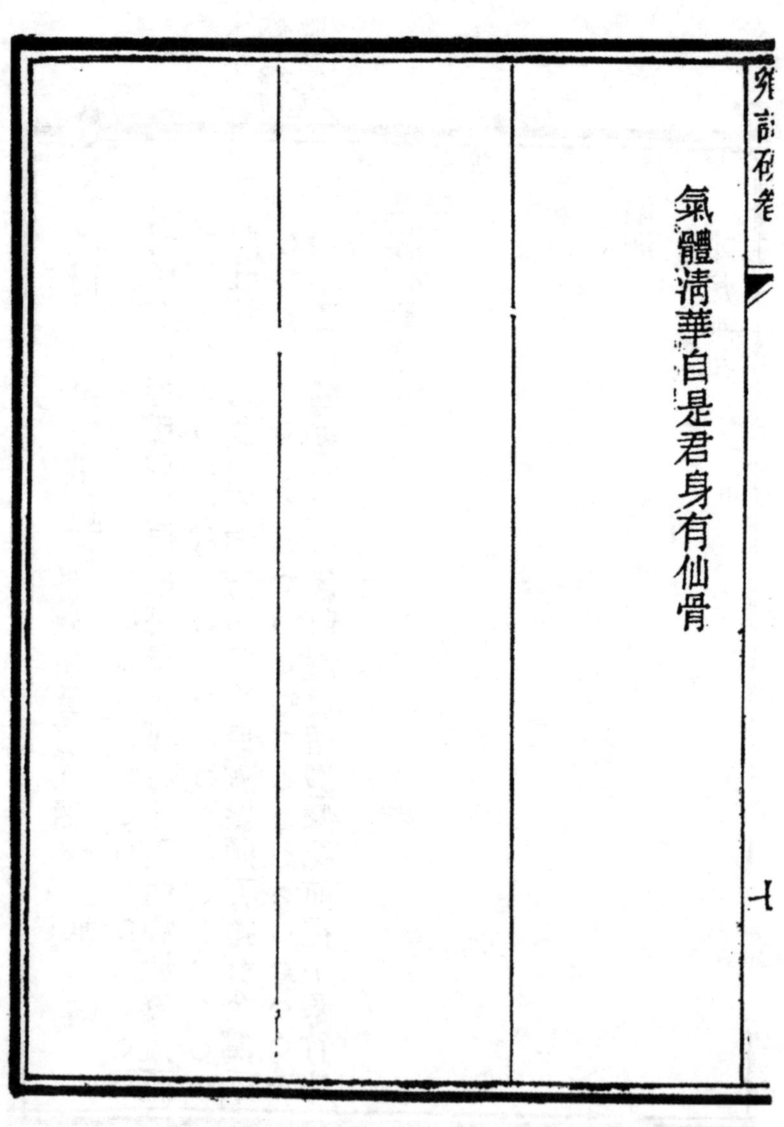

氣體清華自是君身有仙骨

查恩綬

北遷始祖諱秀前明江西撫州府臨川縣學廩膳生萬歷十八年遷居順天宛平縣

始祖母氏王

二世祖諱忠前明萬歷己酉順天副榜

二世祖母氏王勅贈孺人

三世祖諱國英貤贈通議大夫

字承先號蔭階行一道光丙午年十二月十五日吉時生順天府宛平縣附貢生民籍

三世叔祖國才前明太學生著有西山草樸園吟

四世叔祖如鏡太學生

五世伯祖剛度天文生

太高伯叔祖為仁號蓮坡邑庠生康熙辛卯解元誥贈中憲大夫著有花影庵集無題詩是夢集抱甕集竹郵花塢集山游集抑簾詞賞菊唱和集花影庵雜記游盤日紀蓮坡詩話沾上題襟集圍爐集澹宜書屋六詠擬樂府補題絕妙好詞箋

禮號儉

三世祖母氏周 前明崇禎十七年三月十七日闖逆之變偕娣姒以次九人殉難事詳大清一統志并家乘九烈傳 貤贈淑人

四世祖 諱如鑑 歷官江南江都縣縣丞署江都縣知縣 誥贈通議大夫 例贈資政大夫

四世祖母氏方 誥贈淑人 例贈夫人

氏劉 誥贈淑人 例贈夫人

堂歷官兵部侍郎兼都察院右副都御史湖南巡撫四川布政使司布政使按察使司按察使松茂兵備道川北兵備道甯遠府知府廣西太平府知府慶遠府理苗同知戶部陝西司主事大兵進剿金川管理西北兩路糧臺事務總理金川屯務 賞戴花翎 國史有傳 誥授通議大夫 例授資政大夫工畫墨梅著有銅鼓書堂遺稿漢印譜

族太高伯祖業新 國學生

胞高叔祖田 候選布政司理問

杰 候選州吏目著有鐵畫軒詩稿待梓

嫡堂高伯叔祖善長 乾隆癸酉舉人甲戌進士歷官內府刑科掌印給事中工科掌印給事中 欽命巡視天津爪儀漕務察院掌湖廣江南道監察御史禮部主客司郎中刑部貴州司員外郎乾隆庚戌科武會試同考官乙酉科武鄉試同考官著有鐵

夫人

五世祖諱曰乾號慕園候選知縣勅封承德郎誥贈通議大夫例贈資政大夫著有春秋臆說二卷史腴四卷

五世祖母氏馬人勅封安人誥贈淑人例贈夫人

氏王人勅封安人誥贈淑人例贈夫人

太高祖諱爲義號集堂歷官安徽太

雲詩稿

善和附貢生候選鹽場大使例封奉政大夫晉贈中憲大夫著有東軒詩鈔二十一史然疑必識

滈恩賞六品頂戴休致大理寺卿江西貴州布政使司布政使按察使司按察使湖南督糧道江蘇常鎮通海道署廣西桂平梧鬱鹽法道桂林府平樂府知府福建龍岩直隸州知州雲南武定直隸州知州趙州知州四川宜賓縣南部縣知縣國史附傳誥授通議大夫外孫吳諱式芬官貴州布政使恭遇覃恩貤贈通奉大夫著有梅舫詩鈔付梓者有蜀游詩鈔湘灘合藁

泳早世

溍歷任廣東廣州府經歷調任海豐縣縣丞署增城縣新會縣香山縣知縣勅授修職郎

浤候選刑部司獄

濤國學生

溥早世

族高伯祖善純議敘七品銜

夏歷

平府通判江南淮南儀
所監掣通判署淮北鹽
運分司卓異加四級
誥授中憲大夫工畫蘭
竹兼寫意花卉
著有集堂詩草

太高祖母氏杜恭人　誥贈

氏王恭人　誥贈

庶太高祖母氏屈孺人　例贈

氏朱孺人　例贈

高祖諱溶號介園國學生
誥封奉政大
夫　貤贈
朝議大夫

胞曾叔祖梧國學生　槼河南候補未入流歷署滑縣濬縣縣丞內黃孟津寶豐縣典史邵源鎮巡檢　棻太學生

嫡堂曾叔祖敬　絸早世　勉　庚太學生　王早世例贈文林郎

從堂曾伯叔祖誠乾隆丁酉科舉人候補郎中例贈中憲大夫著有天游閣詩稿天游閣雜著　翰候選同知　維震廩貢生　樞優廩貢生揀發雲南候補知縣歷署永善縣建水縣知縣直隸河間府教授趙州學正清苑縣訓導　勅授文林郎乾隆庚戌八旬　萬壽呈進畫冊　恩賞貂緞著有北亭遺草　維寰國學生　維壽

森　榦增廣生例贈文林郎　鶴乾隆甲寅科舉人　榮廩貢生候

高祖母氏項 誥封宜人 貤贈恭人

庶高祖母氏祁 例贈孺人

曾祖諱彬 號慰亭邑庠生乾隆癸卯舉人 甲辰會魁歷官河南信陽州知州安陽縣淇縣太康縣安徽鳳台縣懷甯縣知縣署陝州汝州直隸州知州嘉慶丙子河南鄉試同考官 誥授奉政大夫 晉贈朝議大夫 累贈通議大夫入祀信陽州名宦祠著有湘蘅漫錄采芳臨筆小息舫詩草

選訓導

林 雲南候補通判歷署曲靖府雲南府同知晉甯州知州呈貢縣知縣總理雲南通志局務 敕授承德郎 例晉奉政大夫著有有方集釀秋軒草滇吟湘中詩餘

樹 貤封登仕佐郎 枋 栻 楣 棠 楫 桂

族曾伯祖維璐 維琬

胞叔祖璨 號友庵一號租山國學生屢膺房薦 敕封文林郎 晉封奉直大夫 覃恩貤封奉政大夫 覃恩貤贈朝議大夫 累贈通議大夫著有駢體字義補租山試帖待梓

璋 號相庵國學生屢膺房薦河南候補從九品歷署禹州吏目 敕授登仕郎 覃恩誥贈朝議大夫著有我容軒試帖待梓

高嫡堂叔祖錄勳 號實庵太學生例贈奉直大夫 翼勳 號敬庵太學生

三

曾祖母氏包誥封宜人晉贈恭人累贈淑人

祖諱默勤號識庵國學生屢膺房薦著有槐窗雜識覃恩誥贈奉政大夫晉贈通議大夫

祖母氏馮覃恩誥贈宜人晉贈淑人順天涿州原任江南徐州府邳睢同知諱焜公孫女原任河南開封府蘭儀同知諱垿公次女提舉銜河南候補布政司都事名立嶸公胞姊

覃恩貤贈奉政大夫以弟成庵公次子以煌爲嗣秦勤號成庵太學生

從堂叔祖省勤恩貢生候選復設教諭久勤歲貢生候選訓導毅勤廩膳生道光癸卯舉人庚子順天鄉試挑取內廷謄錄國史館議敘候選知縣現任懷來縣儒學教諭甲辰乙巳歷科會試迭膺房薦賡勤國學生奉勤

再從堂伯叔祖輔勤例贈奉直大夫翊勤贊勤訥勤嘉慶戊午舉人辛酉進士歷官陝西糧儲道詹事府左春坊左中允右春坊右贊善日講起居注官國史館纂修功臣館協修文淵閣校理翰林院檢討會勤國學生穡勤國學生問勤議敘六品銜寶勤歷官甘肅西甯府貴德廳同知調任陝西孝義廳同知甯夏府鹽捕通判署平羅縣知縣咸勤

一知縣用卽選縣丞
名德峻公胞姑

父名以覲號考庭國學生
勅封文林郎
同知銜升用直隸州江
蘇候補知縣軍功 賞
戴藍翎
賞換花翎

母氏李例封宜人 勅
封孺人順天宛平
乾隆已酉拔貢原任河
南尉氏縣洛陽縣知縣
廣西永康州知州諱烜
公孫女原任廣西融縣
知縣諱連
城公次女

庶母氏賓
何

廩膳生道光辛巳
解元 截取知縣宗勤議敘六
品銜叔昊 常勤

國學
生圖勤 彌勤 賀勤 政勤 宜勤府
知
事用坐補湖南
鳳凰廳巡檢延年附監生補用同知江蘇
候補知縣前署宿遷縣
知各附貢生江蘇
縣車候補知縣廉勤 幹 病故

族伯
叔祖守勤 定勤 宅勤 安勤

胞叔以謙號撝庭國學生 欽加同知銜補用
直隸州河南臨潁縣知縣調任河南
杞縣知縣軍功 賞
戴藍翎 賞換花翎

嫡堂叔霈號藝庭國學生 欽加同知銜
升用直隸州河南候補知縣丙旭
號曜庭廩貢生同治甲子舉人乙丑會試
房備卷 欽加四品銜現官刑部員外郎

歷

貞慶下

庭訓

業師以受業先後爲次

從堂叔祖遂初夫子名省勤

恩貢生候選復設教諭

嫡堂叔藝庭夫子名需國學生欽加同知銜升用直隸州河南候補知縣

嫡堂叔曜庭夫子名丙旭廪貢生同治甲子舉人乙丑會試房備卷欽

鑄號聲庭國學生欽加鹽提舉銜東河候補通判升用同知直隸州以新號春庭庠生咸豐戊午舉人庚申會試堂備卷候選郎中

從堂叔以鈞河南候補知州以燃以煌出嗣敬庵公以坤俱業儒

再從堂叔以廉國學生候選縣丞以讓國學生候選縣丞淩漢

廪膳生乘漢廪膳生本科中式副榜第一名

三從堂伯叔三德候選從九品曾綬軍功以元候選典史以續

國學生以晉同知銜候選知縣以豐以釗業儒以科業儒

以嵩幼讀以嶽幼讀

加四品銜現官
刑部員外郎、
世伯富孚仙夫子 名 庚長
廕生前南
河總督
曹丙階夫子 名 世焯 稟膳生
太年伯潘星垣夫子 諱 文耀
癸卯舉人壬子進士歷
任吏部驗封司員外郎
世伯于少庭夫子 名 宗綬
乙卯舉人丙辰進士現
任吏部文選司員外郎
宗室樹南夫子 名 延煦 辛亥

胞弟定綬 號篠階 業儒
嫡堂弟維綬 幼讀
從堂弟元綬 同綬 鎮綬 雙綬 寅綬
介綬 俱幼讀 亢綬 號翰臣 育綬 [illegible] 理生 三子
三從堂弟富綬 壽綬 祺綬 祿綬 俱幼讀
四從堂弟隆綬 履綬 康綬 福綬 長綬 俱幼讀
原配翁氏 敕贈孺人順天宛平縣道光癸卯
舉人咸豐丙辰進士翰林院庶吉士
原任江西武甯縣知縣諱延緒公長女現官
光祿寺署正名立誠胞妹邑庠生名立德胞

曾綬 三子 名[illegible]
義恒 号[illegible]
利綬 名

五

履歷

年伯朱西山夫子 名福基 舉人丙辰進士翰林院編修現官戶部左侍郎 姊

繼聘 氏

陳蘭士夫子 名善 壬子舉人 戊午舉人乙丑進士翰林院庶吉士

子 巽格 幼讀

女

馮少鐵夫子 名翥鵬 已未舉人

年伯郭定軒夫子 名從矩 戊午舉人庚申進士翰林院編修現官江南道監察御史

賈琴巖夫子 名樹誠 己酉舉人

壬戌進士現官刑
部福建司主事

受知師

萬耦舲夫子名青藜庚子進士
現官禮部尚書
前順天學政

毛旭初夫子名昶熙乙巳進士
現官戶部左侍郎
前順天府府丞

蔣子良夫子名彬蔚丙辰進士
翰林院編修現官刑科
給事中壬戌順天鄉試
同考
官

鄉試中式第二百五十六名

會試中式第　　名

殿試第　甲第　　名

朝考第　等第　　名

欽點

欽命四書詩題

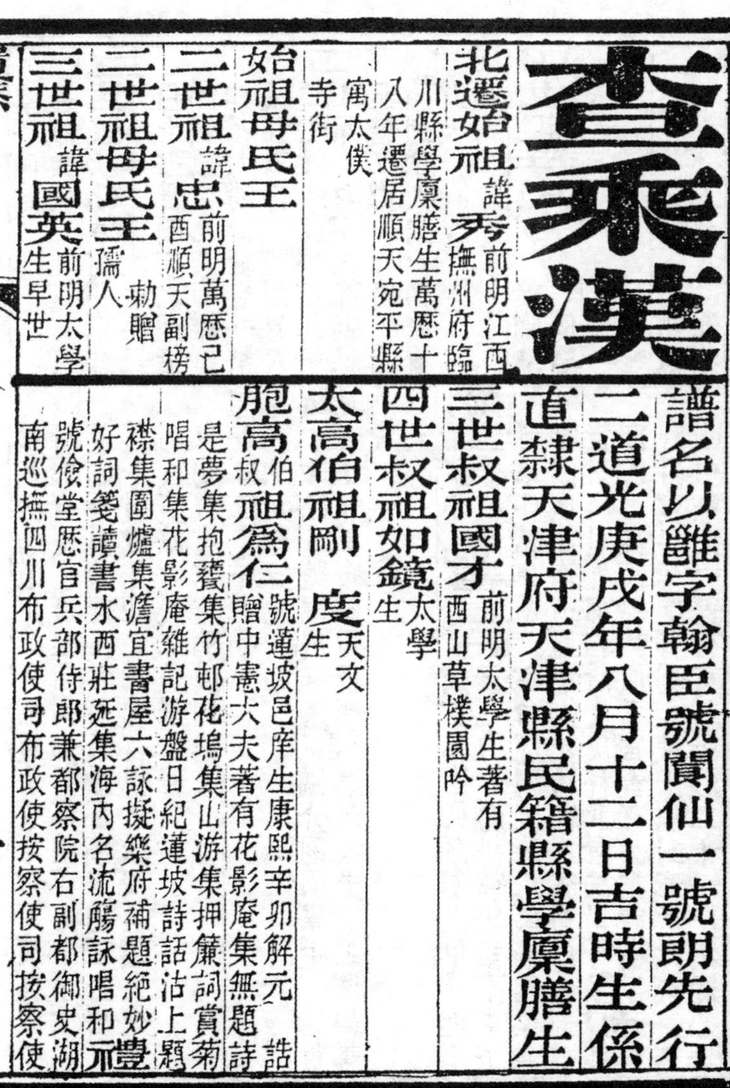

查乘漢

北遷始祖 諱秀 前明江西撫州府臨川縣學廩膳生萬歷十八年遷居順天宛平縣寓太僕寺街

始祖母氏王

二世祖 諱忠 前明萬歷己酉順天副榜

二世祖母氏王 勅贈孺人

三世祖 諱國英 前明太學生早世

譜名以雝字翰臣號闐仙一號朗先行二道光庚戌年八月十二日吉時生係直隸天津府天津縣民籍縣學廩膳生

三世叔祖國才 前明太學生著有西山草樸園吟

四世叔祖如鏡 太學生

太高伯祖剛度 天文生

胞高伯叔祖爲仁 號蓮坡邑庠生康熙辛卯解元誥贈中憲大夫著有花影庵集無題詩唱和集花影庵雜記游盤日紀蓮坡詩話沽上題襟集圍爐集澹宜書屋六詠擬樂府補題絕妙好詞箋讀書水西莊延集海內名流觴詠唱和

禮 號儉堂歷官兵部侍郎兼都察院右副都御史湖南巡撫四川布政使司布政使按察使司按察使

皇朝貤贈
通議大夫
三世祖母氏周 前明崇禎十七年三
月十七日闖逆之變偕
娣姒以次九人殉難事
詳 大清一統志并家
乘九烈傳 貤贈淑人
四世祖如鑑 諱 歷官江南 江都縣縣
丞署江都縣知縣 誥
贈通議大夫 例贈資
政大
夫
四世祖母氏方 人 誥贈淑 例贈
夫
人
氏劉 人 誥贈淑 例贈

松茂兵備道川北兵備道甯遠府知府廣西太平
府知府慶遠府理苗同知戶部陝西司主事大兵
進剿金川管理西北兩路糧臺事務總理金川屯
務 賞戴花翎 國史有傳 誥授通議大夫
例授資政大夫工畫墨梅著
有銅鼓書堂遺稿漢印譜
堂高伯祖業新 國學生
胞曾伯祖田 號硯農候選 布政司理問 溶 號介園國學生 誥封 奉政大夫 貤贈朝議
大
夫
嫡堂曾伯叔祖善長 號鐵雲乾隆癸酉舉人甲戌進士 歷官 內府刑科掌印給事中工
科掌印給事中 欽命巡視天津爪儀漕務察院
掌湖廣江南道監察御史禮部主客司郎中刑部
貴州司員外郎乾隆庚戌科武會試同考
官乙酉科武鄉試同考官著有鐵雲詩稿 善和 號東
軒附貢生候選鹽場大使 例封奉政大夫 晉
贈中憲大夫著有東軒詩鈔二十一史然疑必識

夫
人

太高祖諱曰乾章號慕園候選知縣
勅封承德郎 誥贈通
議大夫 例贈資政大
夫著有春秋臆說二卷
史腴四卷始僑寓天津
託業醝務舊居今爲常
平倉建水西莊別業延
集海内名流事
蹟詳長蘆志

太高祖母氏馬勅封安人誥贈
淑人 例
贈夫人

生太高祖母氏王勅封安人
誥贈淑人
例贈夫人

滈號梅舫 恩賞六品頂戴休致大理寺卿江西
貴州布政使司布政使按察使司按察使湖南
督糧道江蘇常鎮通海道署廣西桂平梧鬱鹽法
道桂林府平樂府知府福建龍岩直隸州知州雲
南武定直隸州知州趙州知州四川宜賓縣南部
縣知縣 國史附傳 誥授通議大夫外孫吳諱
式芬官貴州布政使恭遇 覃恩 貤贈通議大
夫著有梅舫詩鈔付梓者有蜀游詩鈔湘灘合藁

泳早世潛歷任廣東廣州府經歷調任海豐縣縣丞
署增城縣新會縣香山縣知縣 勅授修
職郎滋侯選刑部司獄濤國學生溥早世

堂曾伯祖善純議敘七品銜

胞伯祖庚號金相太學生

嫡堂伯叔祖彬號憩亭庠生乾隆癸卯舉人甲辰會魁
歷官河南信陽州知州安陽縣淇縣太
康縣安徽鳳台縣懷甯縣知縣署陝州汝州直隸
州知州嘉慶丙子河南鄉試同考官 誥授奉政

二

高祖諱爲義號集堂歷官
通判江南淮南儀所監
掣通判署淮北鹽運分
司卓異加四級 誥授
中憲大夫工畫蘭竹兼
寫意花卉著有集堂詩
草捐舊居爲問津書院
建芥園別業事
蹟詳長蘆志
高祖母氏杜恭人 誥贈
氏王恭人 誥贈
生高祖母氏扈孺人 例贈
庶高祖母氏朱孺人 例贈
曾祖諱杰號次山候選州吏目 貤贈奉

大夫 晉贈朝議大夫 累贈通議大夫入祀信
陽州名宦祠著有蘅湘漫錄采芳隨筆小息舫詩
草 梧國學生貤贈奉直大夫 敬 棨河南候補典史歷署滑縣濬縣縣丞內黃孟津
寶豐縣典史邵源鎮巡檢 例授登仕郎 棻太學生 恕早世 勉
從堂伯叔祖誠號海漚乾隆丁酉科舉人候補郎中例贈中憲大夫著有天游閣詩稿天游
閣雜著 翰候選同知 維震號青雰廩貢生 樞號斗一優廩貢生揀發雲南候補知縣歷
署永善縣建水縣知縣直隸河間府教授趙州學正清苑縣訓導 勅授文林郎乾隆庚戌八旬
萬壽呈進畫冊 恩賞貂緞著有北亭遺草 維雯國學生 維[illegible] 㮈 榦
增廣生 例贈文林郎 鶴號修年乾隆甲寅科舉人 榮廩貢生候選訓導 林號花農雲
南候補通判歷署曲靖府雲南府同知晉甯州知州呈貢縣知縣總理雲南通志局務 勅授承德
郎 例晉奉政大夫著有有方集釀秋軒草滇吟湘中詩餘 楷貤封登仕佐郎 枋

政大夫著有
鐵畫軒詩稿
曾祖母氏李天津附貢生　貤贈宜人
歷官雲南楚雄府知府
諱錦公女候選員外郎
諱立德公候選鹽運使
司運副諱立功公附貢
生候選道諱立言公胞
姊道光乙酉戊子聯錄
功臣館議敘浙江布政
司理問改授南河州同
知諱延棟公候選衛千
總名延樑公太學生名
開泰公廪膳生
名開第公胞姑
祖諱壬號雨亭早世
誥贈奉政大夫
祖母氏繆現年八十五歲
誥封宜人天

栻　楣　棠　楫　桂
族伯祖維璐　維琬
胞伯省勤號遂初　恩貢生候選復設教諭　貤封
奉政大夫著有日知月無忘齋雜著待梓
久勤號倪庵歲貢生候選訓導　貤封
奉政大夫著有韻學辨字付梓
嫡堂伯廣勤號炳南
國學生
從堂伯叔默勤號識庵國學生　誥贈奉政大夫　錄勤
晉贈通議大夫著有槐窗雜誌
號賓庵太學生　璨號友庵太學生　勅封文林郎
例贈奉直大夫　晉封奉直大夫　覃恩貤封
奉政大夫　貤贈朝議大夫　累贈通　璋號相庵
議大夫著有駢體字義補祖山試帖　國學生
河南候補從九品歷署禹州吏目　勅授登仕郎
覃恩貤贈奉政大夫　誥贈朝議大夫著有我
容軒　翼勤號敬庵　覃恩貤贈奉政大夫　泰勤號
試帖　以弟成庵公次子以煜爲嗣　成

津歷官廣東肇慶府知
府署肇羅兵備道諱繩
祖公曾孫女太學生諱
承恩公孫女歷官廣東
潮州府經歷候選布政
司理問諱炎公女處士
諱印曾公庠生諱景曾
公胞妹廩膳生諱逢源
公胞姑道光甲辰舉人
名士瑶公嫡堂姑守節
撫孤歷五十七
年　例請旌表
爻名毅勤號果庵廩膳生道光癸卯舉人
庚子挑取　內廷謄錄
國史館議敘知縣現
任懷來縣儒學教諭
欽加五品銜甲辰乙巳
癸丑會試歷科薦卷著
有靜學齋雜著待梓

庵太
學生
再從堂伯叔輔勤例贈奉直大夫　翊勤　贊勤　訥勤號簡庵嘉
慶戊午舉人辛酉　恩科進士歷官陝西糧儲道
詹事府左春坊左中允右春坊右贊善　日講起
居注官　國史館纂修功臣館協
修　文淵閣校理翰林院檢討　魯勤號會門議敘六品銜
穡勤號埜南國學生　問勤號虛谷議敘六品銜　寶勤號梅州歷官甘肅西甯府貴德
廳同知調任陝西孝義廳同知甯
夏府鹽捕通判署平羅縣知縣　咸勤號芙波廩
膳生道光
辛巳解元
截取知縣　宗勤議敘六品銜　叔昊號葆齋　常勤號潔庵國學生　圖
勤　彌勤國學生　賀勤　政勤　宣勤號蓉峰府知事用坐補湖
南鳳凰廳巡檢　延年號恬齋附監生補用同知江蘇候補知縣前署宿遷縣知縣　輅號祀
庵附貢生江
蘇候補知縣　廉勤

母氏張 敕封孺人 誥封宜人 天津康熙甲午舉人山東遼陽縣知縣諱光第公元孫女乾隆癸酉舉人甲戌進士江西餘干縣知縣江西辛卯鄉試同考官諱湘公曾孫女乾隆丁酉舉人諱梓蔭公孫女嘉慶丁卯舉人諱巖公次女候選知縣諱汝連公胞姪女庠生名雲鵬公嫡堂姊

重慈侍下

具慶下

重慈訓

族伯叔 守勤 定勤 宅勤 安勤

胞兄 凌漢 號帖青稟貢生候選訓導辛酉薦卷甲子房備卷

嫡堂兄 以廉 號柱臣國學生候選縣丞 以讓 號虞臣國學生候選縣丞

再從堂兄弟 以觀 號考庭國學生 敕封文林郎、欽加同知銜升用同知直隸州江蘇候補知縣軍功 賞戴藍翎 賞換花翎 以謙 號撝庭國學生 欽加同知銜河南補用直隸州臨穎縣知縣現調任杞縣知縣軍功 賞戴藍翎 賞換花翎 需 號藝庭國學生 欽加同知銜升用同知直隸州河南候補知縣 丙旭 號曜庭稟貢生同治甲子舉人乙丑會試房備卷、欽加四品銜現官刑部員外郎 鈞 號聲庭國學生 欽加鹽提舉銜升用同知直隸州東河郎補通判 以新 號春庭邑庠生咸豐戊午舉人庚申會試堂備卷候選郎中 以鈞 號賡庭國學生河南候補知州 以燃 以煌 出嗣敬庵公 以坤 俱業儒

胞伯訓

庭訓

慈訓

胞兄訓

肄業師

吳傅嚴夫子 名士俊 癸巳進士 歷官湖南寶慶府知府 現掌教天津輔仁書院

劉韞齋夫子 名崐 辛丑進士 現任湖南巡撫 前掌教天津問津書院

廉琴舫夫子 諱兆綸 庚子進士

三從堂兄弟 三德 候選從九品 會綬 以元 候選典史 以續 國學生 以晉 同知銜候選知縣 以豐 以釗 業儒 以科 業儒 以嵩 讀

胞姪 富綬 幼讀 壽綬 幼

嫡堂姪 祺綬 幼

再從堂姪 恩綬 號蔭階 附貢生 本科中式舉人 候選內閣中書 定綬 號葆階 業儒 元綬 同綬 鎭綬 雙綬 雍綬 寅綬 介綬 俱幼 讀

三從堂姪 隆綬 履綬 康綬 福綬 長綬 俱幼 讀

再從堂姪孫 巽格 幼讀

娶戴氏 順天甯河縣國學生議敘州同知諱朝錫公孫女 道光乙酉舉人 大挑二等 現任磁州儒

原任倉場總督前掌教天津問津書院

年伯張雷門夫子名震丁酉舉人

現任天津縣學教諭

陳禹門夫子名兆熊甲辰舉人

現任天津縣學訓導

受知師

張善之夫子諱餘慶原任天津縣知縣

潘偉如夫子名霨現任山東登萊青道前任天津府知府

學學正名襄濤公女咸豐辛酉拔貢朝考一等現任戶部七品小京官名彬元邑庠生諱彬彤胞妹

子祿綬幼

女

汪嘯翁夫子諱元方癸巳進士
原任都察院左都
御史順天學政
龐葆生夫子名鍾璐丁未進士
現官禮部左侍
郎前順天學政
丁卯科鄉試中式副榜第一名
鄉試中式第　名
會試中式第　名
殿試第　甲第　名
朝考第　等第　名
欽點
原籍宛平
寄籍天津

中式第一名副榜查秉漢直隸天津府天津縣縣學廩膳生民籍

同考試官翰林院編修現官司經局洗馬日講起居注官武英殿協修加三級黃閣薦批

大主考經筵講官都察院左都御史實錄館副總裁軍機大臣加三級汪取批 又批體大思精

大主考經筵講官工部尚書管理戶部三庫事務加三級單取批 又批機圓法密

大主考太子少保協辦大學士工部尚書玉牒館副總裁鑲藍旗滿洲都統總管內務府大臣加三級瑞取批 又批矜平躁釋

大主考太子太保武英殿大學士管理兵部事務翰林院掌院學士加三級賈中批 又批理足神完

本房總批

披一品衣奏九華琯清思浣月健筆凌雲鸞翮鳳翥之文嶽峙淵停之度二三篇勇餘賈甲八十字句妙受辛詰經則五鹿探原不減大春融貫對策則四羊訂舛何慚小夏淹通擊節闈中卜爲碩彥詢名榜後果屬通才甲第傳家丁年勵志藻鑒屢承平哲匠芹香高擷於成童譽滿津門空馬羣於顧野官隨沮邑婣鯉對於趨庭束裝爲燕薊之遊入幕擅應劉之望弟兄食餼定同登霄路三千叔姪同科將並列瀛洲十八此際副車首選已拔戟而成一軍行看魁榜名標且簪毫而賦五色鵬程不遠虎氣必騰奮爾先鞭證余左券

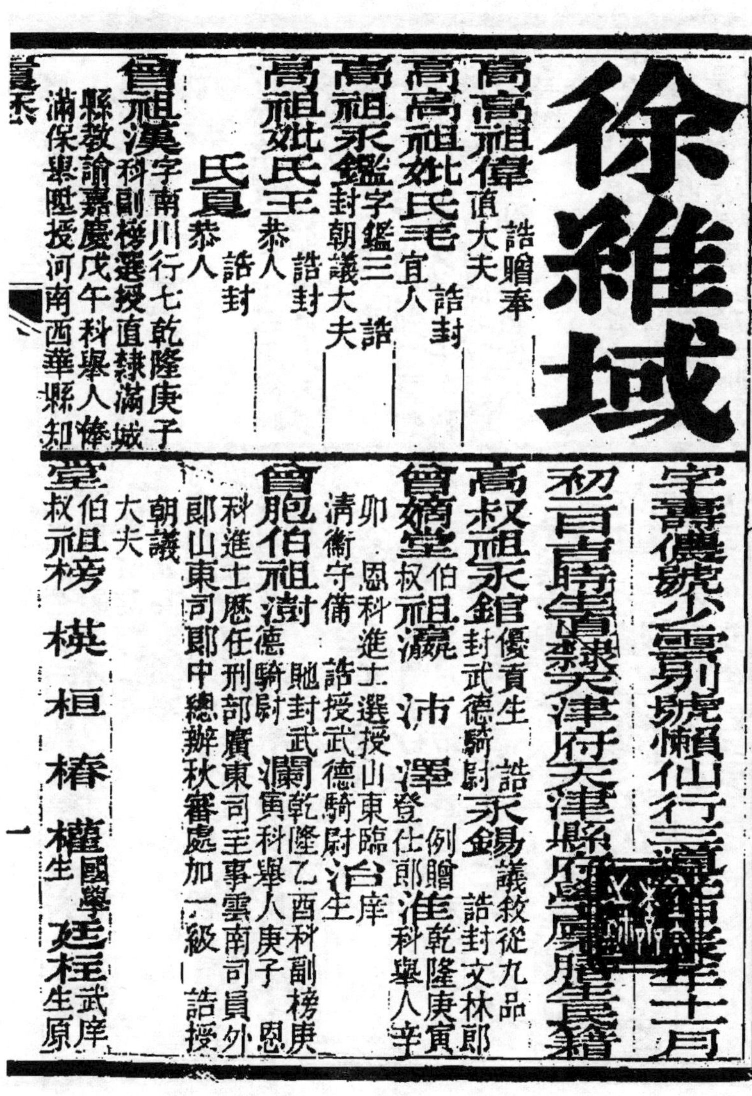

徐維域

字壽儂號少雲別號懶仙行三[illegible]年十二月
初十日吉時生係直隸天津府天津縣廩膳生民籍

高高祖偉 誥贈奉直大夫
高高祖妣氏毛 宜人 誥封
高祖承鑑 字鑑三 誥封朝議大夫
高祖妣氏王 恭人 誥封
氏夏 恭人 誥封

曾祖漢 字南川行七乾隆庚子科副榜選授直隸滿城縣教諭嘉慶戊午科舉人俸滿保舉陞授河南西華縣知

高叔祖承館 優貢生 誥封武德騎尉 承錫 議敘從九品 誥封文林郎

曾嫡堂伯叔祖灝 沛 澤 例贈登仕郎 淮 乾隆庚寅科舉人辛卯恩科進士選授山東臨清衛守備 誥授武德騎尉 台 庠生 治 生

曾胞伯祖澍 貤封武德騎尉 瀾 乾隆乙酉科副榜庚寅科舉人庚子恩科進士歷任刑部廣東司主事雲南司員外郎山東司郎中總辦秋審處加一級 誥授朝議大夫

堂伯叔祖榜 楧 桓 椿 權 國學生 廷桂 武庠生 原

一

縣 敕授文林郎
例封奉直大夫

曾祖妣氏顧 國學生諱元斌公女 敕封孺人 例封宜人

祖廷樞 字贊臣行十三候選縣丞 誥封奉直大夫 晉封朝議大夫

祖妣氏元 候選州同知諱良知公長女道光壬午科舉人選授直隸滿城縣訓導諱煖公堂姊 誥封宜人 晉封恭人

父文煐 號涴雲行二道光戊子科舉人乙未科大挑二等選授直隸永平府訓導俸滿保舉選授廣東龍門縣知

任浙江金衢所守尉 廷桂 國學生 廷榕 廷燾 廷橤

臯 東河候補從九品 廷樑

嫡堂伯叔祖 楷 國學生實錄館謄錄候選縣丞 未 候選通判 桐 國學生 柄 四川候補州吏目 采 國學生議敘州判 廷棟 附貢生 廷相 國學生 廷樟 廷櫄 廷樽

胞叔祖廷榦 字貞甫行十七候選州吏目 誥封奉直大夫

從堂伯叔 文肇 文煒 文斗 文開 文泰 廣熙 候選衛千總 文書 文星 文焯 文光 文會 文煋 文儀 文立 文熙 文寶 恩元 仲元 武庠生 文元

縣著有小蓬萊仙館
詩草 敕授文林郎
前母氏郭郡庠生候選鹽場大使諱鴻公孫女國學生諱肇棨公次女 欽加守備銜候選守府名瑞凝公 欽加同知銜候選知縣名瑞章公胞姊 例贈孺人
母氏周士乾隆戊午己未聯捷進士 欽點翰林院庶吉士授檢討著述甚富惟孟子讀法附記保積堂文稿刊行世 諱人麒公曾孫女邑庠生諱人鳳公乾隆辛酉舉人諱人鵬公曾姪孫女康熙戊子己丑聯捷進士官至江西督糧道著刊有居易堂文稿諱人龍公雍正丙午丁未聯捷進士官至浙江貴州廣東巡撫著有蓮峰窗宦文稿香遠

堂伯叔燾 文煜 鎣國學生 文鑾 文煥 文熩 文烈 文龍 文炳 承勳 承烈內閣供事 文燕 文熾 文然 文熊 文燦 文爆 文煉
胞伯煇號南江國學生
胞叔文燿字奎章行三道光乙酉科謄錄候選知縣辛卯 恩科副榜壬辰癸巳科聯捷進士原任刑部山東司主事加一級 誥授奉直大夫出嗣胞叔祖文勳字樹生行六 國史館供事山東候補巡檢
再從堂兄弟維翰從九品 維垣國學生 維城 士錦
景曾 紹曾 耀曾 維墉 維均

堂詩稿諱人驥公邑庠生諱
人駿公曾堂姪孫女邑庠生
諱岧公孫女廩膳生諱南公
姪孫女乾隆甲子舉人歷任
江西石城德化縣知縣諱鑒
公堂姪孫女貢生歷任福建
洒州場大使莆田彰化縣縣
丞遇難殉節 褒贈世襲雲
騎尉諱大綸公邑庠生諱敘
公貢生諱含公從堂姪孫女
七品屯官諱衍疇公次女
國學生諱衍續公姪女邑庠
生諱宇深公從堂姪女邑庠
生諱彬公胞姊 國學生諱
樹公堂妹處士名檢公堂姊
邑庠生諱振甲公 世襲雲
騎尉原任張家灣都閫府諱
嗣榮公候推守府諱雄甲公
國學生名廷甲公從堂妹
邑庠生諱金榜公刑部主事

從堂兄弟國珍字聘三恩貢生 國璋國學生候選巡檢 國瑞字輯五邑庠生 國琮國學生 國琛 國瑚

堂兄敬言號蓮舫行二候補巡檢

嫡堂兄弟鶴齡號小江內閣供事選授雲南典史 祥齡 貴齡

多齡俱業儒

再從堂姪振榮國學生

再從堂姪慶霖國學生議敘縣丞銜 霈國學生軍功六品銜 霽 雯

霦俱業儒 靈幼 慶麟業儒 祥麟 玉麟俱幼

堂姪靈業儒 霨幼

再從堂姪孫增慶幼

名德銘公候選典史名敬銘
公從堂姑母邑庠生甲子科
鄉試薦卷本科鄉試薦卷名
子庸公從堂姑祖母　敕封
孺人
慈侍下
庭訓
業師
母舅周又彬夫子諱杉彬邑庠生
齊文堂夫子名保泰山東邑庠生
王月丹夫子名桂星邑庠生
趙藏卿夫子諱興廉廩膳生道光己酉科

再從堂姪孫增祥業儒　增壽幼
娶周氏廩膳生諱南公曾孫女　國學生諱衍績公孫女處士名檢公長女
子伯韜　仲華俱幼
女一幼

舉人候選教諭

課師

恆雲舫夫子名慶現任長蘆鹽運使司鹽運使

程容伯夫子名恭壽己亥舉人前任太常寺卿

周琳叔夫子名家勳己酉舉人前任天津河間兵備道

何駿生夫子名棪泰己酉舉人現任天津府河防分府

張翰臬夫子名光藻丁未進士前任天津府知府

劉彥三夫子名傑前任天津縣知縣

李鐵梅夫子名嘉端己丑翰林前任安徽巡撫

楊竹亥夫子諱榮隰己未科進士原任天津府儒學教授

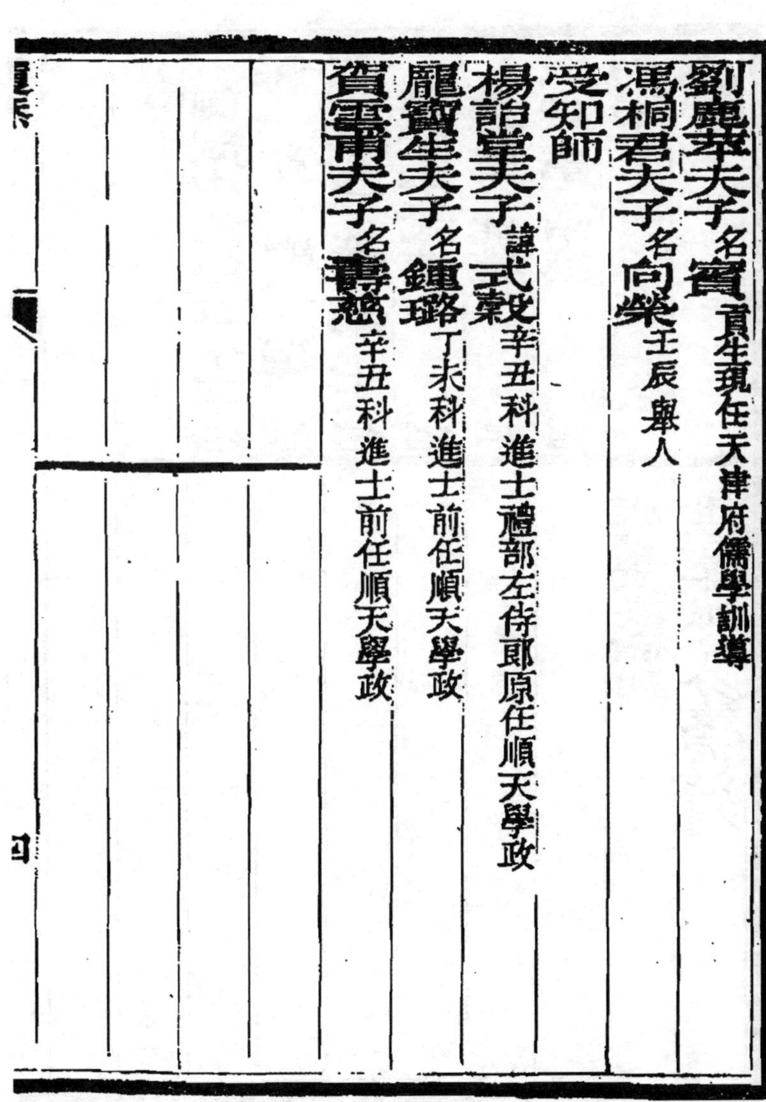

劉麗華夫子名賓 貢生現任天津府儒學訓導

馮桐君夫子名向榮 壬辰舉人

受知師

楊詒棠夫子諱式穀 辛丑科進士禮部左侍郎原任順天學政

龐寶生夫子名鍾璐 丁未科進士前任順天學政

賀雲甫夫子名壽慈 辛丑科進士前任順天學政

鄉試中式第五十三名
保和殿覆試
欽定一等第七名
會試中式第名
覆試第等第名
殿試第甲第名
朝考
欽點

族繁不及備列

世居本城今分支泥沽村

孔傳勳

字續甫，號翼臣，一號耕梅。道光乙巳年十月初八日吉時生。直隸天津府天津縣學附學生，民籍。

太高祖學禮，至聖先師六十三代孫。順治年間由山東曲阜縣遷居天津。

太高祖妣氏劉

高祖士翰，吏員，例封文林郎。

高祖妣氏劉，例封孺人。

曾祖汝岡，勅封文林郎，誥封奉直大夫，候選從九品，浙江縉雲縣知縣。

胞曾伯祖汝忠，馳封文林郎；汝孝，候選縣丞；汝廉，候選光祿寺署正，敕授承德郎；汝鈴，馳封文林郎。

堂伯叔祖永清，修職郎，例封；振清，吏員，例封修職郎；昌泗；昌裕；昌祐，從九品；昌祖，六品銜。

胞伯叔祖純熙，乾隆乙卯恩科舉人，實錄館校錄，任浙江處州府縉雲縣知縣；重熙；筆熙，吏員，從九品；咸熙，歲貢生，候選訓導；元熙，從九品。

堂伯叔瑞齡　玉齡　大年　松齡　鶴齡　延齡

履

曾祖妣氏蕭 邑庠生諱啟昌公女
敕封孺人
誥封宜人

祖春熙 字旭東吏員考滿候選典史 例封文林郎

祖妣氏陳 乾隆庚辰科舉人高陽縣教諭諱風公女乾隆戊子科舉人候選知縣諱詠公歲貢生諱華公胞姪女乾隆丁酉科舉人西甯縣教諭截取山西祁縣知縣諱居敬公胞妹乾隆丙午科舉人行唐縣教諭截取湖南臨武縣知縣諱和敬公歲貢生候選訓導諱斅敬公增

豐年 毓岱國學生 毓衡國學生 毓生 毓發 永年

毓奇 例封文林郎 永安 永季 永祥

嫡堂伯叔 毓峻從九品 毓書 毓芳 毓麟

胞伯自昭 字融軒邑庠生

堂兄弟 傳信 傳義 傳文國學生 傳緒 咸豐辛酉科拔貢甲子科鄉試挑取謄錄乙丑科考取八旗漢教習補鑲白旗漢教習期滿引見以知縣用 傳曾 傳

臚

從堂兄弟 傳珠郡庠生 傳琳業儒

嫡堂兄 傳述

胞兄 傳詩 字友文邑增廣生壬戌恩科堂備 傳申 字執之郡庠生

廣生諱莊敬公增廣生
諱廉敬公嫡堂妹增廣
生諱會慰胞姑母武庠
生六品頂戴諱會祺從
九品諱會榮增廣生名
鍾英道光甲午科舉人
咸安宮教習候選知
縣諱曾慶增廣生諱鍾
奇邑庠生諱基德嫡
堂姑母 例封孺人

繼聚賢 原名毓培字養田 敕封文林郎

娶李氏 候選同知諱耀會公孫女候選布政
司理問諱允誠公女廩
貢生候選訓導諱恒春
公胞妹 誥封武顯都
尉諱恆順公胞姊內閣
供事候選未入名維藩
從九品諱維垣從九品

胞弟傳烈 字承哉

堂姪繼善 業儒 **繼奎** 業儒

從堂姪繼良 幼 **繼充** 幼

胞姪繼志 業儒 **繼先** **繼周** **繼貞** 俱幼

娶董氏 乾隆甲子科舉人甲戌大挑一等分發陝西
歷任咸甯咸陽三原富平韓城等縣知縣升
商州知州署同州府鳳翔府知府補授西安府知
府 誥授朝議大夫諱杰公曾孫女太學生候選
州吏目諱世立公孫女國學生名琦公長女國學
生諱瑲公方署館供事候選典史諱淦公胞姪女
郡增生諱璿
公嫡堂姪女

繼娶郭氏 邑庠生候選鹽大使諱鴻公曾孫女候選
從九品諱召棨公孫女國學生名瑞集公
次女候選衛千總名瑞凝公候選知
縣 欽加同知銜名瑞章公胞姪女

名維棟候選都司名維
梁從九品名維城邑庠
生名維楨胞姑
母敕封孺人

子

女

具慶下

庭訓

課業師

胞兄友文老夫子名傳詩邑增生

金儀齋老夫子諱家鳳邑庠生候補縣丞

梁琛廷老夫子名錫文軍功議敘候選巡檢

姚養泉老夫子名學彥道光己亥科舉人壬戌科大挑二等即選教諭

吳傳巖老夫子名士俊道光癸巳科進士署湖南長沙府知府前輔仁書院山長

馮桐君老夫子 名向榮 道光壬辰科舉人癸丑大挑一等新河縣教諭輔仁書院山長

李鐵梅老夫子 名嘉端 道光己丑科翰林前任安徽巡撫問津書院山長

程容伯老夫子 名恭壽 道光己亥科舉人光祿寺少卿前問津書院山長

蕭質齋老夫子 名培元 咸豐壬子科翰林現任山東濟東泰武臨道

崇地山老夫子 名厚 道光己酉科舉人太子少保兵部左侍郎前任三口通商大臣

陳筱菴老夫子 名重 咸豐壬子科舉人候補道前任天津府河防分府

恒雲舫老夫子 名慶 現任長蘆鹽運使司鹽運使

周琳叔老夫子 名家勳 道光己酉科舉人前任天津河間兵備道 欽加二品頂戴

張翰泉老夫子 名光藻 咸豐丙辰科進士道員用前任天津府知府 欽加三品卿銜

何駿生老夫子 名裕泰 咸豐癸丑科進士現任天津府河防分府

受知師

汪嘯菴老夫子諱元方道光癸巳科翰林禮部左侍郎前任順天學政

張薌芝老夫子諱餘慶前任天津縣知縣升磁州知州

鄉試中式第八十五名

保和殿覆試

欽定二等第二十名

會試中式第　名

殿試第　甲第　名

朝考第　等第　名

欽點

族繁不及備載

現住衛安門内

李銓

字靜叔號紹唐行三道光己酉年三月初四日吉時生直隸天津府天津縣縣學附學生民籍

高祖林 候選州同敕封儒林郎

高祖母氏魏 敕封安人

曾祖希壬 國學生晉封朝議大夫

曾祖母氏張 晉封恭人

祖潤 國學生貤封文林郎誥封朝議大夫

祖母氏王 誥封恭人

例封修職郎諱

從堂伯叔曾祖希聖 希綱 例封文林郎 希瑞 希曾 敕授修職郎 希賢 長臣 候選縣丞 長弼 候選主簿 長相 布政司理問 元楨 祥麟 邑庠生 祥麒 國學生 祥兆 候推守府 祥瑞 邑庠生

堂伯叔曾祖希禧 國學生 希哲 希福 希祥

胞叔曾祖希祿 候選庫大使

從堂伯叔祖東來 士玉 嘉慶丙子科舉人大挑一等歷任良鄉縣訓導順天府教

氏天玉公女 例封登仕郎諱有德公胞姊國學生名立功胞姑母邑庠生名錫齡太姑母

崔氏誥封恭人 例封登仕郎候選從九品諱裕光公孫女 例封承德郎國學生諱有功公女 例封修職郎國學生諱印福公胞姊

登達候選同知 賞戴藍翎 誥封奉政大夫

陳氏誥封宜人 例封文林郎諱廷槐公女 例封文林郎例授登仕佐郎候選從

授

士選 士偉國學生 士遠候選倉大使 士昭 士進

士元敕授修職郎 士魁 士鈞候選從九品 士畇嘉慶己卯科舉人壬午科會試挑取謄錄歷任福建安溪縣永定縣知縣道光庚子癸卯甲辰己酉科福建鄉試同考官烏邑朋庠

生 金臺邑庠享候選府生酉經歷

堂叔祖洪 沛 瀚候選從九誥封奉政大夫 浩 漢

嫡堂叔祖源 濤 浡國學生

從堂伯叔毓彥邑庠生 清彥國學生 德彥候選布政司理問 晏彥國學

生 明馨 其馨 治馨 蘭馨國學生 惟馨 德馨

洛馨國學生 桂馨 文馨 萃 英奎即補把總賞戴五

九品名永年公胞妹
敕封文林郎候揀選知縣同治壬戌恩科舉人名錫慶胞姑母

儲氏 誥封宜人例封儒林郎候選倉大使諱濟清公長女

楊氏 誥封宜人例封登仕郎國學生諱國治公長女候選從九品名士林公胞妹

纘緒傳下

庭訓

業師

曼丞

品藍翎 英華 英臣 英元 春榮

堂伯叔 長春 長發 聯第候選同知 聯科 聯捷 聯城

春園 春成 春輝 春育

嫡堂叔 藎蓮 向蓮 開蓮國學生

胞伯叔 承蓮候選同知誥封奉政大夫 景蓮候推守府

從堂兄弟 世琦 世珍 符清 華清 泰清 步清

宇清 鴻圖國學生 鴻翥 鴻業 鴻渚 鴻恩

鴻書候選千總 鴻勳 鴻賓國學生 鴻猷

堂兄弟 裕枌 裕芠 裕蒽 裕秀 裕琨 駿 驤

一二

歷

賈子貞夫子 名炳元 同治丁卯科經魁

課師

克華慶夫子 名月明 道光甲辰科翰林前任長蘆都轉鹽運使司鹽運使

愜雲舫夫子 名慶 現任長蘆都轉鹽運使司鹽運使

程容伯夫子 名長壽 恭書 道光己亥恩科舉人前任太常寺卿

忠 愿 六品軍功 鈞 鋭 鏞 保官 保印 保愿

嫡堂兄 鏜 歷任河南柘城襄城縣典史商城縣巡檢許州州判 鑅 候選同知

從堂姪 仕恒 農祥 江立 商臣 俱業儒

堂姪 寶珠 寶奎 寶興 寶原 一桂 本桂

也桂 欣 俱業儒

嫡堂姪 伯壽 業儒

娶黃氏 原任湖北竹谿縣知縣諱興業公曾孫女邑庠生諱則洲公孫女守備銜現任連鎮把總名兆奎公姪孫女候選縣丞諱召棠公次女儘先千總名樹琪公胞姪女

子 伯熊 幼

李鐵梅夫子名嘉端嘉慶己丑科翰林前任安徽巡撫

王筠軒夫子名繼庭道光庚戌科進士山東兗州府知府

張雷門夫子名震道光丁酉科舉人天津縣學教諭

陳禹門夫子名兆熊道光甲辰恩科舉人天津縣學訓導

受知師

女

胞
麗寶生夫子 名鍾璐 道光丁未
科探花前任
順天學政
鄉試中式第二百二十四名
保和殿覆試
欽定等第 名
會試中式第 名
殿試第 甲第 名
朝考
欽點

族繁祗載本支
世居天津鎮海門內鼓樓東

三

楊培之

曾祖汝梅 字調元太學生 例贈文林郎 始自浙江餘姚遷於津

曾祖妣氏劉 孺人 例贈

曾庶祖妣氏吳 氏陸 孺人 例贈

祖兆楏 字靜菴 例贈文林郎

祖妣氏朱 孺人 例贈

父文光 字炳奎候選從九品 例授登仕佐郎 例贈文林郎

字心栽號新齋行二道光

年十月十四日吉時生直

津府天津縣縣學拔貢生

胞曾伯祖汝巔

堂曾伯叔祖繼城 維乾 維章 辛酉春 乾隆戊子舉人己丑進士國子監學正

胞伯叔祖兆棟 字雲浦 兆桐 字廣琴

嫡堂伯叔祖兆槐 兆林 候補五城兵馬司副指揮 兆棠

堂伯叔祖繼宗 啟宗 衡浦 河南撫標右營守備

胞叔文元 字藝圃出繼胞伯祖 文朗 字筱琴出繼胞叔祖

從堂伯叔光烈 光照

堂伯灝 太學生 濱 湧 太學生 秀淳 剛 揚州萬壽司巡檢

從堂兄弟紹芳 字薌林太學生候選典史 久芳 士芳 靄芳 起

母氏張 例贈孺人

永感下

業師以受業先後爲序

王性山夫子 印懿堅 邑庠生

金階吾夫子 印召棣 邑庠生軍功議敘知縣

胡一峰夫子 諱士彥 道光乙未舉人原任武清縣教諭

查東藩夫子 印毅勤 道光癸卯舉人前任懷來縣教諭

許省三夫子 印效曾 廩膳生

丁少衡夫子 諱運樞 道光辛卯

芳

再從堂兄 培基 洪基

堂兄 際泰 際清 際芳太學生 際安 際恩 際春

際和

堂姪 富榮 向榮 欣榮 芸 蘭 芬 錦榮縣學

附學生 蔭 蔚 觀榮 豫榮

堂姪孫 治中 治隆 治華 治勤 治勳 治馨

鳳藻 治熙

胞姊二 長適同邑處士沈公名恩第次適同邑太學生倪公名士謙

娶孫氏

子長 侗 俱幼

女二

舉人截取知縣原任福建甯化縣知縣

楊竹友夫子 諱榮熙 咸豐戊午舉人己未進士原任天津府學教授

梅香坨夫子 印之楨 己酉乙卯科副榜教習議敘知縣

課師

張雷門夫子 印霽 道光丁酉舉人前任天津縣學教諭

克華庭夫子 諱明 道光甲辰翰林前長蘆鹽運使

恆雲舫夫子 諱慶 前長蘆鹽運使

廉琴舫夫子 諱兆綸 道光庚子翰林原任倉場總督前主講問津書院

李鐵梅夫子 印嘉端 嘉慶己丑翰林前任安徽巡撫現主講問津書院

陳禹門夫子 諱兆熊 道光甲辰舉人前天津縣學訓導

受知師 以受知先後爲序

任嘯臯夫子 諱元方 道光癸巳翰林原任禮部右侍郎前順天提督學政

龐寶生夫子 印鍾璐 道光丁未探花前順天提督學政

賀雲甫夫子 印壽慈 道光辛丑翰林現任刑部左侍郎前順天提督學政

吳望雲夫子 印仁傑 同治乙丑翰林庚午順天鄉試同考官

夏子松夫子 印同善 咸豐丙辰翰林現任兵部右侍郎前順天提督學政

馬松圃夫子 印繩武 花翎鹽運使銜記名海關道現任天津府知府

李少泉夫子 印鴻章 道光丁未翰林太子太保武英殿大學士一等伯爵現任直隸總督

丁樂三夫子 印壽昌 欽加布政使銜西林巴圖魯現任天津河間兵備道

癸酉科選拔第一名

會考一等第十八名

鄉試中式第七名

保和殿覆試二等第二十八名

會試中式第　名

覆試　等第　名

殿試　甲第　名

朝考　等第　名

欽點

族繁不及備載

世居溝河門內

欽命四書詩題

倪文焌

始祖政明永樂二年由安徽滁州全椒縣遷居天津
二世祖善世襲指揮使
二世祖母氏王
氏呂
氏周
三世祖迴世襲指揮使
三世祖母氏姚
氏李

字蔚仙號桂泉行八咸豐壬子年三月二十日吉時生係直隸天津府天津縣學附學生民籍
一世胞伯祖保前明授江陰衛百戶
二世嫡堂伯祖興襲百戶陞世襲指揮使享永樂二年調補天津衛
三世從堂伯祖旺襲指揮使配楊氏節孝詳天津志
四世嫡堂伯叔祖文　瓚　深　祥　鄰
四世再從堂伯叔祖絨　綱　紀
五世胞伯祖鋐都指揮僉事
六世胞伯祖雲鵬山東掌印都指揮僉事歷任都司
六世四從堂伯祖宗洲三舉耆賓例封文林郎
七世嫡堂伯祖思立世襲指揮使萬歷甲戌科武進士歷任山西參將

氏鄒

氏董

氏柳

四世祖雄世襲指揮使

四世祖母氏張

氏黄

氏張

氏邱

五世祖鎬世襲指揮使

五世祖母氏夏

氏王

六世祖雲鶴武舉人

七世三從堂伯叔祖汝賢庠生　思諫武舉人　思議庠生　汝惠庠生

七世堂伯祖尚志萬歷辛卯舉人山東樂陵縣知縣崇祀樂陵名宦祠本邑鄉賢祠

敕封文林郎

八世從堂伯叔祖家蔭世襲指揮使　家慶庠生襲指揮使

八世四從堂伯叔祖光祚庠生　永祚庠生　弘祚庠生

八世堂伯叔祖光棨　光國庠生配何氏節孝詳天津志　光薦天啟辛酉恩貢生歷任山東昌樂山西芮城縣知縣岢嵐州知州戶部山西司郎中兼兵部職方司主事通州坐糧廳歷太僕寺少卿

九世再從堂伯叔祖元勛襲指揮使任福甯府守備　元杰庠生

九世堂伯叔祖繩祖廩生　紹祖江西廣信府通判陞山東德州知州　賁鼎庠生

十世胞伯祖弘緒　弘業

十世嫡堂叔祖弘寶歷任守備

六世祖母氏
七世祖思成
七世祖母氏
八世祖家提
八世祖母氏孫
九世祖三汲
九世祖母氏盧
十世祖弘道
十世祖母氏高
氏杜
十一世祖天印
十一世祖母氏張

十世堂伯叔祖肇基貢生 昌恩歲貢生順德府任縣訓導 晟廩生
十一世堂叔祖甲元廩生
堂高高伯叔祖珂 琴
胞高伯祖以直
胞曾伯祖鍾 銓 鋭誥封奉直大夫
嫡堂伯叔祖廣泰 廣來 廣澤 廣湜候選布政司理問欽加
同知銜誥封奉直大夫廣潤國學生 廣業
從堂伯叔大模 祥和 興梓 大東 大楷 榕
彬誥封武翼都尉
胞叔聯榜國學生 恩榜江蘇金匱縣主簿敕授承德郎
胞兄思孝山東東平守府敕授武德騎尉晉封昭武都尉 文耀原名惟孝守禦所銜
嫡堂兄文熊附貢生候選訓導六品銜 文熙從九品 文烈從九品 文勳

履歷 二

氏徐

氏張

高高祖琯

高高祖母氏俞

氏彭

高祖以端誥封武翼都尉

高祖母氏王旌表節孝誥封淑人

本生高祖以正誥封武翼都尉

本生高祖母氏孟誥封淑人

曾祖鋹例贈修職郎誥封武翼都尉

曾祖母氏李例封孺人誥封淑人

祖賡治候選直隸州州同勑授儒林郎

再從堂兄焯 燦從九品 履安 元英候選游府誥封武翼都尉

元煜江西鉛山縣縣丞改選通判 元烽五品銜 元燮候選守府

胞姪光甲州同銜 光第守禦所銜

嫡堂姪希賢 希哲 燿曾

三從堂姪翰垣 維垣 俊垣 振垣 增慶翰林院待詔

增祥 增蔭 增奎 增祐 增祜 增祉俱幼讀

胞姪孫葆珍 葆珠俱幼

四從堂姪孫葆琛 葆璋 葆瑞 葆珊 葆珩

·葆璠俱幼

娶劉氏國學生著有易經摘要二卷待刊諱元善公孫女郡庠生諱煒公胞姪女附貢生候選縣丞議叙六品職銜名祉蕃公女候選典史名步瀛邑庠生名秉中從九品名秉鋭嫡堂妹候選縣丞

誥封武翼都尉

祖母氏李 勅封安人 誥封淑人

父虎榜 武庠生原任湖北黃州衛兼署武昌佐衛調浙江杭嚴衛陞陝西延綏營都閫府 誥授昭武都尉 晉封武翼都尉

母氏張 誥封恭人 晉封淑人

氏楊 誥封恭人 晉封淑人

繼慈侍下

庭訓

業師

李青田夫子 名蓮寶 歲貢生候選訓導

許竹溪夫子 名廷璋 邑庠生

名汝楫嫡堂姑母從九品名豹文胞姑母

子紹緈 紹垣 俱幼

女二

丁旭林夫子 名瑄 邑庠生

陳敬庵夫子 名景華 邑庠生

李建山夫子 名伯勳 同治壬戌恩科副榜 考取教習以知縣用

朱靖田夫子 名克寬 郡庠生

劉楚帆夫子 名湘 歲貢生甲子科挑取謄錄候選訓導

岳丈劉小圃夫子 名祉蕃 附貢生候選縣丞議敘六品銜

課師

李少荃夫子 名鴻章 丁未翰林太子太保 武英殿大學士直隸總督一等肅毅伯

崇地山夫子 名厚 己酉舉人前三口通商大臣

恆雲舫夫子 諱慶 前任長蘆鹽運使司鹽運使

成子鶴夫子 名孚 現任長蘆鹽運使司鹽運使

陳子敬夫子 名欽 壬子舉人現任津海關兵備道

周琳粟夫子 名家勳 己酉舉人前任天津河間兵備道

丁樂山夫子 名壽昌 布政使銜欽賜西林巴圖魯現任天津河間兵備道

李捷峯夫子 名文敏 壬子進士前任天津府知府

張翰泉夫子 名光藻 丙辰進士前任天津府知府

馬松圃夫子 名繩武 現任天津府知府

陳小蕃夫子 名重 壬子舉人前任天津河防分府

劉彥三夫子 名傑 前任天津縣知縣

任石泉夫子 名爾會 現任天津縣知縣

程容伯夫子 名恭壽 己亥舉人前任太常寺卿三取書院山長

李鐵梅夫子 名嘉端 己丑翰林前任安徽巡撫三取書院山長

吳偁巖夫子 名士俊 癸巳進士前任湖南長沙府知府輔仁書院山長

馮桐若夫子 名向榮 壬辰科舉人前選新河縣教諭輔仁書院山長

吳霖宇夫子名憲元甲辰進士翰林院編修山東道監察御史掌湖廣道監察御史甘肅寧夏兵備道雲南鹽法道輔仁書院山長

張雷門夫子名震丁酉舉人前任天津縣學教諭

受知師

賀雲甫夫子名壽慈辛丑進士都察院左都御史前欽命提督順天學政

鄉試中式第一百四名

保和殿覆試　名

欽定一等第十一名

會試中式第　名

殿試第　甲第　名

朝考第　等第　名

欽點

族繁不及備載

現居鎮海門外河東二甲

順天鄉試硃卷　同治癸酉科

中式第一百四名舉人倪文燦直隸天津府天津縣縣學附生民籍

同考試官翰林院編修國史館協修武英殿纂修記名御史加三級陸　閱

薦

大主考經筵講官頭品頂戴戶部左侍郎兼管三庫事務署吏部左侍郎南書房行走稽察右翼覺羅學加三級潘　取批

又批　理精法密

大主考經筵講官吏部右侍郎上書房行走加三級童　取批

又批　局緊機圓

大主考經筵講官都察院左都御史稽察京通十七倉大臣加三級胡　取批

又批　意到筆隨

大主考經筵日講起居注官協辦大學士刑部尚書翰林院掌院學士署理稽查欽奉上諭事件處正白旗漢軍都統管理左翼世職幼官學事務稽查上書房事務加三級全　中批

又批　氣清詞暢

本房原薦批

氣機喦達骨節靈通次三

清光大來一洗浮煙漲墨

詩秀色可餐具有風致

聚奎堂原批

合觀三藝有詞必鍊無囀

不靈恢張者無此精深塗

飾者遜其親切詩雅韻欲

流

回也其心三月不違仁　倪文燦

大賢誠於克復聖人深揭其心焉夫不違仁難及之三月尤難也夫子深揭其心非因顏子誠於克復乎意謂向者回也問仁舉克復而賅其全體誠以遏其心之欲即存其心之理總期無間於仁也乃若仁與心融體之深而漸臻純粹心與仁合遲之久而仍固操存效徵久遠理自堅持其仁之與時俱永者胥由克己復禮之全功交盡焉而無所憾不然心者人所同具也仁者人所共有也以心爲同具之心以仁爲共有之仁將不能盡其心於仁者即不能葆其仁於心是烏能不違仁哉今夫爲仁者亦以心爲其心焉

已矣繼善成性以往在天爲生物之理在人爲受命之精全其仁卽全其心雖極之息養瞬存不容以毫髮間也而不違者其誰受中定命以還盡其實內念常惺窮其量畢生莫盡存其心卽存其仁雖極之視聽言動不可以須臾離也而不違者其誰惟回也真積力久精其心與性命相參無間斷亦無虛浮息息證本原客感朋從自無由乘機而相擾惟回也涵育功深密其心與神明相守能持循愈能純固時時嚴檢制秉彝美德自不難隨念而常存蓋其心之仁不啻三月不違云爾而後知其心之克己者深矣神聖渾化之修不待強持於片念若回也未造乎從容之域已祛其私

欲之萌仁在心中實心在仁中也夫無施無伐精神以斂而能貞不貳不遷意念以持而愈密本此克己之一念足以貫始終久暫而永葆其天其不違仁於三月中者原未嘗預以三月期也自強不息而積久彌堅在回也不誠有壹志凝神之象哉而後知其心之復禮者素矣上智純全之詣無非常葆其精良若回也未渾乎天理之全已返乎天命之性無心非仁實無仁非心也夫得善且服膺弗失固有之良懍然難昧安貧猶樂道弗失靈明之體湛然中存本此復禮之初衷漸可臻位育中和而克完其性其不違仁於三月後者亦未嘗即以三月止也眞宰畢符而天機獨暢在回也不

又有件奂優游之境哉進觀其餘則遜此矣然則回之不違仁亦以心爲其心焉已矣

本房加批

清新俊逸迥絕恆蹊

凡爲天下國家有九經所以行之者一也　倪文燦

舉九經之實歸於一而政行矣夫九經至不一而行其政則一也凡爲天下國家者可不知其所以哉且爲政何恃亦恃此恢之彌廣操之至約而已廣則綱舉目張推施必要諸盡善約則法良意美遵循不倚乎紛更勢雖萬殊理歸一致夫固擴之爲治法者斂之爲心法焉臣言九經之目詳舉焉而明其效矣非以凡爲天下國家者皆有此九經哉然而不能徒有也盡驗夫行行必要諸久遠乃可爲萬世不易之規世固有戲渝馳驅流於疎闊者君子惜其規模未設無以攝其神也則操持無本也行必本於化裁乃可

創千古莫更之制世又有放心肆志騖於紛煩者君子惜其處置
無方難以徵諸實也則運量未周也然則九經之行不有所以行
之者哉蓋整綱飭紀必期端本以圖以簡御繁覺精意所留非紛
飾太平之業而酌理準情必貴統宗以攝以約賅博覺神明畢貫
非高尚清淨之名臣爲之括其全焉核其實焉理其紛焉握其要
焉曰一也政積久而大備法制雜然以前陳念慮未周何能盡至
當之權衡而所如輒合統九經而以一行之舉凡條教所須以一
圖其終不外以一開其始也所以括其全政歷代而變更創造紛
然以各著察識未徧何能盡裁成之妙用而攸往咸宜合九經而

以一行之舉凡謨猷所布以一收其效必先以一建其功也所以核其實而且政之籌畫多方詎必合羣黎而待命而聖神有功業不在逆施而在順行以一理九經之紛則順其自然已足通輿情而宣主德所謂一者即文考協於克一之政也功歸順動而理協大同皆一之渾賅而已矣況乎政之變通有本不必强萬類而率從而聖主有經綸不在遠求而在近取以一握九經之要則陳其大畧遂足彰偉績而煥鴻猷所謂一者即武王終始惟一之政也曲成不遺亦範圍不過皆一之默運而已矣

本房加批

沈實高華兼擅其勝

孟子曰人有恆言皆曰天下國家天下之本在國國之本在家家之本在身

倪文焌

大賢進述人言特爲之歸本於身焉夫既曰恆言在人原不知有本也孟子由天下國家而歸本於身非以其爲尤重者乎從來流俗不求甚解而徒託空談者大抵不知反求諸本也實先不知近取諸身蓋相習相傳原無高論而相維相繫何待遠求庸流之發論變通之至理存焉夫乃知齊治均平胥恃此道積厥躬而已孟子因人言而有感曰人之足以有爲者亦恃有身而已由身而推之於家由家而推之於國由國而推之於天下理固然也而如人

有恆言皆曰天下國家則又何說想其視天下國家爲甚難謝而絕之故概而論之舉凡古帝聖王必於此莫寬責備者彼獨謂晚近所難幾而庸庸碌碌者流遂一倡而百和又何知返本窮源也抑或視天下國家爲甚易習而聞之故輕以道之舉凡讀書稽古必於是而闡明新者彼獨謂迂疏而寡效而泛泛悠悠之口遂附和以隨聲又何知端本善則也彼曰天下國家此亦曰天下國家而天下國家之外不贅一詞也天下國家之中不參一解也吾爲之顧名思義由遠以及近由外以及內括其要端在持躬吾爲之感觸會通渾括焉而胥合遞舉焉而可分全其功究歸修己盡天

下之本在國國之本在家家之本在身實合天下國家之本而皆在於身也古今宰世之道不外以身爲起化之原深宮宥密制作無事平鋪張寢室修爲宵旰不辭其勞瘁身爲天下國家觀感之身卽爲天下國家表率之身也縱萬邦之綏和四境之乂安九族之雍睦歷歷可溯其本原而要萃萬方之良莠不齊皆於一身觀治忽稍忽焉其本未立又何論夫天下國家也是亦人言所未能深體者矣帝王治人之功不外以身爲觀型之始勵精圖治旣首出而擴其規模創制顯庸斯環拱而一其心志身爲天下國家欽奉之身卽爲天下國家仰賴之身也縱寰宇之昇平疆域之鞏固

宮寢之脩和在在可明其本始而要合四海之觀瞻所繫先於一身課純疵稍懈焉其本已失又何問夫天下國家也是亦人言所未能默會者矣爲天下國家者亦先端本於身也可

本房加批

發揮透達滴滴歸源

賦得湖色宵涵萬象虛 得涵字五言八韻 倪文燦

湖色空無際宵深好景探四圍都朗徹萬象盡虛涵幽宅臨流建層樓倒影參煙霞開畫稿星月印寒潭客舫帆懸一派舟笛弄三地疑塵外隔天在鏡中含嵐氣添晴翠波光接蔚藍液池甘醴足寰海荷

恩覃

本房加批

氣息清超神味淵永

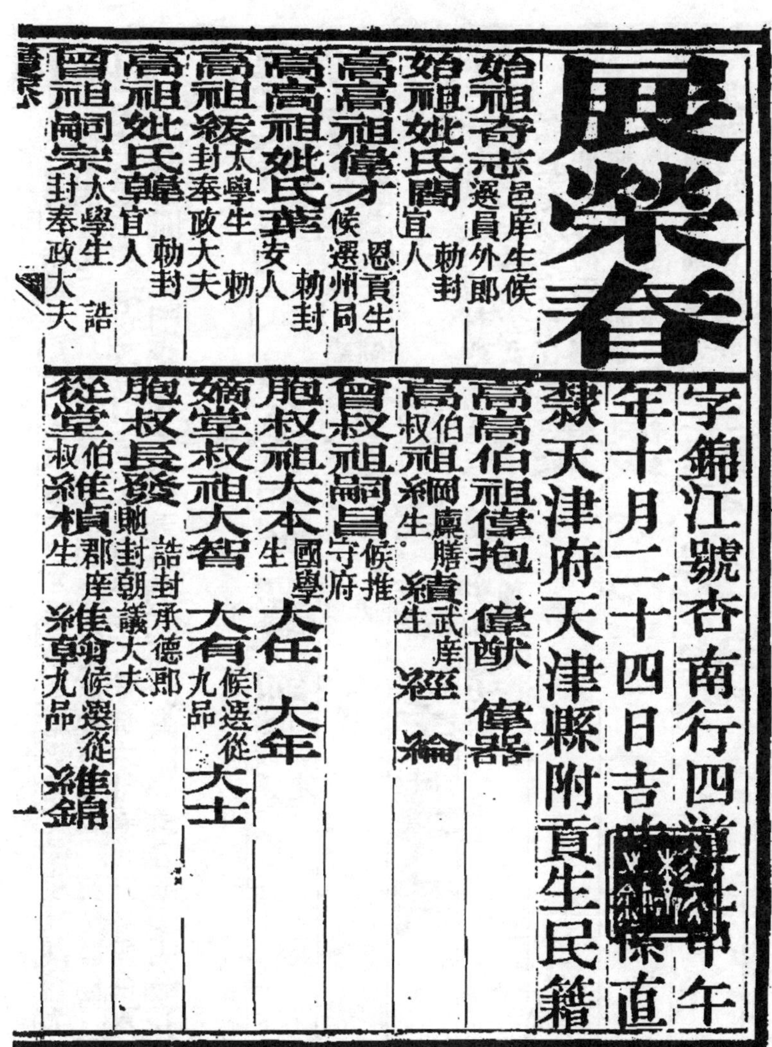

展榮春

字錦江號杏南行四道光甲午

年十月二十四日吉時生係直

隸天津府天津縣附貢生民籍

始祖奇志 邑庠生候選員外郎

始祖妣氏閻 宜人 勅封

高高祖偉才 恩貢生候選州同 勅封

高高祖妣氏李 安人 勅封

高祖綏 太學生 勅封奉政大夫

高祖妣氏韓 宜人 勅封

曾祖嗣宗 太學生 誥封奉政大夫

高高伯祖偉抱 偉猷 偉嚳

高伯叔祖綱 廩膳生 續 武庠生 經 綸

曾叔祖嗣昌 候推守府

胞叔祖大本 國學生 大任 大年

嫡堂叔祖大智 大有 候選從九品 大士

胞叔長發 誥封承德郎 貤封朝議大夫

從堂伯叔維楨 郡庠生 維翰 候選從九品 維章 維錦

民

曾祖妣氏楊 宜人 誥封

祖大勇 太學生候選布政司理問 誥封朝議大夫

祖妣氏曹 恭人 誥贈

父長慶 候選從九品 誥贈朝議大夫 例封文林郎

母氏謝 太學生 誥封朝議大夫廷颺公女

誥授奉政大夫歷任中城副指揮河南陳州府糧捕通判 欽加鹽提舉提衔署商水縣知縣河南總運府山東沂州府通判署日照業陰

胞兄和春 由監生考取漢謄錄國史館校錄議鹽大使知縣用 欽加五品衔 賞戴藍翎

嫡堂兄弟芳春 國學生 欽加六品衔候選分縣 瑞春 充方略館供事議叙雙月候選巡檢

從堂兄弟師勤 師善 師泰 候選典史

從堂姪文英

嫡堂姪桂成 桂壽 桂生 桂馥 桂甫

胞姪桂森 國學生候選分縣 欽加六品衔

娶翁氏

徐氏

子桂君 桂芬 桂秋

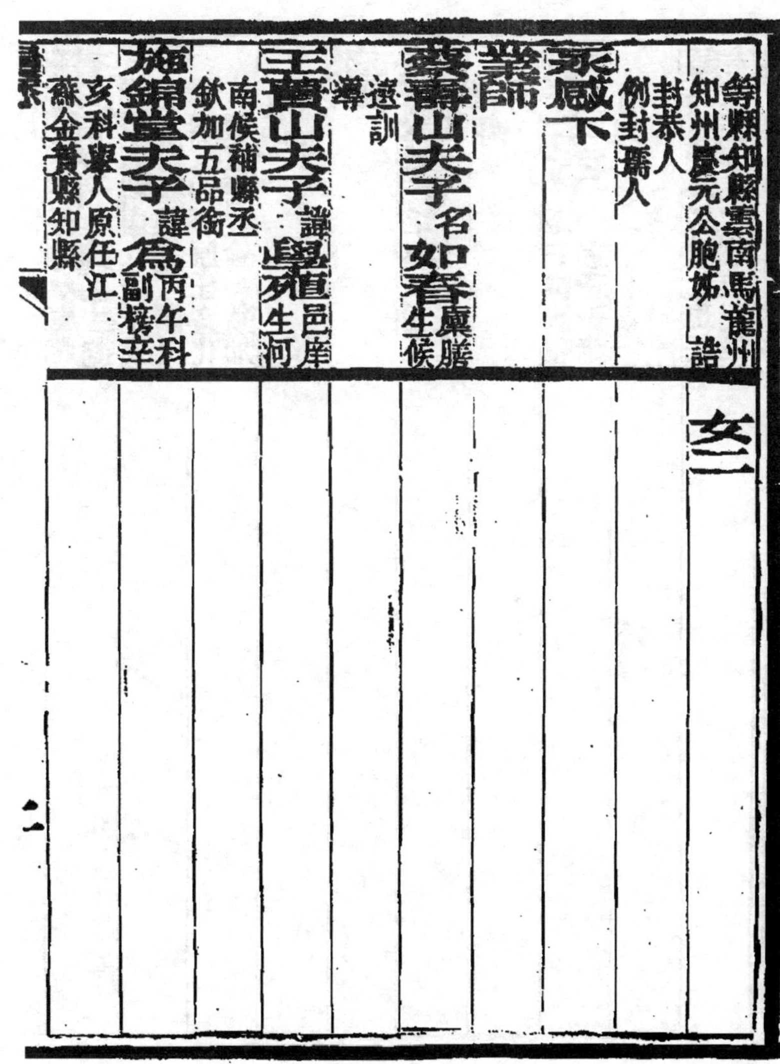

等縣知縣雲南馬龍州知州盧元公胞姊誥

封恭人

例封孺人

丞感下

業師

蔡壽山夫子名如春廩膳生候選訓導

王寶山夫子諱學禮邑庠生河南候補縣丞欽加五品銜

施錦堂夫子諱爲丙午科副榜辛亥科舉人原任江蘇金匱縣知縣

女二

書表

二

屬

查東巖夫子名毅勤廩膳生道光癸卯科舉人庚子挑取內廷謄錄、國史館議叙知縣原任宣化府懷來縣教諭欽加五品銜

課師

王蔭堂夫子名榕吉前任天津縣知縣

錢晉士夫子諱炘和原任天津府知府

馬慈圖夫子名繩武現任天津

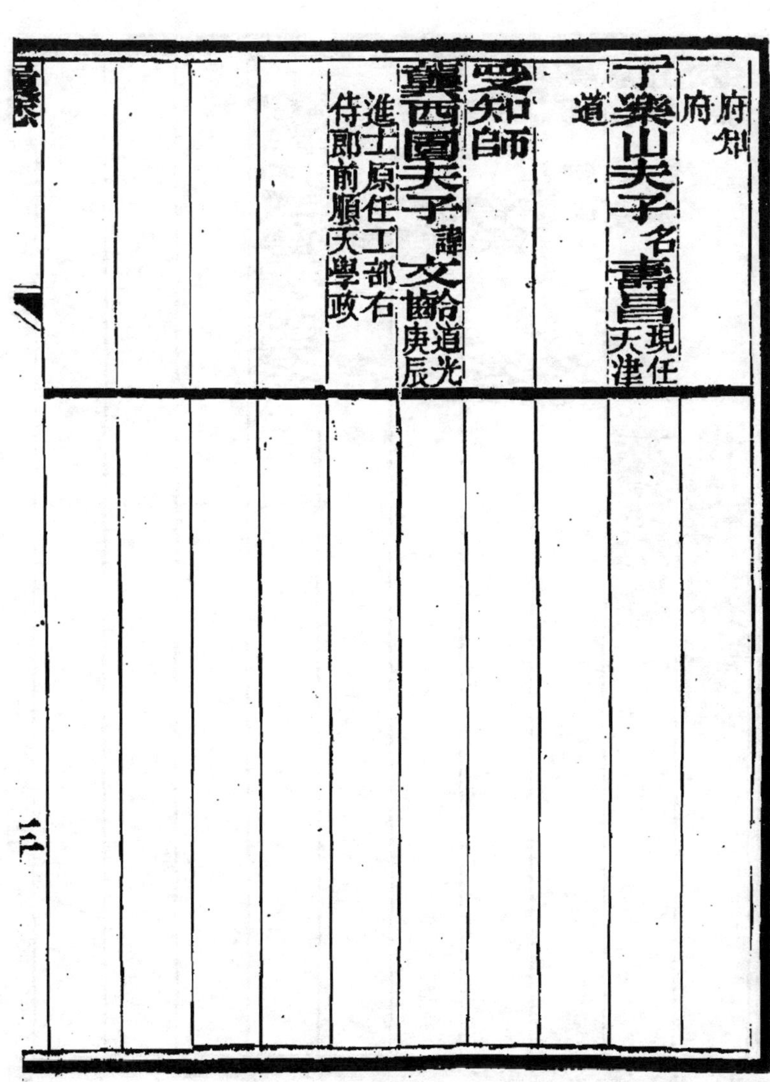

府知府

丁樂山夫子名壽昌現任天津道

受知師

龔西圃夫子諱文齡道光庚辰進士原任工部右侍郎前順天學政

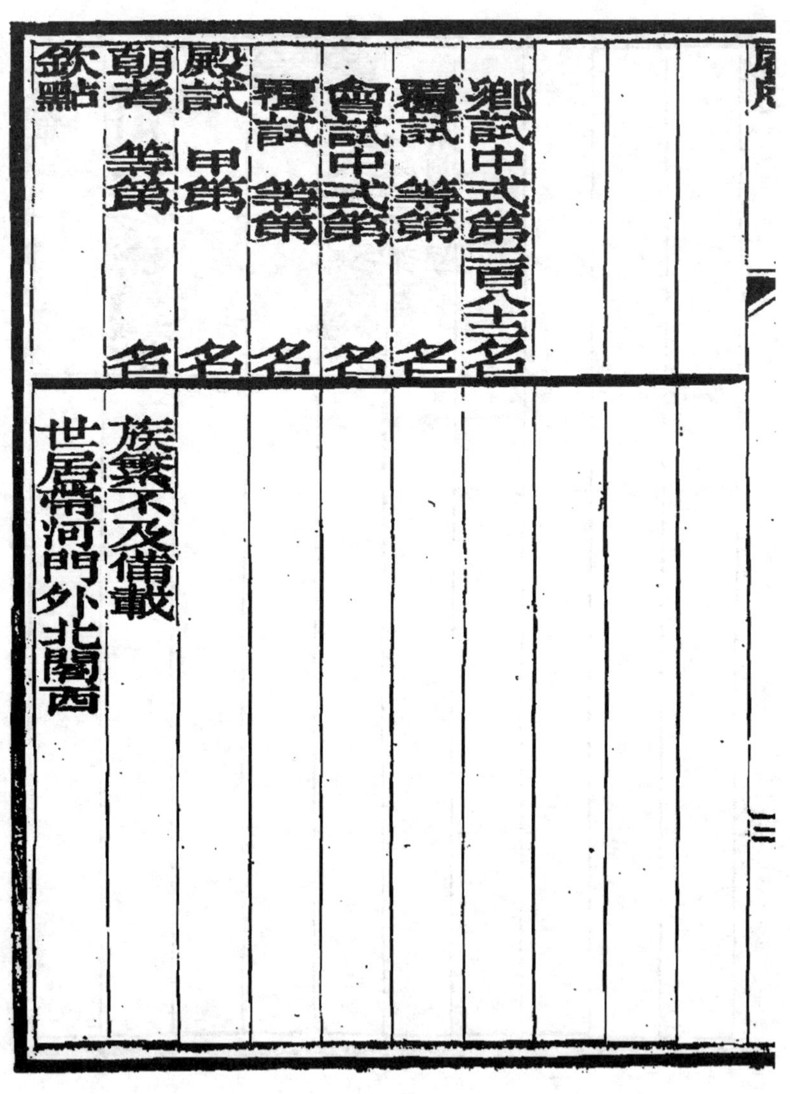

鄉試中式第三百八十七名

覆試　等第　名

會試中式第　名

覆試　等第　名

殿試　甲第　名

朝考　等第　名

欽點

族繁不及備載

世居清河門外北關西

欽命四書詩題

李彦和

始祖開先 宋忠襄公諱顯忠七世孫累官提舉浙東常平鹽茶公事司提舉咸淳中自諸暨遷山陰

高祖承露 字普霑 誥贈中憲大夫 晉贈中議大夫

高祖妣氏樊 誥贈太恭人 晉贈太淑人

曾祖洺 字盤溪候選從九品 貤封中憲大夫

曾祖妣氏周 例封孺人 貤封恭人

庶曾祖妣氏張 例封孺人 貤贈宜人

本生曾祖源 字春潭乾隆乙卯科副榜廂白旗官學漢教習歷任廣西陽朔賀縣蒼梧等縣知縣龍州百色

號覲亭行四咸豐壬子年四月二十三日吉時生係直隸天津府天津縣附生民籍祖籍浙江紹興府山陰縣

嫡堂曾伯叔祖溡 國學生 洵 歷任山西石樓山東范縣縣尉 泉 乾隆己酉科舉人乙卯恩科進士歷任山西屯留平遙太谷臨汾交城等縣知縣辛酉甲子科山西鄉試同考官 泰 候選鹽課大使例贈文林郎 涵 癸酉科拔貢壬午科舉人兵部七品小京官候補主事職方司行走軍機章京

從堂伯叔祖佩秋 邑庠生 雲楣 乙酉科舉人欽天監算學助教著有秋吟集鄰香軒詩草黔遊日記 雲采 候選從九品 雲樹 議敘從九品 雲林 太學生

胞伯祖雲松 歷任山西沁源縣甘肅隴西縣知縣 敕授文林郎 誥贈朝議大夫

從堂伯叔輝 廷煌 候選從九品 士瑜 士瑗 郡庠生

等處同知太平府知府護理
左江兵備道湖北督糧道
誥授中憲大夫
晉封中議大夫

本生曾祖妣氏黃 誥封恭人 晉封淑人

祖雲欀 字瘦山 國學生 誥贈奉直大夫

祖母氏徐 乾隆壬申恩科舉人山西潞城縣知縣
諱汝槐公孫女候選從九品
諱焯公次女乾隆癸卯科副
榜議敘州同諱炌公壬子科
舉人乙卯會試 特授內閣
中書山西巡撫諱炘公堂姪
女 太學生諱圭公胞姊兵
部郎中諱祖培壬午科舉人
內閣中書廣西梧州府同知
太平府知府陣亡 賜恤諱
堉公堂妹丙申 恩科進士
湖南郎用知縣諱廉鍔甲午
科舉人江蘇太湖廳同知諱
振鏋公堂姑母例贈
孺人 誥贈太宜人

士瓏 士珊 河南候補驛丞 士璠 河南候補從九品 士珍

嫡堂伯叔 士瑩 癸卯科舉人運同銜知州用 現任陝西商州直隸州州同 士璜

國學生 例贈徵仕郎

胞叔士琛 國學生 士璥 候選典史

再從堂弟維增 郡庠生 熙麟 愷麟 朝麟 俱業儒

元麟

從堂兄弟 維城 現任永甯縣典史 維域 國學生 維垣 業儒 維基

嫡堂弟定機 業儒

姪兆熊 連中

娶韓氏 乙卯科副榜八旗官學漢教習歷任福建海澄泰甯等縣知縣現任仙遊縣知縣名椿公長女庠生名錫齡胞姊

繼祖母氏章 候選縣丞諱立本
公次女郡增生諱
肇祺公胞妹敕封
孺人 誥封太宜人

父士珩 字問白己酉科副榜宗
學漢教習以知縣分發
河南歷署陳留登封等縣
知縣現河南候補知縣

母氏徐 乾隆癸卯科副榜議敘
州同諱炌公孫女道光
壬午 恩詔考職二等候選
州同 覃恩誥封榮祿大夫
名埰公長女庠生名士鏊國
學生光祿寺署正四品銜名
士鐙公胞姊戊午科舉人內
閣侍讀現任浙江台州府知
府名士鋆公嫡堂
姊 誥贈宜人

繼母氏王 候選從九品諱會圖
公長女乾隆甲寅
恩科舉人大挑一等分發山
西歷署河津洪洞等縣知縣
絳州直隸州知州諱用亨公
乙卯科舉人大挑一等分發

福建歷任莆田晉江候官等縣知縣臺灣府鹿港同知山西汾州府知府軍功賞戴花翎諱蘭佩公胞姪女誥封宜人

具慶下

業師

課師

受知師

庭訓

表兄王雅田夫子澐

曹雨森夫子

陳劍泉夫子世銳甲子科舉人

王雲舫夫子文錦甲子科舉人辛未科進士

翰林院

編修

陳鹽林夫子价翰辛酉科草舉人

李鐵帆夫子泉泰丙午科舉人

王雲卿夫子樾廩膳生

孫鑒堂夫子澄辛亥科舉人

曾星垣夫子應奎甲子科舉人

嫡堂伯石生夫子士瑩

族伯鐵梅夫子嘉端己丑翰林前安徽巡撫

劉彥山夫子傑前任天津縣知縣

李捷峯夫子文敏壬子進士前任天津府現任江西布政使

賀雲甫夫子壽慈辛丑進士前任順天學政現任都察院左都御史

李少泉夫子鴻章丁未翰林現任直隸總督文華殿大學士

丁樂山夫子壽昌前任天河兵備道

馬松圃夫子繩武現任天津府知府

吳春帆夫子贊誠丁酉科拔貢前任天河兵備道現任順天府尹

喬鶴儕夫子松年乙未進士原任東河河道總督

錢調甫夫子鼎銘丙午舉人原任河南巡撫

年伯劉冰如夫子齊銜辛丑進士河南

布政使司前署河南巡撫

葛民夫子紹誠前河南按察使司現安徽布政使司

段雁洲夫子廣瀛癸丑翰林原任河南糧鹽道

年伯任筱沅夫子道鎔己酉拔貢前河南開歸陳許道現任江西按察使

年伯尹莘農夫子耕雲庚戌進士布政使銜河南河陝汝道

王晴舫夫子文錦己未進士河南候補道主講遊梁書院

輯五夫子英瑞前任河南開封府

鄉試中式第七十七名

會試中式第　名

殿試第　甲第　名

欽點

族繁祇載本支世居海岱門外

順天鄉試硃卷　光緒乙亥　恩科

中式第七十七名舉人李彥和直隸天津府天津縣附生民籍

同考官翰林院修撰加三級洪　閱　洪鈞

薦

大主考頭品頂戴禮部右侍郎加三級徐　批　徐桐

取

大主考吏部右侍郎兼署兵部　又批　氣充詞沛

大主考吏部左侍郎　上書房行走殷　批　殷兆鏞

取

又批　志和音雅

大主考工部右侍郎散秩大臣三等承恩公加三級崇　批　崇綺

取

又批　醞釀深厚

大主考吏部尚書翰林院掌院學士教習庶吉士加三級毛　批　毛昶熙

中

又批　局度軒昂

本房原薦批

第壹場

理明詞達議論崇閎次典麗矞皇三

機神條暢詩工整

第貳場

通矩從心彈丸脫手

第叁場

有條有理不蔓不支

聚奎堂原批

筆意透闢理實氣充次詞調豐蔚三

局度光昌詩工經藝富麗策對詳明

○○○○○有德者必有言有言者不必有德仁者必有勇勇者不必有

仁　　李彥和

析德言仁勇之辨人當知所重矣夫德仁足以兼言勇言勇不足以兼德仁也明乎必有不必有之故人不當知所重哉今以體道者德闡道者言其功同合義者仁赴義者勇其用同而一全理一襲理則真似不同而一養氣一恃氣則純駁不同而必謂體道者能闡道合義者能赴義功修似未可混同也要其由中發外與人以可信也則同而必謂襲理者難全理恃氣者難養氣品詣亦未可概同也究其務末遺本與人以可疑也則同吾見世之以言飾

德以勇冒仁者紛紛焉逞其所有忘其所未有以博取乎至美之名而不知所致力也用是即德仁言勇並論之且夫崇本務實之儒恒不欲爭長於詞令論德而及言恐亦有德者所不取矣蓋言屬虛德則濟以實言屬口德則裕於心言屬文德則勝以質便便者言秩秩者德誰謂立德立言可同條共貫乎然而造之深者體斯粹詩書爲性命之符積之厚者流自光文字通神明之藴未有德足輔世而言不足名世者也彼離乎德而爲言縱說辭擅美未始無因文見道之功而章句出以浮夸異端蹈虛無之弊著作多所剽竊俗儒開聚訟之門修詞愈工修身愈拙此無論顯悖乎德

出言不必由中郎隱違乎德立言亦未能有物從可知本德爲言者著作可爲一代傳人矣託言於德者吐屬有玷一時名教矣夫非有不有之明驗也與且夫躁釋矜平之詣每不願逞志於赳桓論仁而及勇恐亦仁者所不居矣蓋勇主動仁則貞以靜勇主剛仁則配以柔勇士進仁則參以退行行者勇朓朓者仁孰謂近仁近勇可參觀互證乎然而天人爭戰勝之權持守自堅夫定力理欲判存亡之界艱鉅獨任以仔肩未有仁足成名而勇不足立名者也彼去乎仁而徒勇縱氣節自高亦自有舍命不渝之槪而赴功一出於倉猝不免臨事之張皇就義未即於從容亦覺捐軀之

激烈存養有歉直養有虧此無論大反乎仁尚勇必鄰於犯難即略肖乎仁好勇亦涉於狥名從可知勇從仁出者義理可化血氣之偏矣勇與仁違者暴戾實爲修途之累矣斯又必不必之顯證也與

本房加批

一講倜儻不羣精警奪目兩大比包孕宏富力厚思沈的是少年英發之文

○○○○○陳其宗器設其裳衣薦其時食

李彥和

於修廟後遞舉其物足展孝思矣夫宗器裳衣時食廟中所宜有也陳焉設焉薦焉不足驗孝思與今以敦牟具其器寒燠謀所衣滫瀡潔所食寢門之奉事不忘備物之忱矣顧承歡習內則之儀問視必謀諸日用而報本奉明禋之典精誠當究所憑依思其志意而惟舊是求思其笑語而惟笥是取思其嗜好而惟旨是供蓋燦列者歷歷可想已武周於春秋不既修其祖廟乎夫先人手澤所貽其令後嗣摩挲者孰有如宗器微論貫鼎大璜置諸天府即一名一物亦當時玩好之端什襲藏之敢弁髦視之乎第降原陟

爋以來旁序之蓄儲有限避逖遷邠以後珠玉之貢納已窮兵燹風霜武周有餘慨焉茲若曰我國家大寶玉鎮宗子攸司仗呵護之靈而僅留此數蓋不可多得矣於焉陳之天球河圖展玩不勝珍重文琴季斅恍惚如接神明且也或爲兌之戈或爲和之弓或爲垂之竹矢於陳之處講明備實於陳之處盡慤誠豈惟異物是貴遂蓋其愾聞僾見之思歟抑前世音容所寄其爲後人想像者孰有如裳衣微論冕旒龍袞付諸有司卽遺笏遺簪亦昔日觀瞻之具守祧掌之敢倣屣同之乎第獻裘竭娛庶之忱足見君人德化爲裕示後宮之儉端由聖主修齊覃葛彔桑武周有餘慕焉茲

若曰我先王康功卑服惕厲宵衣經畫曳之餘而尚堪被體蓋如
接儀型矣於焉設之粉米藻火輝煌榱桷之間黼黻尊彝焜燿几
筵之側推之襏襫爲農服韎韐爲戎服大裘爲祭祀之服於設之
時尚鋪張賁於設之時隆孝享豈惟授尸有儀遂罄其牖上質旁
之意歟且前人嗜味所鍾其與後世思維者孰有如時食微論八
簋三牲垂諸祭統即爲芹爲韭亦當年和糝之資饗假憑之敢褻
越置之乎第稼穡幾歷艱辛久以蒸民廑念魚藕不遺供奉豈必
口腹累人獻鮪嘗魚武周有隱痛焉茲若曰我先王朝事饋食籩
豆維新當祼獻之先而謀及膳夫蓋必貴多品矣於焉薦之菭菹

筍菹盤敦生其光彩鴈醢兎醢黍稷佐其馨香推之羔豚之膏薌腒鱐之膏臊犢麛𪏮羽之膏腥羶於薦之日羅珍羞實於薦之日生怵惕豈惟嘗新有典足驗其盡物竭志之衷歟

本房加批

局正詞純典高朵烈顧定達孝非苟爲炳炳烺烺

老吾老以及人之老幼吾幼以及人之幼天下可運於掌

李彥和

卽老幼而類及之天下不難治矣夫吾有老人亦有老吾有幼人亦有幼以老之幼之者及之治天下何難乎且以君公至貴也氓庶至賤也必比貴賤而同之安在運量所周獨能神其擘畫哉顧泥視乎不齊之數物與我本不相符而參觀乎至一之原己與人初無有異性天之事盡於安懷向猶疑其有所間也今而知王道不外人情洵易如反手已臣言王若折枝豈不謂王之治天下固掌握中事乎然此猶喻言之而未嘗直言之也則試徵諸近驗諸

遠視所親證所疏而有以思其所及焉天下惟形之隔者不可以言及至切求諸家人父子之倫則近者同焉遠者同焉即近即遠一氣聯之而謦欬與通遂不啻官骸之相接天下惟勢之禁者不可以言及至實體諸日用倫常之務則親者猶是疏者猶是即親即疏真意貫之而羣生在宥幾不啻指臂之相從則盡觀於老乎夫吾有老人亦有老寢門視膳吾自修世子之儀菽水承歡人亦上耆年之視不得謂吾之老處深宮人之老居草野遂以判等差也瞻依孺慕之忱吾與人同斯性分順以及之天下其如在目中乎盍觀於幼乎夫吾有幼人亦有幼玉牒分榮吾自篤本支之愛

髫齡待養人亦存遂長之思不得謂吾之幼屬毛裏人之幼等隔
膜遂以示懸絶也鞠育顧復之德吾與人共此懷來遞以及之天
下其盡歸度內乎以是治天下蓋可運於掌矣且天下至大也南
朔東西四方自爲其風氣必齊之以老幼恐有不能遍及之時不
知天下雖大祇此老幼盡之矣吾日侍於二人之側而凡盡孝於
二人者可思吾日接乎弟子之班而凡致愛於弟子者可想同居
天下之內卽同居老幼之中有感斯通亦當前卽是經綸固在握
也王其於廣運之精神而思所由致歟抑治天下至難也紀綱法
度盛世恒不憚經營必統之以老老幼幼恐有不可遽及之勢不

知治天下雖難惟此老老幼幼賅之矣吾惟關懷於問視誰其略問視之文吾惟廑念於慈祥誰其昧慈祥之意天下可爲一人即老幼可爲一體取懷而予亦如量相償左劵其如操也王亦於運行之妙用而審所自來歟試得爲王誦詩言亦在推其所爲而已矣

本房加批

筆意空靈機神湊泊按之題分黍累不差想見三條燭盡得意疾書之妙

賦得爽氣朝來萬里清　得秋字五言八韻　李彥和

試向朝來望清輝迥不侔一天含爽氣萬里度新秋玉宇澄
無翳羅雲淡已收山容塵盡洗江影練初浮高朗通關塞空
明接斗牛拓胸惟破浪舒嘯此登樓但有晨光挹何須月夜
遊詩成開眼界乘興到
瀛洲

本房加批

莊雅和平

李春棣

字賡棠號崧生又號郁生行[illegible]豐
壬子相九月二十四日吉[illegible]直
隸天津府天津縣縣學廩膳生民籍

始祖天福 字奉三布政司理問 敕授儒林郎自河南武安始遷津邑

始祖妣氏姚 安人 敕贈

氏趙 安人 敕贈

氏王 安人 敕封

二世祖世斌 字吉甫貢生 例贈修職郎

二世祖妣氏韓 例封 孺人

高伯祖溟 太學生 溥 太學生

高叔祖湘 候選從九品 敕授登仕郎 鴻 太學生 例贈修職郎

曾伯祖樹基 太學生 貤贈奉直大夫

曾叔祖樹馨 太學生 貤封文林郎 長清 廩貢生原署正定府藁城縣訓導嘉慶庚申恩科舉人考取實錄館校錄選授河南新鄭縣知縣歷任四川屏山銅梁等縣知縣加三級 道光辛巳恩科四川鄉試同考官 誥授奉直大夫 樹實 太學生 樹鵠 太學生

堂曾伯祖樹德 太學生 例贈修職郎 樹屏 太學生

堂曾叔祖樹華 附貢生 例贈武略騎尉 樹楷 太學生 樹脩 太學生 樹

三世祖璣字仲玉例贈文林郎
三世祖妣氏林例贈孺人
氏鄭例贈孺人
太高祖如梅字齊松貤贈奉直大夫
太高祖妣氏龔貤贈太宜人康熙
癸巳恩科舉人諱聖符公女
高祖渤字巨川誥封奉直大夫
高祖妣氏韓誥封太宜人太學生諱
棟公次女敕封徵仕
郎諱士錦公胞妹太學
生諱濱公胞姑母歲貢
生候選訓導名秉虔公
祖姑母

翹太學生　樹坊太學生　長棻歲貢生候選訓導例授修職郎　樹聲
胞叔祖嘉紹字衣聞誥授昭武都尉覃恩貤封朝議大夫　嘉綬字佩青誥授
武翼都尉誥贈中議大夫　嘉緒字承哉覃恩誥封朝議大夫貤封中議大夫
嫡堂伯祖嘉言候選守禦所千總誥授武德騎尉　嘉讜候選營千總誥授武畧
騎尉　傑謙附貢生原任安徽鳳陽府宿州州判歷署定遠靈璧等縣知縣敕授徵仕郎
嫡堂叔祖嘉譽候選都司誥授昭武都尉　嘉樂　嘉龢　光鑅
原任廣西羅城縣縣丞兼署羅城縣知縣敕授修職郎　嘉會　嘉允　柏年
湖北候補縣丞敕授修職郎　光謙郡庠生　向陽　嘉修　慶陽監翊
同知銜前甘肅遇缺儘先即補知縣署甯朔縣知縣　光恩原任廣東韶州府曲江縣典史敕
授登仕郎　桂林太學生
從堂伯祖豫太學生　菁　巖　讙候選從九品例授登仕郎誥贈武德

曾祖樹棠字向之太學生貤封文林郎誥贈武德騎尉晉贈中議大夫

曾祖妣氏趙貤贈孺人誥贈太宜人晉贈太淑人太學生諱大春公胞姊廩膳生名承瀛公胞姑母邑庠生名致中公邑庠生藍翎六品銜名壁光公祖姑母

氏宋貤封孺人誥封太宜人晉贈太淑人邑庠生名栻公胞姑母

祖嘉綬字采施守禦所千總誥授武德騎尉晉贈武翼都尉

祖妣氏劉誥贈宜人晉贈太淑人守

騎尉

晉新疆軍功六品銜例授武畧騎尉

中孚郡增生

益謙太學生道光壬午考取恩職候選主簿例授修職郎

從堂叔祖蔚廩膳生

觀 鼎 莊 塏 豐從九品 咸

蒼候選從九品

壯 棠 允光 允中 圻 井 垣

允功儒業

墉 培 允升

嫡堂伯秉璋字瓚伯號筱林咸豐乙卯科舉人壬戌會試大挑二等揀選知縣同治七年律防保案賞加五品銜春棣受業

嫡堂叔運昌字霽林附貢生鹽運使司運同春棣受業

奉璋字士林五品銜布政司理問

玉璋字崑林太學生

錫璋字藝林

從堂伯伯抑太學生敕授武德騎尉

仲誠敕授武畧騎尉

兆容邑庠生

鈞

席珍

仲平附貢生五品銜候選巡檢

禦所千總諱金聲公孫
女太學生諱鴻坤公女
氏趙 誥封宜人晉封太淑人
貤贈武署騎尉諱洵公女從九品銜名作霖公
胞妹
父耀章 字煦林太學生布政司理問 敕授儒林郎都司加三品封銜
母氏朱 敕封安人 誥封淑人從九品諱秉鏞公女太學生名恩培公胞妹
重慈侍下
具慶下
蒙師
業師

從堂叔國祥 郡庠生 金璋 叔泰 歲貢生候選訓導 國成 維
鉞 太璞 國祺 國泰 維鏞 維銳 承惠
太醫院官學生 維銘 承厚 承楓 鈺 國燦 承翰
國琛 業儒 士瀛 維錦 士勤 承泰 六品頂戴 國鈞
再從堂伯祖望 霖望 太學生 符望 太學生 宗望 太學生 承
望 淑銘 貤封武德騎尉 珍望 佾生 康泰 湯銘 守禦所千總
聯望 康和 漢銘 守禦所千總
再從堂叔廷望 興祖 文錦 文鈺 文銓 錫
霖 錫霑 興仁 錫霈 文釗 文鏡 厚望
文鎔 錫濡
胞兄春源 字葵生 國學生

王松翹太夫子諱治隆增貢生

太姻伯梁壽圃夫子名寶緝附貢生候選縣丞欽加五品銜

表伯劉桂生夫子名錫九廪貢生甲寅科取補八旗官學漢教習戊午科舉人現任湖南興甯縣知縣欽加同知銜

楊香吟夫子名光儀壬子舉人

辛蕉田夫子名家彥甲戌翰林國史館協修

陳挹爽夫子名塏辛酉科舉人壬

胞弟春澤字潤生郡庠生 春熙 春捷俱幼讀

嫡堂弟春穠字佩孫附貢生同知銜 春茂 春臺幼讀 春禧幼讀 春英 春官俱幼

從堂兄鍾綸國學生 春元國學生 明良國學生 緝熙國學生 雋生

從堂弟鍾方 鍾俊業儒 春卉 喆生 鍾英 鍾彥 鍾麗 春森 春第業儒 春齡 鋆 圖會讀俱幼 嬰 鋆 鋙俱幼

再從堂兄潤田字鐵菴議敘從九品 硯田 浴田 夢齡從九品

再從堂弟孟啟 佑啟 夢松 童貞 夢吉業儒 夢周 夢蘭幼讀 夢庚幼讀 童吉幼讀 童利 漁田 英啟

三

戊科考取宗學漢教習傳補左翼宗學期滿候選知縣

純熙 臺 豪 純嘏 野田俱幼

胞姪應熊讀幼

從堂姪育麟讀幼 雙麟 常麟俱幼 瑞麟幼

再從堂姪蔭槐 蔭桐 蔭樞

娶王氏附貢生候選州同誥封宣武都尉諱萬松公曾孫女候選衛守備加一級誥授宣武都尉諱紹曾公孫女原任光祿寺掌醢署署正兼良醖署行走諱觀墀公長女都司銜守禦所千總諱覲義公布政司經歷陞銜候選府經歷名覲宸公胞姪女國學生名保泰胞妹

子應龍幼

女

肄業師

吳傳巖太夫子名士俊癸丑進士前任湖南長沙府知府主講輔仁書院

吳穎宇夫子諱惠元甲辰翰林原任甘肅甯夏道雲南鹽法道主講輔仁書院

張雷門夫子名震丁酉科舉人前任天津縣學教諭

徐繼賢夫子名本衡前任天津縣知縣

赫廉甫夫子名世本癸亥翰林前刑部主事現任天津縣知縣

任石泉夫子名爾會前任天津縣知縣

陳小蕃夫子名重壬子科舉人前任天津河防分府

李鐵帆夫子名垂前任天津河防分府

任春如夫子名信誠直隸候補道前署天津府知府

李捷峯夫子名文敏壬子進士

現任江西布政使司布政使前任天津府知府

馬松圃夫子　名繩武現任天津府知府兼署天津河間兵備道

周琳栗夫子　名家勳己酉科舉人前任天津河間兵備道

丁樂山夫子　名壽昌布政使銜欽賜西林巴圖魯前任天津河間兵備道

陳子敬夫子　名欽壬子科舉人前任津海關兵備道

地山夫子　名崇厚己酉科舉人兵部左侍郎前任三口通商大臣

李少荃夫子 名鴻章 丁未翰林
太子太保 文華殿大
學士 欽差大臣直隸
總督一等
肅毅伯

受知師

劉彥三夫子 名傑 前天津縣知縣

龐寶生夫子 名鍾璐 丁未探花
刑部尚書前
任順天學政

賀雲甫夫子 名壽慈 辛丑進士
都察院左都御史
前任順天學政

夏子松夫子 名同善 丙辰翰林
兵部右侍郎前
任順天學政

房
錢湘吟夫子名寶廉庚戌翰林
刑部右侍郎前
任順天學政
陸雲孫夫子名懋宗庚申翰林
癸酉科順天
鄉試同考官
鄉試中式第八十七名
保和殿覆試
欽定一等第八名
會試中式第　名
殿試第　甲第　名
朝考第　等第　名
欽點
族繁不及悉載
世居天津帶河門外沿河頭鋪

盧蔭棠

字存甘號小霖一號伯吟行一道光乙巳年七月初九日吉時生直隸天津府天津縣縣學優行廩膳生民籍

始祖諱衢字濟安例封文林郎

始祖妣氏趙例封孺人

高祖諱富識字子厚例封登仕郎

高祖妣氏楊例封孺人

曾祖諱國俊字廷臣太學生敕封文林郎

曾祖妣氏陶敕封孺人

曾叔祖國英太學生 國冑太學生 國裕貢生

嫡堂伯祖景煥太學生 景新太學生 春蒿邑庠生 景春例封登仕郎 景陽敕封武德騎尉

嫡堂叔祖春芳太學生

族伯叔祖起徽覃恩誥封朝議大夫 起勛覃恩誥封朝議大夫 起衡廩膳生敕封承德郎

堂伯濤 滈例贈登仕郎 清 源 洧敕封武德佐騎尉 濟

履歷

氏 敕封孺人

祖諱昇炎 [illegible] 封朝議大夫 誥

祖妣氏張 旌表節孝 敕封安人 誥封太恭人

本生祖諱昇燡 字津橋 候選布政司理問 敕授承德郎 晉封朝議大夫

本生祖母氏華 敕封安人 晉封太恭人 誥封奉直大夫布政司理問加二級 諱要公第四女 乾隆庚子科舉人 安徽全椒縣知縣 署安慶府江防同知 諱蘭公胞姪女 候選[illegible]

堂叔濱 湘 例贈登仕郎 沐

族叔彤 [illegible] 咸豐辛酉科拔貢 現任兵部主事

胞叔[illegible] 業儒 蔭桂 蔭[illegible] 儒業

從堂兄恩錫 恩綸 恩綬 恩榮

從堂弟[illegible] 恩甲 恩第

族弟炳麟 丙辰郡庠生

胞姪書[illegible] 讀[illegible] 鳳書 俱幼

再從堂姪丹書 耀書 俱幼

娶卞氏 增廣生 諱樹華公女 歲貢生候選訓導名樹椿公胞姪女 同治甲子科舉人揀選知縣名翊清嫡堂妹 本科同榜[illegible]副舉人名賓廉胞妹

布政司理問諱均公侯
選布政司理問諱墀公
胞妹嘉慶丁卯科舉人
東明縣訓導湖南桂陽
州州同諱長震公道光
辛卯科舉人現任奉天
開原縣教諭名長卿公
道光庚子恩科舉人
三河縣教諭諱長忠公
堂姑母 貤封武德騎
尉名長順公 貤封武
德騎尉名長森公 欽
加六品銜儒先郎補把
總名長華公胞姑母

父

諱潤字霖園太學生
敕封宣德郎
覃恩晉封
朝議大夫

母李 封太恭人 誥封
敕封孺人 誥

裴氏

誥授武略騎尉諱英瀛公孫女 敕封[illegible]
德騎尉 敕授登仕郎諱恩榮公女 貤封
武德騎尉名欣榮公胞姪女議敘
從九品郎選典史名紹曾胞姊

王氏

邑庠生諱劍泉公元孫女廩貢生庚午科謄
錄他郎府分府歷署陸涼羅平霑益晉甯四
州知州諱同善公邑庠生 敕封承德郎晉
封奉直大夫諱登善公姪曾孫女邑庠生 貤
封承德郎諱師善公曾孫女增廣生甲午庚子
科謄錄分發山東歷署劇城縣典史齊河縣縣
丞諱誠之公姪孫女太學生諱緒
宗公孫女太學生諱熙齡公女

王氏

邑庠生諱劍泉公元孫女廩貢生庚午科謄
錄他郎府分府歷署陸涼羅平霑益晉甯四
州知州諱同善公邑庠生 敕封承德郎晉
封奉直大夫諱登善公姪曾孫女邑庠生 貤
封承德郎諱師善公曾孫女增廣生甲午庚子
科謄錄分發山東歷署劇城縣典史齊河縣縣
丞諱誠之公姪孫女 貤封奉政大夫諱存
之公孫女 誥封奉直大夫諱熙齡公女

原文缺頁

史　教授登仕郎諱光
恩公嫡堂姪女國學生
名玉璋公國學生名錫
璋公胞姊　欽加五品
銜廩膳生咸豐乙卯科
舉人壬戌會試大挑二
等揀選知縣名秉璋公
三品封銜名燿璋公附
貢生鹽運使司運同名
運昌公五品銜布政司
理問名承璋公嫡堂姊
　誥授武德騎尉諱伯
抑公　敕授武略騎尉
名仲誠公邑庠生諱兆
蓉公堂妹附貢生五品
銜候選巡檢名仲平公
郡庠生名國祥公歲貢
生候選訓導名叔泰公
堂姊本科同榜舉人名
春棣附貢生候選同知

名鍪瓖郡庠生名
春澤嫡堂姑母
敕封孺人誥
氏宓封太恭人陝西府
谷陽知縣元方公元孫
女候選知縣惟梅公曾
孫女鹽運判惟欽公
賞戴藍翎福建興化
府知府惟慷公姪曾孫
女兩淮餘西場大使兆
鏊公孫女長蘆豐財場
大使琳公同知用賞
戴花翎河南候補知縣
遐齡公姪孫女候選從
九品道會公女州同銜
直隸候補分縣貽謀公
姪
女

重慈侍下

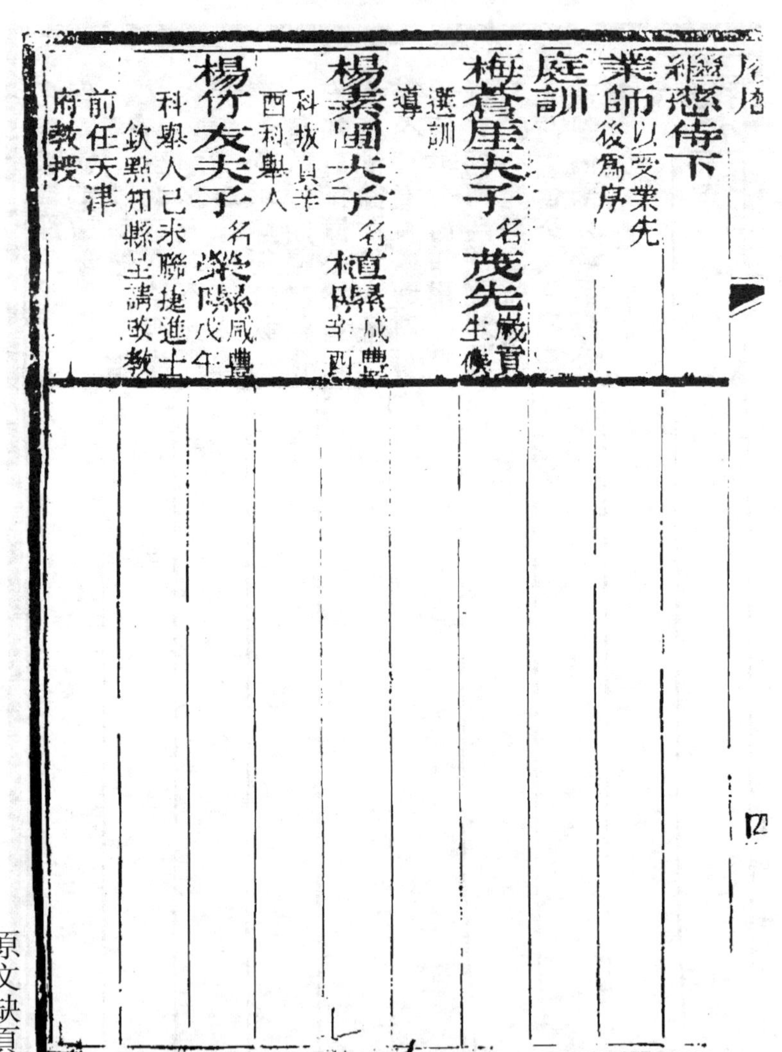

序

繼志傳下

業師以受業先後為序

庭訓

梅蒼崖夫子名茂先嚴貢生候選訓導

楊素園夫子名植縣咸豐辛酉科拔貢辛酉科舉人

楊竹友夫子名縈縣咸豐戊午科舉人己未聯捷進士欽點知縣呈請改教前任天津府教授

四

原文缺頁

徐承翰

字樹屏，號西園，一字恕平，行一。道光壬寅年二月念
二日吉時生。直隸天津府天津縣府學附學生，民籍。
高祖諱贇
高祖母氏高
曾祖諱金 侯選從九品 敕封
曾祖母氏李 孺人 敕封
氏李 孺人 敕封
祖諱良弼 國學生 敕封文林郎 敕
祖妣氏孫 孺人 敕封
氏張 孺人 敕封
父諱立德 軍功五品銜 敕封文林郎 誥封宜人
母氏張 封孺人 從九品 諱 敕
堂曾叔祖伯堂 誥封中憲大夫 誥封建威將軍 治國
胞叔祖良琮 誥封武德騎尉
堂叔祖文柏 誥封中憲大夫 誥封建威將軍 玉桯
嫡堂叔立功 侯選把總 軍功欽加五品銜 立達 武庠生
從堂伯鏜 叔鎧 敕授武德騎尉 鎮 敕授昭武都尉 馳封武功將軍 鉞 武翼都尉 敕授 馳封武
誥封武威將軍 文質 誥封武德騎尉 馳封奉直大夫 文元 德騎尉 欽加四品
誥封武容 翼都尉 鎔 顯將軍 馳封武 鐸 威將軍 馳封建 鑑 銜 賞戴藍
翎侯選鹽課司提舉
誥授中憲大夫
再從堂兄弟平川 直隸宣化鎮標左營遊府署鎮標中 欽命提督軍門 欽賜花翎現任
營遊府代理右營都閫府署宣化掛印總鎮都督
府奉 旨統帶宣化練軍出防駐庫馬步各營官

開第叁、三女國學生諱鎮公胞姊廩膳生名雲
霈胞姑母

具慶下

業師

施香宇夫子 諱靄雲

王晴谷夫子 諱兆融

耿芝香夫子 諱卓瀛

梅瑩山夫子 印賓熊

劉楚帆夫子 印湘

受知師

王香閣夫子 諱蘭廣

石襄臣夫子 諱贊清

兵、

永和

永興 監生

祥林 欽命記名簡放總鎮欽賜花翎前署直隸天津鎮標左營、府現任直隸通永鎮寶坻營都閫府前統帶天津古北宣化各軍馬步官兵進勦匪

祥瑞 監生

長清 欽加五品賞戴藍翎候選府經歷

長元

平陞 欽加五品銜花翎候推守府欽賜

維翰 誥授武德騎尉誥封奉直大夫候選守禦所

維藩 國學生

維楨 欽加遊擊銜候選都大閫府誥封武翼都尉

維章 府學附事

胞弟承蔭 監生、候選縣丞

承厚 欽授登仕郎廩貢生候選訓導著有小娜嬛山館文稿待刊

堂弟承恩、 承烈 武監生 承緒 武監生

胞姪夢麟 幼讀 錫麟 幼讀

三從堂姪士棻 六品藍翎候選縣丞 士珍 藍翎從九品 士鑠 士芳

士蘭 士浚 士傑 士彥 士科 士梧

萬藕舲夫子 印 青藜
龐寶笙夫子 印 鍾璐
孫文起夫子 印 鳳翔
課師
馮桐君夫子 印 向榮
沈雲巢夫子 印 兆澐
李鐵梅夫子 印 嘉端
李少蒼夫子 印 鴻章
林壽卿夫子 印 述訓
黎召民夫子 印 兆棠
吳春帆夫子 印 贊誠
馬菘甫夫子 印 繩武
覆試

士杰 士楝 士琦 士琳 士林 士俊光祿寺署
正銜加二級 士榮 士謙 士賢 士琛 有麟

四從堂姪孫鴻寶
娶汪氏 貤封奉政大夫候選州同諱潛公孫女嘉慶戊辰恩科舉人軍功欽加同知銜前長[illegible]縣教諭諱彰公姪孫女候選直隸州州同諱紹甲公女武庠生諱貫甲公胞姪女增貢生諱榮光公女卹襲雲騎尉賞戴藍翎歷署滘關路參將寶卿營等處都閫府諱蔭甲公增廣生諱恩甲公廩貢生候選訓導[illegible]報甲公堂姪女丁卯科副舉人諱維熙嫡堂妹廩貢生名維燦從堂妹國學生名維熊胞姊
子石麟讀 壽幼 毓麟幼
女一

十

年伯陳夔龍夫子印錫麒
蕭廉甫夫子印世本

鄉試中式第二百四十四名
會試中式第　名
殿試第　甲第　名
朝考第　等第　名
欽點

族繁不及備載
現居鎮海門外河東四甲

張豐信

字德興號象筌行五咸豐辛亥年八月十二日吉時生直隸天津府天津縣俊秀監生民籍

太太高祖忠孝 邑庠生自江蘇通州遷居天津

太太高祖妣氏李 例貤 郭孺人

太高祖照武 廩貢生候選訓導 勅封修職郎

太高祖妣氏齊 勅封孺人

高祖憲譽 國學生 晉封儒林郎

高祖妣氏甯 晉封安人

胞伯曾祖祖璘 例贈武德騎尉 祖瑛

嫡堂伯祖兆昌 乾隆乙卯科武舉人候選守備 兆祥 歲貢生候選訓導 兆鏊 兆鹿

武庠生 兆書 廩膳生 兆和 兆燕 國學生

胞伯祖兆鰲 兆鯨 國學生 貤封中憲大夫

胞伯濤 字潤泉行五國學生 誥封文林郎 式埏 式崑 字可亭行六早逝伯母氏沈青年守志奉

旨旌表 星紀 字鶴卿行九廩貢生議叙訓導 勅封修職郎 覃恩晉封中憲大夫

胞叔 又名式英 字菊舫行十一廩貢生候選訓導

嫡堂伯式衡 國學生 式玉 式仲 郡庠生 式金 優廩貢生候選教諭

曾祖攀龍字雲尚邑庠生晉封儒林郎
覃恩貤封
中憲大夫

曾祖妣王氏晉封安人覃恩貤封
恭人候選縣丞諱行慶
公女庠生諱錫泉公胞
姑母庠生諱登講庠生
諱師晉歲貢生原任普
洱府他郎通判諱
同春胞姑祖母

劉氏晉封安人覃恩貤封
恭人候選縣丞
諱又伸公女

胡氏晉封安人覃恩貤封
恭人原任江蘇鹽場
大使諱靜川公女

祖兆翀字慕如乾隆乙卯
科舉人歷任東光

式古候選縣丞

堂伯式元

胞姊適邑庠生劉
女蘭物名淑沅

胞弟名溎原名體潤字德華行八
國學生實錄館供事

嫡堂兄承志字紹庭行大體亨字桐野行文靜字綬
候選巡檢二國學生珊行
三附貢生候選鹽大使嫂體豐川字海峯行四貴
氏梅殉夫節烈特旨旌表體岡州判補同知
欽加知府銜
賞戴花翎

嫡堂弟體皐字一峯行體易早
六國學生體申卒

堂兄體健字雲溪山東即補知縣欽加知府體敬
衛賞戴花翎歷署鄒縣滕縣知縣體
字亞翘候體元旱體亨字紹文山西三體廣邑庠體豐
選典史體元浙體西候補巡檢作礪生體

正字似高體晉克勳字儉齋甲子庚午科副榜
邑庠生體董癸酉科挑取謄錄敘用知

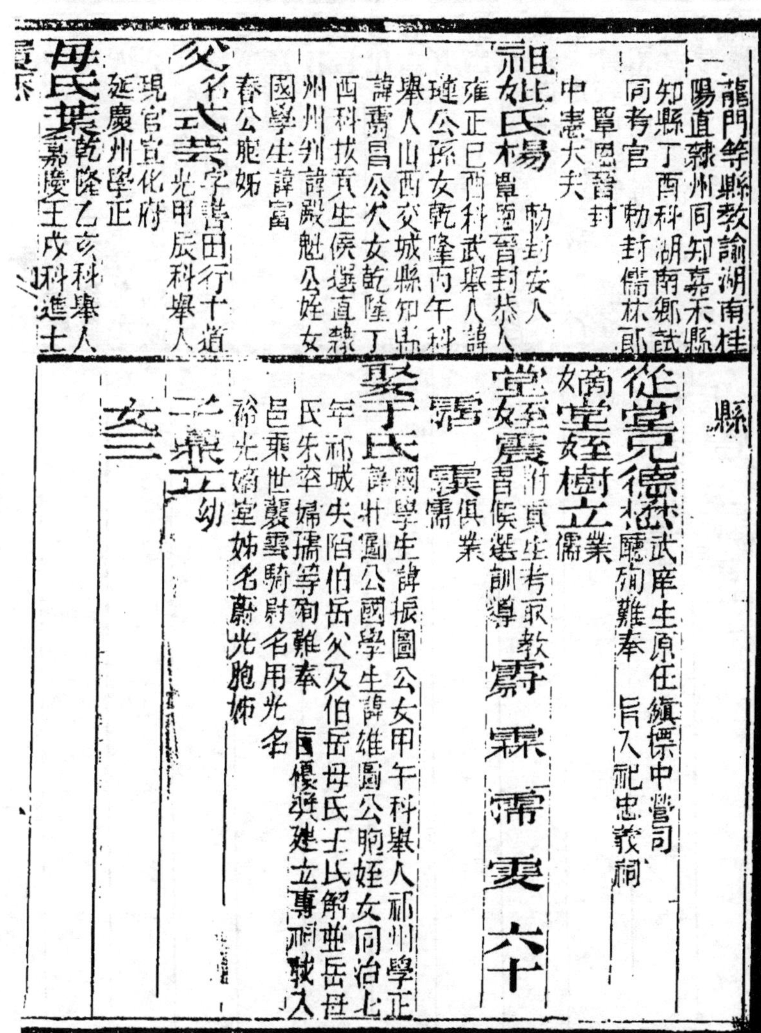

龍門等縣教諭湖南桂
陽直隸州同知嘉禾縣
知縣丁酉科湖南鄉試
同考官　敕封儒林郎
覃恩誥封
中憲大夫
祖妣氏楊　敕封安人
覃恩誥封恭人
雍正己酉科武舉人諱
璉公孫女乾隆丙午科
舉人山西交城縣知縣
諱壽昌公次女乾隆丁
酉科拔貢生候選直隸
州州判諱殿魁公姪女
國學生諱富
春公胞姊
父名式芸字瞻田行十道光甲辰科舉人
現官宣化府
延慶州學正
母氏某乾隆乙亥科舉人嘉慶壬戌科進士

縣

從堂兄德燃武庠生原任鎮標中營司
廳殉難奉　旨入祀忠義祠
嫡堂姪樹立業儒
堂姪震附貢生考取教習候選訓導
霱　雲俱業儒
霂
霈
雯
六十
娶于氏國學生諱振圖公女甲午科舉人祁州學正
諱壯圖公國學生諱雄圖公胞姪女同治七
年祁城失陷伯岳父及伯岳母王氏解並岳母
氏朱卒婦孺等殉難奉　旨優獎建立專祠載入
邑乘世襲雲騎尉名用光名
裕光嫡堂姊名蔚光胞姊
子□立幼
女三

屘尾永平府學教授諱際春
公孫女乾隆壬子科舉
人行唐縣教諭諱夢元
公次女郡庠生諱麟徵
公胞妹邑庠生
諱爲肇胞姑母
具慶下
業師
祖訓
庭訓
鄉試中式第一百七十五名
保和殿覆試
欽定一等第二名
會試中式第　名
覆試第　等第　名
殿試第　甲第　名
朝考第　等第　名
欽點
族繁祗載本支
世居天津鎮海門外

劉文蔚

字霞軒，號鏡澂，行五。咸豐癸丑年二月十四日吉時生。直隸天津府天津縣增廣生，民籍。

高高祖諱子直

高高祖妣氏倪

高祖諱萬宏

高祖妣氏郭

曾祖諱雲昇

曾祖妣氏王，處士諱國榮公女，廩生諱國興公、乙未舉人諱國隆公堂姪女，恩貢生諱士龔公、庠生諱士奇公、庠生諱士善公堂姊。

胞曾叔祖瑞昇　旺昇

胞叔祖可智　可信

嫡堂伯叔祖可仁　可禮　可有　可全

嫡堂伯叔慶和　慶來　慶富　慶貴

族伯叔慶裕　慶福從九品　慶桂　慶堂

胞兄文發議叙未入流　文達　文粲　文盛

從堂兄弟文濤　文榮　文明　文煥　文華

族兄弟文元　文喜　文順　文彬

一

履

祖 諱可義字利山例贈文林郎

祖妣氏趙例贈孺人

繼祖妣氏王例贈孺人

生祖妣氏張處士諱子述公女國學生諱奎璧公嫡堂妹例贈孺人

父 名慶善字積堂號衍庭從九品例封文林郎

母氏安從九品諱承亮公女例封孺人

具慶下

庭訓

受業師

胞姪樾 桐 樸 榿 樻 槐

從堂姪樞 柄

族姪椿 橒 棟

胞姊一適貢生王諱經公孫國學生諱元振公子名之鏞

妻崔氏國學生名長春公女

子

女

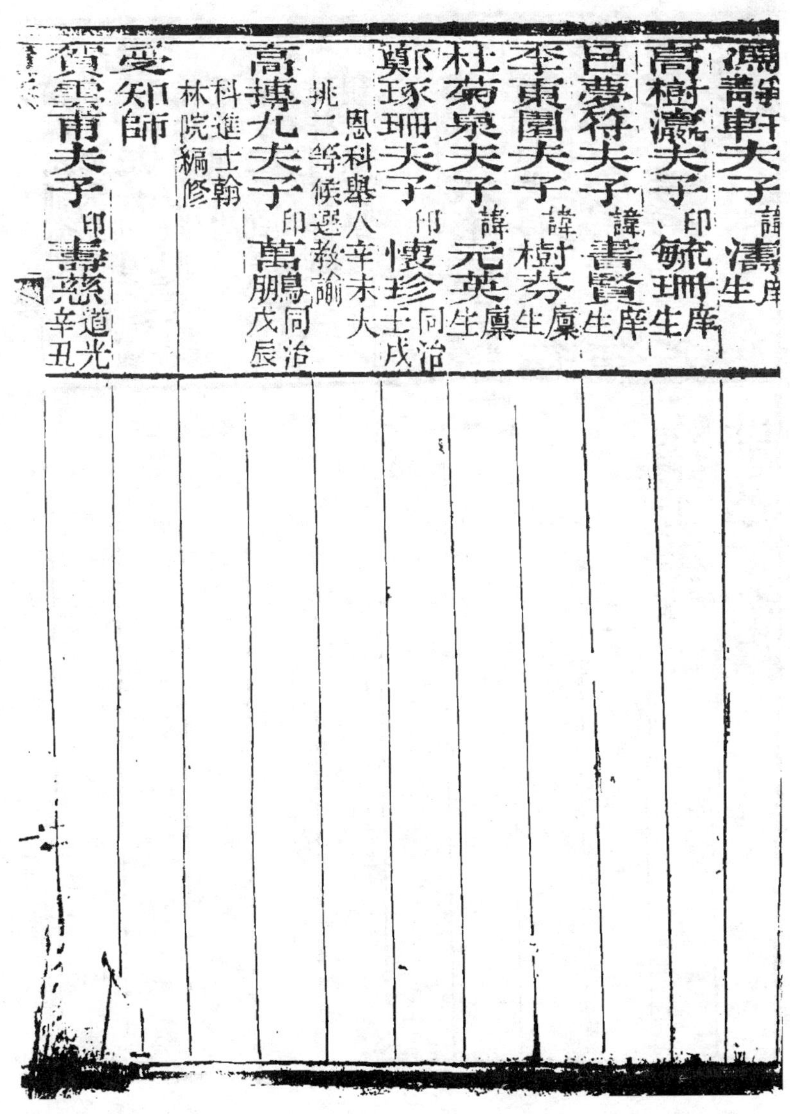
濰譜軒夫子 諱濤 庠生
高樹瀛夫子 印毓珊 庠生
呂夢符夫子 諱書賢 庠生
李東園夫子 諱樹芬 廩生
杜菊泉夫子 諱元英 廩生
鄭琢珊夫子 印懷珍 同治壬戌
高搏九夫子 印萬鵬 同治戊辰 恩科舉人辛未大挑二等候選教諭
科進士翰林院編修
受知師
賀雲甫夫子 印壽慈 道光辛丑

翰林左都御史
前任順天學政
夏子松夫子 印 同善 咸豐丙辰
翰林兵部侍郎
前任順天學政
錢湘吟夫子 印 寶廉 道光庚戌
翰林刑部侍郎
現任順天學政

鄉試中式第三百十八名
會試中式第　名
殿試第　甲第　名
朝考第　等第　名
欽點

族繁不及備載
世居城西楊柳青鎮

解元書

字玉森號文川一號問川行一咸豐[illegible]年[illegible]九月三十日吉時生直隸天津府學廩膳生[illegible]遵化縣民籍
十六世祖得榮原籍山西蒲州府永濟縣庠生
十五世祖昇庠生
十四世祖瓚庠生
十三世祖興庠生
十二世祖釗庠生
十一世祖九霄庠生
十世祖一景廩膳生誥封朝議大夫
九世祖仕衢光祿寺署丞奉使海國
八世胞叔祖登甲廩貢生候選州同知　奕甲庠生　聯甲庠生兵馬司正指揮誥封朝議大夫　捷甲廩膳生　應甲　維甲　文甲庠生鄉飲大賓
呈甲
七世胞伯祖銓國學生　錦庠生　鉉　鏞
七世嫡堂伯叔祖鉅候選州同知　鉦候選州同知　鐸　鐈歷任湖廣襄陽府糧捕通判兩浙甯紹鹽運使司鹽運副使浙江湖州府烏鎮同知湖州府知府誥授朝議大夫
銘江南崇明縣知縣勅授文林郎　鈚候選縣丞　鉁　鎬　錕　鋐
鉽　銑　錩　鐃　鎔　錄國學生
六世胞叔祖源洙候選吏目　源清

封蕃有功賜一品服色誥授朝議大夫

八世祖鼎甲 錦衣衛千戶誥授武德將軍

七世祖錡 候選州吏目

六世祖源泌 國學生勅封修職郎

高祖良林 歲貢生東光縣訓導勅授修職郎勅贈文林郎

曾祖秉彝 乾隆癸卯科舉人鄖縣教諭勅授文林郎

曾祖妣氏陳 勅贈孺人

氏李 勅封孺人

祖道邇 例貤文林郎

六世嫡堂伯叔祖濬 候選州同知 浡 洄 候選州同知勅封徵仕郎

世潢 世灝 世泓 潤 候選州判鄉飲大賓有孝行奉旨旌獎 澂

六世從堂伯叔祖世醻 歲貢生候選訓導 世溥 候選翰林院孔目 世濟

歲貢生候選訓導 濬 洪 淵 候選州同知 洲 候選州同知繼配田氏欽旌節孝 深 廣東候補知縣借補東滙關批驗大使誥授奉直大夫 溍 永錫 原名洵庠生歷任甘肅甘州府蘭州府經歷勅授修職郎 津 浚 浡 庠生 灝 沆

汶 治 溢 浡 沛 注 浩 源

胞高伯叔祖良本 良棫 良果

嫡堂高伯叔祖良杜 良榦 良椂

從堂高伯叔祖良熊 良標 良棣 良楫 良栻

良柱 良朴 良梅 良檍 良楷 廩膳生 良模 國學生

良極 國學生 良業 庠生 良棟 安徽鳳陽府經歷陞授順天府經歷勅授徵

祖妣氏郝 廩膳生諱仁公孫女乾隆乙卯恩科舉人嘉慶戊辰科進士歷任河南湯陰滑縣山西汾陽興縣湖北大冶松滋蒲圻黃梅石首廣濟天門蘄水縣知縣荊門直隸州知州黃州府知府河南山西湖北鄉試同考官諱延年公女邑庠生諱瑞辰公嫡堂妹道光辛巳恩科舉人癸未科進士刑部主事諱善公堂姊奉天岫巖城通判海城縣知縣義州知州賞戴花翎諱佩棻公嫡堂姑母例贈孺人

父開統 國學生 例贈文林郎

母氏張 例贈孺人

氏楊 國學生諱葆森公女歲貢生候選訓

任郎 良相 歲貢生保定縣訓導勅授修職郎 良權

再從堂高伯叔祖 良植 良桉 良楠 良植 良桂

良梓 良柏 良榛 良梧庠生 良松 良根 歷任河南閿鄉洛陽縣縣丞延津縣知縣勅授文林郎 良彬 良構 良檟

良梣 誥封奉政大夫 良棻 增廣生 良樅 良樹 良樹

良榕 良杞 良東 國學生配沈氏欽旌節孝 良權 良桓

良栘 國學生候選縣丞 良朵 良樟 良楨 良檢

良機 國學生

胞曾叔祖秉睿 國學生

嫡堂曾伯叔祖秉忠 秉鈞

從堂曾叔祖秉聰

再從堂曾伯叔祖秉昕 秉敏 秉昊 庠生 秉泰 國學生 秉

導諱大鏃公諱大銘
公姪女例贈孺人
氏吳候選衛千總諱恩忠公女例封孺人
本生父開荃國學生例封文林郎
本生母氏武乾隆甲午科舉人浙江溫
州衛領運千總諱映魁
公曾孫女國學生諱鍾
瑞公孫女從九品諱推
公女邑庠生諱裕昆
名雲章公從堂姪女廩
貢生現任安州鄉學訓
導名承謙公咸豐辛亥
恩科舉人現任昌黎
縣訓導候選知縣名承
厚公前任山西靈石縣
仁義鎮分防巡檢名承
敬公從堂妹廩膳生名
兆熊公從堂姊同治癸
酉科舉人甲戌科聯捷

恒　秉珏　秉耀　秉瑞　秉照　秉煦庠生　秉熙
庠生
堂曾伯叔祖秉泰　秉讓　秉哲　秉莊候選吏目秉純
秉紀　秉煇　秉炘　秉燦　秉煥　秉乾　秉
晉庠生秉震　秉豫　秉巽乾隆甲寅恩科副榜　秉度　秉
健　秉謙　秉孚　秉璧　秉珩　秉璋　秉運
秉璽　秉仁庠生秉智乾隆丁卯科舉人淶水縣教諭丁丑科進士歷任甘肅永
昌安化縣知縣甯州知州蘭州府同知乙酉科陝
西鄉試同考官品行學問載天津縣志誥授奉
政大夫秉信國學生勅封文林郎　秉誠　秉義　秉禮勅封修
職郎秉德　秉淳庠生秉剛　秉敬　秉正　秉寬候選
吏目秉實　秉賓　肇基候選吏目肇臨
胞伯叔祖道顯嘉慶庚申恩科舉人歷任廣平縣教諭廣東永安縣知縣前主講懷仁書院

進士工部郎中虞衡司行走名登第公邑庠生名登儁公從堂姑母例封孺人

慈侍下

本生具慶下

庭訓

業師

李振春夫子名秉鐸邑庠生同治癸酉科挑取謄錄

張士林夫子名大儒咸豐乙卯科副榜戊午科舉人前任山東利津縣知縣

李北溟夫子名金海廩貢生

陳春衢夫子名康和邑庠生候

勅授文林郎道五庠生贈承德郎 勅道遜例贈修職郎

嫡堂叔祖敏之原名道進增廣生

從堂伯祖道體

再從堂伯叔祖道適 道因 道傳 道用庠生

堂伯叔祖道增 道盛 道州 道龍 道麟 道颺

道墉 道堃 道亨廩膳生 道鎔國學生 道明 道峻乾隆甲寅恩科舉人冀州學正勅授文林郎 道偉乾隆戊申科舉人歷任江西安福大庾縣知縣定南廳同知誥授奉政大夫 道仔國學生 道紱 道僊

道通庠生 道隆歲貢生河間縣訓導勅授修職郎 道凝 道成國學生

道任國學生 道原 道來 道行 道坦國學生勅贈文林郎 道三 道積 道符郡庠生 道章 道新恩貢生候選教諭 道庸勅封修職郎誥封奉直大夫 道得庠生 道立 道深

三

選訓導

杜蓮峯夫子諱錫五邑庠生

孟小帆夫子名繼坤同治壬戌恩科舉人乙丑科考取咸安宮教習辛未科大挑二等

張星垣夫子名熙同同治甲子科副榜候選教諭

劉桂生夫子名錫九咸豐甲寅科考取鑲藍旗官學漢教習戊午科舉人現任湖南興甯縣知縣欽加同知銜

王雲舫夫子名文錦同治辛未科進士翰林院編修

道遠　文琛邑庠生　文傑　文超　文英　文禧　文

詳　文奎　文運

嫡堂伯叔開蘭廩貢生道光戊子科辛卯恩科挑取膳錄河間縣訓導欽加州同銜勅授承德郎　開芸　開蓀　開萃河南候補府經歷歷署温縣修武盧氏縣典史　賞戴藍翎　開萱河南候補縣丞署陽武縣五堡主簿

從堂叔開蓮

堂伯叔開緒國學生　開式國學生　開印　開棟　開儀　開

益國學生　開發　開泰　開起　開慶　開興　開

祥道光壬辰科舉人四川洪雅縣知縣勅授文林郎　開岱　開岐議敘從九品

開煜國學生議敘五品銜　開霖廩膳生　開雯國學生議敘六品銜　開岷

開先咸豐戊午科副榜己未恩科挑取謄錄前任欒城縣教諭議敘知縣　開運

從堂弟兄元熙　元慶　元德　元嘉　元澍　元銳

課師

吴傳巖夫子名士俊道光癸巳科進士前任湖南長沙府知府

吴霖宇夫子諱惠元道光甲辰科進士翰林院編修前任甘肅甯夏道雲南鹽法道

沈雲巢夫子名兆澐嘉慶丁丑科進士翰林院編修前任浙江布政使司布政使同治庚午科重宴鹿鳴恩賞頭品頂戴

李鐵梅夫子名嘉端道光己丑科翰林前任安徽巡撫

繆穀春夫子名興廩貢生現任天

元徵 元贊 元鈺儒業 元彰幼讀

再從堂兄元珠廩膳生 元禧 元泰

堂弟兄元振國學生 元會 元愷 元斌四川候補縣丞 元成

元鑠 元第 元英 元體 元湧 元龍 元

珍 元鎮 元勛 元憲儒業 元燮儒業 元礿儒業 元照

幼 元祿幼 元祜幼

從堂姪茂承國學生 茂育 茂齡幼讀 茂桐幼 茂蔭幼

再從堂姪茂德幼

堂姪茂潾 茂豫四川候補吏目 茂琳 茂桔 茂上 茂

材儒業 茂澍儒業 茂宗幼讀 茂勳幼 茂賢幼 茂欽幼

堂姪孫崇椿儒業 崇塏幼 崇翰幼

娶魏氏國學生諱勳公孫女國學生諱履坪公女廩膳生道光癸卯挑取謄錄候選訓導諱元圻

津府學教授劉鹿苹夫子 名賓 歲貢生現任天

津府學訓導徐繼賢夫子 名本衡 前任天津縣知縣

劉彥三夫子 名傑 前任天津縣知縣

任石泉夫子 名爾會 前任天津縣知縣

蕭廉甫夫子 名世本 同治癸亥恩科進士前翰林院庶吉士現任天津縣知縣

公姪女咸豐甲寅考取入旗教習乙卯科舉人戊午考取內閣中書山東范縣知縣名文藻公妹

馮氏 誥贈朝議大夫諱開第公孫女部庠生諱鋿要公嘉慶庚午科副榜正藍旗漢教習山東昌樂縣江蘇新陽縣知縣諱相棻公道光壬午科舉人嶽甯縣訓導名相芝公姪孫女咸豐己未恩科舉人辛酉科取補咸安宮官學漢教習同治壬戌科考補內閣中書乙丑科會試挑取謄錄方略館校對國史館校對提陞侍讀分發廣東郎補同知特用知府本科廣東鄉試同考官名向華公女馳封奉直大夫諱如蘭公名如蕙公馳封朝議大夫名如芝公胞姪女邑庠生名翦公道光辛巳恩科舉人國史館謄錄江蘇宜興嘉定縣知縣名翰公道光壬辰科舉人大挑二等新河縣教諭名向榮公郡增生名源濬公邑庠生名春曦公道光己酉科拔貢七品小京官刑部主事咸豐己未恩科舉人山西蒲州府太原府知府諱春瀛公堂姪女庠生諱寶琛公咸豐辛酉科舉人大挑二等候選教諭名寶昌公堂妹

子一

女一

陳小蕃夫子 名重 咸豐壬子科舉人前任天津府河防分府

錢爽泉夫子 名塏 前任天津府河防分府

年伯陳夔夔夫子 名錫麒 同治壬戌科進士現任天津府河防分府

任春如夫子 名信成 前任天津府知府

丁樂山夫子 名壽昌 前任天津河間兵備道

吳春帆夫子 名贊誠 道光己酉科拔貢前任天津河間兵備道現任順天府府尹

馬松圃夫子 名繩武 現任天津府知府兼署天津河間兵備道

陳子敬夫子 名欽 咸豐壬子科舉人前任津海關道

孫竹堂夫子 名士達 前任津海關道

黎召民夫子 名兆棠 咸豐丙辰科進士現任津海關道

恆雲舫夫子 諱慶 前任天津河間兵備道長蘆鹽運使司鹽運使

祝爽亭夫子 名塏 道光丁未科進士前任長蘆鹽運使司鹽運使

受知師
林綬卿夫子名述訓道光庚戌科進士現任長蘆鹽運使司鹽運使
賀雲甫夫子名壽慈道光辛丑恩科進士前任順天學政現任都察院左都御史
夏子松夫子名同善咸豐丙辰科翰林前任順天學政現任兵部右侍郎
鍾范泉夫子名寶廉道光庚戌科翰林現任刑部右侍郎順天學政
鄉試中式副榜第二十一名
鄉試中式第名
覆試第等第名
會試中式第名
殿試第甲第名
朝考第等第名
欽點
族繁不及備載
住帶河門外雙忠廟大街

欽命四書詩題

高炳辰

始祖英 議敍從九品 例贈文林郎自鹽山縣遷至天津縣

始祖妣氏王 孺人 例贈

高高祖士傑 文林郎 例贈

高高祖妣氏詹 孺人 例贈

高祖福貴 太學生 覃恩敕封文林郎

高祖妣氏郭 覃恩敕封孺人

曾祖仰之 嘉慶戊辰恩科舉人 道光丙戌科大挑二等 原任順德府平鄉縣教諭署理延慶州學正兼理沙河縣教諭 覃恩敕授修職郎 例贈文林郎

字煥卿一字子樞號仲安行二咸豐甲寅年四月二十四日吉時生係直隸天津府天津縣縣學附學生民籍

胞叔祖汝霖 增廣生 汝寬 汝元 國學生

胞叔樹蕃 候選巡檢

嫡堂叔樹椿 國學生 樹滋 樹棠 樹勳 樹玉 樹琪 樹珍

胞兄炳文

嫡堂弟炳華 炳庚 俱幼讀

從堂弟炳輝

胞姪增奎 業儒 增蔭 增祜 俱幼讀 增續

娶張氏 雍正乙卯科舉人原任福建邵武縣知縣諱廷瑜公元孫女乾隆丙午科

曾祖妣氏鄧　覃恩敕封孺人

祖汝明　郡庠生　例貤文林郎

祖妣氏張　乾隆乙卯科副榜辛酉科舉人大挑一等諱紹廷公女六品軍功諱恩元公議敘從九品諱恩來公胞妹七品軍功名致祥邑庠生名致遠胞姑母　例贈孺人

父登瀛　議敘從九品　例貤文林郎

母氏陳　武庠生諱永齡公曾孫女邑庠生諱霖公孫女國學生諱桂公女國學生諱雋公議敘從九品名登賢公胞妹國學生諱登雲公增廣生名登善公胞姊國學生軍功五品銜賞戴花翎諱瀛公嫡堂妹附貢生候選巡檢名宗泰邑庠生名宗振丙子科同榜舉人名宗鳳胞姑母　例贈孺人

經魁大挑二等候補教諭借補正定府學訓導諱崇質公曾孫女郡庠生諱挺之公孫女議敘從九品名蘇芳公女咸豐辛亥恩科舉人諱嗣英公邑庠生名希華公胞姪女同治癸酉科舉人甲戌考取內閣中書名兆奎嫡堂妹

子

女

受業師

耿靜齋夫子諱維新郡庠生

表舅梅香雪夫子諱寶謙邑庠生

表舅梅鶴山夫子名寶辰咸豐辛酉副榜

母舅陳鞠如夫子名登善增廣生

賈子貞夫子名炳元同治丁卯經魁光緒丙子會試揀選知縣

肄業師

李鐵梅夫子名嘉端己丑翰林主講三取書院

王鈞軒夫子諱繼庭庚戌進士閱三取書院官課卷

吳霽宇夫子諱惠元甲辰翰林主講輔仁書院

屆歷

沈雲巢夫子諱兆溪丁丑翰林主講輔仁書院

韓中裁夫子名世彬署天津縣學教諭

劉會璠夫子名國璵現天津縣學訓導

任石泉夫子名爾會前天津縣知縣

蕭廉甫夫子名世本癸亥翰林現天津縣知縣

武升三夫子名士選丙辰進士署天津縣知縣

彭春圃夫子諱瑞麒前天津府分府

錢爽泉夫子名塏前天津府分府

陳襄夔夫子名錫麒壬戌進士現天津府分府

馬松圃夫子名繩武現天津府知府

丁樂山夫子名壽昌前天津河間兵備道

吳春帆夫子名贊誠己酉拔貢前天津河間兵

備道

劉崑圃夫子　名秉琳　壬子進士現天津河間兵備道

孫竹亭夫子　名士達　前津海關道

黎召民夫子　名兆棠　丙辰進士現津海關道

覺羅子中夫子　名成孚　前長蘆鹽運使司鹽運使

祝爽亭夫子　名塏　丁未進士前長蘆鹽運使司鹽運使

林綬卿夫子　名述訓　庚戌進士現長蘆鹽運使司鹽運使

李少荃夫子　名鴻章　丁未翰林太子太保文華殿大學士直隸總督一等肅毅伯

履歷

受知師

錢湘吟夫子名寶廉庚戌翰林前順天學政

受益友

倪桂泉先生名文熒同治癸酉舉人

表兄沈紹乾先生名士鑅同治癸酉舉人

甲戌考取宗學教習

表兄陳桐巢先生名宗鳳丙子同榜舉人

鄉試中式第一名

會試中式第　名

殿試第　甲第　名

朝考第　等第　名

欽點

族繁不及備載

現居河東二甲

順天鄉試硃卷 光緒丙子科

中式第一名舉人高炳辰係直隸天津府天津縣縣學附學生民籍

同考試官 翰林院編修升用贊善 加三級張 閲 薦

大主考 理藩院右侍郎鑲藍旗漢軍副都統 加三級宗室麟 批 取

又批 機暢神流

大主考 兵部右侍郎 加三級夏 批 取

又批 志和音雅

大主考 經筵講官戶部左侍郎兼管三庫事務上書房行走實錄館副總裁教習庶吉士 加三級殷 批 取

又批 思精筆健

大主考 頭品頂戴工部尚書鑲紅旗漢軍都統總管內務府大臣 加三級魁 批 中

又批 辭沛氣充

本房原薦批

第壹場

揚之高華按之沈實次三一律

圓滿詩佳

第貳場

典麗輝皇氣機流走

第叁場

元元本本殫見洽聞

聚奎堂原批

神迴氣合獨往獨來次充實飽

滿三議論風生詩有氣魄韻皆

穩稱經藝博洽策對詳明

抑爲之不厭誨人不倦則可謂云爾已矣　高炳辰

以爲誨求聖仁僅以不厭不倦自信爲夫爲誨亦聖仁之事也子之自信僅不厭不倦爲然則人盍從事於爲誨哉若曰吾人矢志修途所日黽勉於人己間者其境地固不容自畫也而其功候要不容自誣蓋盡人以合天難寬其責於己守先以待後當溥其量於人矻矻者窮年循循者善誘苟非因名求實幾不知生平之品詣固在此不在彼也若聖與仁吾何以不敢居哉吾蓋嘗內顧當躬外顧斯世而皇然自審矣謂至誠無息渾思勉於一心大化無形神甄陶於萬類純全之詣誠吾所不安第思得力有由淑夫身

而甘苦備嘗淑夫世而裁成彌切也則此心差可自明也謂爾室
有操持而儒宗羣奉名山共風雨而師範咸欽期許之殷亦吾所
不計第思致功有素成夫己而精勤罔懈成夫物而啟迪獨詳也
則此懷還堪共述也抑爲之而已矣誨人而已矣獨是爲與誨交
相廹而厭與倦每相乘物我之間易留缺陷望高堅而思返厭或
萌於深造況在淺嘗慨啟發之無從倦已伏於初心刻在轉念聖
仁不得見奚以企神化而無難也而吾不敢稍懈矣身世之際可
驗矜修有不容謝之仔肩而自愧未能厭何由起有不敢盬之運
量而相期進取倦何自生聖仁縱難幾豈遽讓生安以獨絕也而

吾亦無他長矣不厭不倦則可謂云爾已矣且吾自志道以來居
恒大畧可覩矣耳順心從精純自勵博文約禮化導維殷勉勉者
豈有異乎夫爲與誨亦不難馴至聖仁耳吾勉吾爲而竭慮殫精
或有從容之一候吾勤吾誨而補偏救弊或有渾合之一時第當
此交修未逮而有意幾之較諸無心化之其安與勉終有別也而
何敢他求哉且吾自息游而後功用未敢少衰矣省察操存思微
終日誘掖奬勸叩竭兩端孜孜者不共見乎夫爲與誨正不敢驟
語聖仁耳爲焉而篤志力行即久暫不渝祇盡吾邁征之力誨焉
而啟蒙警惰即隱微必與祇宏吾樂育之心亦自覺功力漸深而

懋勉求之較諸優游出之其勞與逸自有閒也而何敢侈言哉然則吾亦終其身於爲蒟而已彼世之稱吾者其謂之何

本房加批

慮周藻密理實氣空研鍊之至歸於自然足見功深養到

聚奎堂原刻○○○○○○是故居上不驕爲下不倍國有道其言足以興

高炳辰

道得於上下、可先於有道決其興焉、夫不驕不倍、斯居上爲下之道得矣、而觀在下者於有道、其言之足興、亦豈無故哉、今夫歛之一心而性情見、推之一世而學問昭者、其惟道乎、道可達亦可窮範其性情則勢位不矜亦法度自守道可潛即可見衷諸學問則遭逢特盛而經濟彌彰人第見其素位而行得時則駕也一究其致此之由蓋道積厥躬也久矣君子修德以凝道是道渾於無言固無時而不足即無地而不足者也吾乃恍然於其故矣誼辟侈

談制作扇巍顯翼傲慢或中於無形惟以道正之將見帝謂潛通
詎敢懈靈承之志民情可見愈以生顧畏之思勖哉在宸衷不至
以堂陛崇高偶矜意氣下士妄議典章論說紛紜聰明每由於自
用惟以道繩之將見王章必懍無偏無黨協於中祖訓堪遵不愆
不忘率其舊信從徵至意何至以草茅愚賤輒語更張不驕不倍
上下之道不已得哉且夫道有見於持己者不僅驗之於居上也
道有見於濟時者可先徵之於爲下也蓋朝野各有所宜惟易地
妙權衡秩然各隨其位置道正者己自正而矜情越理化其迹而
寤寐皆平而英華不能終閟惟平居深醞釀油然自發爲文章道

隆者時亦隆斯對策陳書乘其機而升庸可卜以有道之言當有
道之國道與道合焉有不足以與者乎吾乃知其爲德性之言焉
聖賢不期遇合而著書立說尙足資廊廟之謨猷蓋進德卽以修
辭亦率性因而立教也襄贊之勤也在上者已廑宵旰而幾康是
勅猶陳勸戒之書在下者已慶成平而災眚偶萌猶獻撫綏之策
况聖天子懸鞀設鐸方博採於芻蕘則拜手陳之有不虛心納之
乎嘉言而孔彰也何難本道以操其劵哉吾乃知其爲問學之言
焉輔弼不尙才華而納誨陳辭已足副朝廷之期望蓋必備顧問
之選始克償幼學之心也拜颺之盛也言於上者直媲典謨而昭

德塞違隱杜驕矜之漸言於下者遠宣威德而戴高履厚潛消倍逆之萌況聖天子明目達聰正勤求夫治理則菲葑獻之有不舟楫資之平立言其不朽也何難恃道以握其權哉君子之為下興於道也如此而不驕不倍益明矣

本房加批

筋節靈通詞旨華貴

禹稷當平世三過其門而不入孔子賢之　高炳辰

兩聖時行則行於聖心有默契焉夫平世可行之時也禹稷當之而過門不入宜夫子賢其能用行哉且聖賢皆有濟世之志而咸謂今人不及古人者亦未審古人所處之時耳時可爲而高蹈遠引與世可謂無情時可爲而沐雨櫛風於世但求有濟四海可臻郅治一身敢憚勤勞而前聖人之衷懷若揭矣而後聖人之契合愈微矣春秋有孔子未嘗忘世而終莫能用世者以其世非禹稷之世也夫禹稷之世何世哉洪荒甫闢之初上巢下窟飲血茹毛景運固無可乘矣一自洚水既識儆予嘉種亦云誕降天將使禹

稷任其勞天故為禹稷開其運也况乎明良喜起遭逢更不數也
實宇未安之候昏墊為災厚生未溥氣機似亦難挽矣然而隨刋
獨肩其任岐嶷預屬其靈天若以難為者成禹稷天實以當為者
責禹稷也况乎熙績亮工簡畀尤甚殷也是平世也禹稷果何以
當之哉世不際賡歌之盛而升庸在廊廟易貽希榮慕寵之譏令
當日者司空未命而禹自炫其能教稼未庸而稷欲建其績則有
其才而無其識斯進身輕躁終難辭後世之品評世旣逢揖讓之
隆而軒冕等泥塗又致干譽矯情之誚使當日者水土待平而禹
不勤莫定艱鮮待奏而稷自抱沈淪則優於守而絀於為卽貌託

孤高亦難邀至人之賞識然則禹稷之過門不入孔子能勿賢之哉且夫賢豪貴相時而動耳禹豈好爲跋涉而世若需之甚殷稷豈好爲胝胼而世若環而相伺安能杜門不出乎所以在外者八年不聞內顧塗山稍紓况瘁播時者百穀不以初基郃室偶卽宴安兩聖人分任其勞亦祇安之若素也今卽風徵渺矣而後聖溯其殊勳猶想見夫敷土之勤配天之頌能無動轍環之感哉且夫賢後惟素位而行耳禹惟有熙載之職始奏平成稷惟司率育之權始徵作乂不誠出門有功乎所以決川之績冠五臣而任有獨隆敢耽燕處乃粒之功周萬姓而責無旁貸遑計寬閒兩聖人共

濟其艱不過得時則駕也今即升降殊矣而後聖考其軼事更深契乎元圭之錫黄茂之歌能勿深景仰之懷哉而顏子則異是矣

本房加批

興會淋漓中二比尤有匣劍帷燈之妙

原刻○○○○○○賦得秋風起兮白雲飛得辭字五言八韻　高炳辰

多少英雄感，秋風漢武辭。起看黃葉下，飛指白雲馳。變化舒仍捲，蒸騰合復離。餘聲催鼓角，片影動旌旗。纔向長空盡，旋從大漠吹。昆池醒舊夢，汾水寄遐思。鶴舞江流外，鴻歸月上時。龍吟兼虎嘯，拜獻到丹墀。

本房加批

返虛入渾，積健爲雄

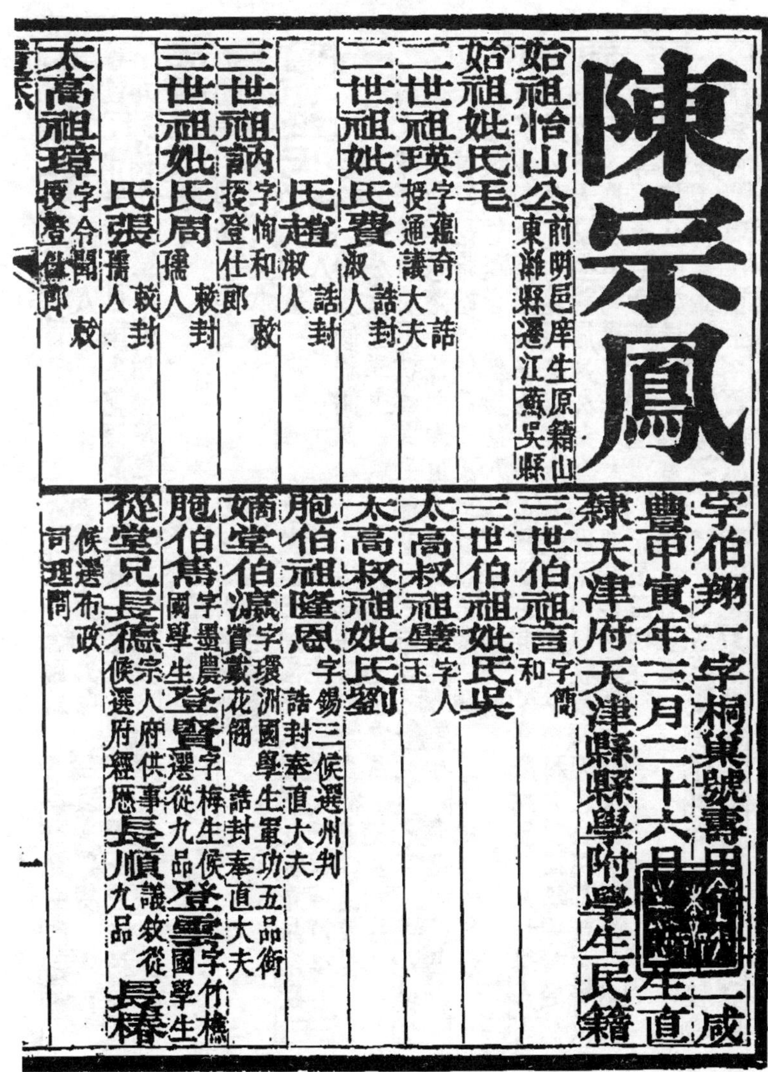

陳宗鳳

字伯翔一字桐巢號壽田咸豐甲寅年三月二十六日[illegible]生直隸天津府天津縣縣學附學生民籍

始祖怡山公 前明邑庠生原籍山東濰縣遷江蘇吳縣

始祖妣氏毛

二世祖瑛 字蘊奇 誥授通議大夫

二世祖妣氏費 誥封淑人

三世祖訥 字恂和 敕授登仕郎

氏趙 誥封淑人

三世祖妣氏周 敕封孺人

氏張 敕封孺人

太高祖璋 字令聞 敕授登仕郎

三世伯祖言 字簡和

三世伯祖妣氏吳

太高叔祖璧 字人玉

太高叔祖妣氏劉

胞伯祖隆恩 字錫三 候選州判 誥封奉直大夫

嫡堂伯瀛 字環洲 國學生軍功五品銜 賞戴花翎 誥封奉直大夫

胞伯篤 字墨農 國學生 登賢 字梅生 候選從九品 登雲 字竹樵 國學生

從堂兄長德 宗人府供事 候選府經歷 長順 議敘從九品 長椿 候選布政司理問

履

太高祖妣氏姚孺人、敕封

高祖永齡字希千，邑庠生，乾隆間由江蘇吳縣始遷津邑

高祖妣氏顧、

曾祖彔字霽塘，邑庠生，例封文林郎

曾祖妣氏蔣孺人，例封

氏沈敕授修職郎諱元慶公女，國學生敕

封文林郎諱銓公胞妹，廩貢生

候選訓導諱書洛　誥封奉直

大夫諱書誥胞姑母，候選州吏

目名瑛胞姑祖母　例封孺人

祖桂字仲芳，號香崖，國學生，例封文林郎，貽封奉直大夫

祖妣氏梅太學生諱履端公女，嘉慶庚申恩科舉人大

挑二等，授永平府訓導，候選知

縣諱成棟公胞妹，邑庠生諱寶

巖邑庠生諱寶謙，增貢生候選

訓導名寶璐，廩貢生名寶熊咸

嫡堂兄弟長慶議敘從九品　宗泰附貢生，即選巡檢　長齒

長禧　長文　宗裕　宗振邑庠生　宗澤候選

巡檢宗澍

胞弟宗鵬業儒　宗鰲幼讀

從堂姪玉衡國學生　玉樹議敘從九品，配陸氏，欽旌節孝　玉

岡議敘從九品　玉祥議敘從九品　玉如議敘從九品

嫡堂姪家麟監生　家鰲武監生　家驤　家騏俱幼

堂姪孫庚業儒立幼

胞姑母長適同邑高嘉慶戊辰恩科舉人，丙戌科大挑二等，選授順德

府平鄉縣教諭諱仰之公孫，郡庠生諱汝

明公長子，增廣生諱汝霖公，國學生名汝

元公胞姪，從九品名登瀛

次適同邑周嘉慶丁卯科舉人，甯遠州教諭，廣西昭平縣知縣諱詮公孫國

豐辛酉科副榜名寳辰胞姑母
邑庠生名元捷武庠生名元桂
胞姑祖母例封
孺人馳封宜人
父登善字從甫增廣生
例封文林郎
例封文林郎馳贈武
母氏劉德佐騎尉候選從九品諱
佐濤公孫女誥封武德佐騎
尉諱熊光公胞姪女敕授文
林郎道光辛巳恩科副榜癸
未科考取八旗教習候選知縣
諱龍光公女誥授武德佐騎
尉候選守禦所千總賞戴藍
翎覃恩晉封奉直大夫諱號
樹公嫡堂妹河南候補典史名
雋昌公胞妹廣東即補鹽大使
名長忠胞姑母誥封奉直大
夫候選布政司理問加二級名
長齡堂姑母候選中書科中書
名長治胞姑母
例封孺人
國學生例贈修職郎
氏王馳封武[illegible]騎尉諱芳公女

學生諱維鈞公子嘉慶戊辰恩科舉人
諱維楨公邑庠生諱維賢公姪名恩詔
胞姊適同乾隆戊申恩科舉人諱一崑
邑楊公曾孫嘉慶庚申恩科舉人
辛未科進士授山西襄陵縣知縣諱恆占
公胞姪孫太學生諱叔善公孫道光甲辰
恩科謄錄增貢生候選訓導諱雲書公
長子道光己亥恩科舉人揀選知縣諱
雲棟公國學生名雲章公國學生名
雲漢公胞姪議敘從九品名景曾
娶徐氏附貢生候選巡檢諱瀛公孫女議敘
八品名汝霖公長女國學生名汝楫
公胞
姪女
子
女一

誥封武略騎尉諱藻公堂姪女例贈修職郎貤封武略騎尉諱華公胞姪女道光壬午科武舉人以功擢補釆育營千總升署都司諱毓清公武庠生諱毓崑公堂妹軍功六品諱毓恩公嫡堂妹國學生名毓祺公議敘八品名毓秀公議敘從九品名毓慶公胞妹議敘從九品名毓彪公胞姊例封孺人

具慶下

庭訓

受業師

陳心權夫子名烋邑庠生

劉子晉夫子諱啟新廩膳生

宗叔竹卿夫子名法鑅咸豐辛酉科舉人壬戌科考取宗學漢教習候選知縣

丁朗齋夫子　名琪　道光甲辰恩科舉人同治壬戌科大挑二等選授阜城縣訓導欽加國子監學正銜

肄業師

韓中裁夫子　名世彬　歲貢生天津縣儒學教諭

劉魯璠夫子　名國璵　廩貢生天津縣儒學訓導

吳霖宇夫子　諱惠元　道光甲辰翰林原任雲南鹽法道輔仁書院山長

沈雲巢夫子　諱兆澐　嘉慶丁丑翰林同治庚午重宴鹿鳴前浙江布政使司布政使謚文和輔仁書院山長

李鐵梅夫子　名嘉端　道光己丑聯捷進士前安徽巡撫問津書院山長

任石泉夫子　名爾會　前天津縣知縣

[illegible]

武升三夫子名士選咸豐丙辰聯捷進士前天津縣知縣

蕭麗甫夫子名世本同治癸亥翰林現任天津縣知縣

彭春圃夫子諱瑞麒前天津府河防同知

錢爽泉夫子名塏前天津府河防同知

陳襄夔夫子名錫麒同治壬戌聯捷進士現任天津府河防同知

馬松圃夫子名繩武花翎記名海關道現任天津府知府署長蘆鹽運使司鹽運使

丁樂山夫子名壽昌欽加布政使銜西林巴圖魯前天津河間兵備道

吳春帆夫子 名贊誠 道光己酉拔貢前天津河間兵備道

劉崑圃夫子 名秉琳 咸豐壬子進士現任天津河間兵備道

陳子敬夫子 名欽 咸豐壬子舉人前津海關道

孫竹亭夫子 名士達 前津海關道

黎召民夫子 名兆棠 咸豐丙辰進士現任津海關道

覺羅子中夫子 名成孚 前長蘆鹽運使

祝爽亭夫子 名塏 道光丁未進士前長蘆鹽運使

林綬卿夫子 名述訓 道光庚戌進士現任長蘆鹽運使

歷

李少荃夫子名鴻章道光丁未翰林直隸總督
太子太保文華殿大學士一等肅毅伯

受知師

夏子松夫子名同善咸豐丙辰翰林現任兵部右侍郎前順天學政

錢湘吟夫子名寶廉道光庚戌翰林現任刑部右侍郎前順天學政

鄉試中式第六十三名

會試中式第　名

殿試第　甲第　名

朝考第　等第　名

欽點

族繁不及備載

世居津邑城內

蘇兆澐

字潤芳號玉亭一號瑞辰咸豐
癸丑年九月十五日吉時隸天
津府天津縣府學廩膳生民籍

始祖雲起
始祖妣氏楊
二世祖崑山
二世祖妣氏周
三世祖相臣
三世祖妣氏鄭
太高祖天富
太高祖妣氏楊
高祖進會

二世胞叔祖玉山
三世嫡堂伯祖相枝
三世胞伯祖相福
從堂太高伯叔祖天雍 天華
嫡堂太高伯叔祖天保 天祿
胞太高叔祖天桂
再從堂高伯叔祖進得 進鳳
從堂高伯叔祖進相 進忠
嫡堂高叔祖進朝

高祖妣氏孫
曾祖成安 字靜得 誥封昭武都尉
曾祖妣氏郭 誥封太恭人
祖長旺 字有功 誥封昭武都尉
祖妣氏王 誥封太恭人
父萬盛 字永茂 從九品銜 例封文林郎
母氏馬 例贈孺人
氏暴 例贈孺人
氏李 例封孺人
本生父萬選 字廷珍 守禦所千總 例封文林郎
本生母氏甯 例封孺人 嘉慶戊辰

胞高伯祖進學
再從堂曾伯叔祖成仁 成義 成禮 成智 士葵
從堂曾伯祖成魁
嫡堂曾伯叔祖成業 成有
胞曾叔祖成泰
伯叔祖長裕 長貴 長清 長祥 長和 長治
從堂伯祖長發
胞叔祖長敞
伯叔萬興 萬合 萬慶 萬順 萬成 萬通 萬金 萬林 萬鑅 萬祝 萬吉
嫡堂伯叔萬德 萬齡
胞叔萬春 字仲榮 候選都司 賞戴藍翎 誥授昭武都尉

思科舉人原任元氏縣
教諭諱鷟賓公堂姪孫
女國學生諱鉽公堂姪
女處士諱仲公次女國
學生名大學公國學生
名大問公從堂妹議叙
從九品名大義公胞妹
國學生名大聘公候選
通判名嘉賓公六品銜
名大裕公從堂姊前署
大沽協屬海口營把總
候選千總名兆熊六品
銜名炳勳郡庠生名寶
申國學生名寶常國學
生名垣奎從堂姑母候
選都司名金鰲從堂祖
姑母

氏杜

重嚴侍下

慈侍下

兄弟兆龍　兆虎　兆星　兆桐　兆嘉　兆隆　兆
洪　兆豐　兆芬
從堂弟兆霈　兆雯幼讀
嫡堂兄兆霑字潤生
嫡堂弟兆霙字雪村國學生　兆第幼讀
胞弟兆霦幼讀　兆蓮　兆芝
本生胞兄兆霖字少珍國學生
本生胞弟兆震字耀東國學生　兆蘭字采南　兆奎字星五俱業儒　兆麒
兆熊幼讀
嫡堂姪繼昌
胞姪克昌　日昌
娶王氏從九品銜名進公女

本生嚴繼慈侍下

庭訓

業師

王錫九夫子 名尊五

王贊廷夫子 名翊清

楊達廷夫子 名秉璋 甯河庠生

張星垣夫子 名熙同 同治甲子科副榜候選教諭

王蔭庭夫子 名家槐 邑庠生

徐少雲夫子 名維域 同治庚午科舉人

姻叔劉瀛士夫子 名鳳洲

張氏 貤封武翼都尉諱鳴岐公元孫女廩膳生誥封武翼都尉諱賡言公曾孫女道光丁酉科舉人甲辰恩科大挑二等原任深州學正欽加五品銜諱德潤公國學生貤封武德騎尉名德滋公堂姪孫女候選守禦所千總誥授武德騎尉誥封武翼都尉諱衣敏公胞姪孫女國學生諱衣醖公孫女誥授武翼都尉諱樞公嫡堂姪女邑庠生名僩公長女國學生名濂公胞姪女九品銜名汝瑚從堂妹

子 寶昌

女

二

一三〇四

同治庚午副榜光緒乙亥恩科舉人

劉桂生夫子 名錫九 廪貢生甲寅科取補八旗官學漢教習戊午科舉人現任湖南興甯縣知縣欽加同知銜本科湖南鄉試同考官

姻伯馮桐君太夫子 名向榮 道光壬辰科舉人前選新河縣教諭

陳挹爽夫子 名壇 咸豐辛酉科舉人同治壬戌科考取宗學漢教習候選知縣

丁朗齋夫子 名琪 道光甲辰恩科舉人同治壬戌科大挑二等選授阜城縣訓導欽加國子監學正銜

課師

吴傅巖夫子 名士俊 道光癸巳進士前湖南長沙府知府主講輔仁書院

吴霖宇夫子 諱惠元 道光甲辰科進士翰林院編修前任甘肅甯夏道雲南鹽法道主講輔仁書院

沈雲巢夫子 諱兆澐 嘉慶丁丑科進士翰林院編修前任浙江布政使司布政使庚午科重宴鹿鳴 恩賞頭品頂戴主講輔仁書院

程容伯夫子 名恭壽 道光己亥舉人前太常寺卿主講三取書院

李鐵梅夫子 名嘉端 道光己丑科翰林前任安徽巡撫主講三取書院

王筠軒夫子 諱繼庭 道光庚戌科進士前山東兗州府知府閱三取書院官課卷

繆穀春夫子 名興 天津府學教授

劉鹿苹夫子 名賓 天津府學訓導

武升三夫子 名士選 咸豐乙卯科山西解元丙辰科聯捷進士候選直隸州知州 欽加運同銜直隸卽補同知前署天津縣知縣

蕭廉甫夫子 名世本 同治癸亥翰林前刑部主事現任天津縣知縣

何駿生夫子 名崧泰 道光己酉科舉人前任天津府河防同知

錢爽泉夫子　名塏　前任天津府河防同知

陳襄夔夫子　名錫麒　同治壬戌科進士現任天津府河防同知

李捷峯夫子　名文敏　咸豐壬子進士現任江西布政使司布政使前任天津府知府

周琳叔夫子　名家勳　道光己酉科舉人前任天津河間兵備道

丁樂山夫子　名壽昌　布政使銜欽賜西林巴圖魯前任天津河間兵備道

吳春帆夫子　名贊誠　道光己酉拔貢前任天津河間兵備道

劉崑圃夫子　名秉琳　咸豐壬子進士現任天津河間兵備道

陳子敬夫子　名欽　咸豐壬子科舉人前任津海關道

黎召民夫子　名兆棠　咸豐丙辰進士現任津海關道

恒雲舫夫子　諱慶　前任長蘆鹽運使司鹽運使

覺羅子鶴夫子　名成孚　前任長蘆鹽運使司鹽運使

祝爽樓夫子　名塏　道光丁未科進士前任長蘆鹽運使司鹽運使

歷

林綬卿夫子名述訓道光庚戌科進士現任長蘆鹽運使司鹽運使

崇地山夫子名厚道光己酉科舉人兵部左侍郎前任三口通商大臣

李少荃夫子名鴻章道光丁未翰林直隸總督太子太保文華殿大學士一等肅毅伯

受知師

馬松圃夫子名繩武花翎記名海關道現任天津府知府署長蘆鹽運使司鹽運使

夏子松夫子名同善咸豐丙辰翰林現任兵部右侍郎前順天學政

錢湘吟夫子名寶廉道光庚戌翰林現任刑部右侍郎前順天學政

鄉試中式第二百四十名

會試中式第　名

殿試第　甲第　名

朝考第　等第　名

欽點

族繁不及備載

現居河東三甲

王銘恩

始祖賓義

始祖妣氏趙

高祖安民 例贈登仕郎

高祖妣氏張 例贈孺人 乾隆進士原任湖北遠安營遊擊諱元善公胞姑母從九品諱金臺公姑祖母

曾祖郁田 字美然候選縣丞 敕授修職郎 誥封奉直大夫

曾祖妣氏金 敕封孺人 誥封安人

覆丞

字右屏號黼宸一號輔臣行[illegible]

壬子年五月二十四日吉時[illegible]

隸天津府天津縣縣學附學[illegible]

胞曾伯祖郁文 字茂周國學生例贈修職郎

嫡堂伯祖國泰 字裕堂國學生

嫡堂叔祖國棟 字煥章贈登仕郎 例 國樑 國祥 字麟徵

胞叔祖國華 字硯三八品軍功貤封奉政大夫 國瑞 例贈登仕郎

堂叔槐蔭 夢江 字春浦 夢溪 字小盤 槐里 夢吉 字蘭坡

嫡堂叔槐英 字藝林 敕授武德騎尉 誥封昭武都尉 槐蔚

堂兄弟恩印 字覲楓候選守禦所千總 恩第 候選守禦所千總

從堂弟恩元 恩魁

胞兄恩承 字桐軒國學生 錫恩 字竹溪歲貢生候選訓導 恩綬 字聘卿國學生

履歷

浙江紹興府運糧千總
諱琳公女　敕授武德
騎尉諱文達公胞妹國
學生諱來泰公國學生
諱紹蘭公候選吏目
諱世榮公胞姑母

祖國慶字宗堯候選光祿寺署正　敕授承
德郎　誥封奉政大
夫耆壽載入天津志

祖妣氏鄭敕封安人
誥封宜人

父槐芳字蔭午候選縣丞
賞加五品銜
誥授奉
政大夫

母氏吳敕贈宜人太學
生諱希孟公元孫
女例封承德郎諱國
祥公曾孫女守禦所千
總諱國棟公姪曾孫女
太學生例封承德郎
諱蘭公孫女太學生候
選布政司理問諱應龍

恩紱字雲峯國學生　恩詔字琴舟國學生

胞弟恩溥字敬賢國學生例贈登仕郎　恩鴻業儒

從堂姪光藻

胞姪鳳璪　鳳墀　鳳池俱業儒　鳳翰　鳳洲　鳳沼
俱幼讀　鳳書　鳳壽　鳳紀俱幼

娶韓氏
例封武畧騎尉　晉封奉直大夫諱巘珽
公曾孫女候選千總　晉封奉直大夫諱震
公曾孫女　馳封武畧騎尉諱席珍公嫡堂姪曾
孫女候選州同　誥授奉直大夫　誥封通奉大
夫諱維城公國學生　誥封通奉大夫諱維垣公
優廩貢生原任大城縣訓導　誥封通奉大夫諱
維墉公從堂姪曾孫女嘉慶戊辰　恩科舉人軍
功　賞戴藍翎重赴鷹揚　欽加五品銜諱慶元
公胞姪孫女嘉慶戊寅　恩科舉人已卯　恩科
聯捷進士翰林院編修掌河南道監察御史道光
辛已　恩科廣西正主考癸未會試同考官壬辰
恩科浙江副主考諱大信公孫女廩貢生　恩
賜六品銜　誥封通奉大夫　賞戴花翎諱大任
公廩貢生二品　封典　賞戴花翎原任刑部湖

公議敘州同諱應魁公
姪孫女太學生例封
承德郎諱肇慶公女太
學生光祿寺署正銜諱
肇棠公胞姪女太學生
諱長清公嫡堂姪女軍
功七品銜諱長和公從
堂姪女藍翎六品軍功
咸豐辛酉科舉人揀選
知縣同治七年津防保
案賞加五品銜諱熙
公軍功八品銜名烈公
胞姊軍功六品銜
名煦公嫡堂姊
敕封宜人軍功
氏金從九品銜諱廷辯
公
女

具慶下

庭訓

業師

廣司郎中　欽放山西朔平府知府諱省銘公附
貢生花翎議敘運同銜二品　封典名省鉞公二
品　封典　賞戴花翎前刑部候補郎中山東司
行走諱省銓公花翎四品銜名省釗公再從堂姪
孫女廩貢生諱棫公胞姪女道光己酉科拔貢原
任廣西富川縣知縣　欽加同知銜諱榮公女增
貢生二品　封典　欽加道銜　賞戴花翎四品
工部營繕司員外郎諱宗源公增貢生花翎四品
銜候選光祿寺署正名宗清公提舉銜候選通判
諱宗渻公花翎四品銜候選員外郎名宗泗公花
翎四品銜候選通判諱宗洛公歲貢生五品銜花
翎候選訓導名宗濂公花翎同知銜名宗澐公花
翎同知銜名宗洵公再從堂姪女國學生甲子科
謄錄充　實錄館謄錄議敘通判花翎候補郎中
名蔭棻再從堂妹甲戌科謄錄充　國史館謄錄
議敘通判名蔭楷候選主事名蔭棣邑庠生名蔭
梓邑庠生名蔭
植再從堂姊

子

女

母舅吳純嘏夫子 名錫昌

姻叔陳墨林夫子 名价翰 咸豐辛酉科舉人同治辛未科大挑二等候選教諭

丁朗齋夫子 名琪 道光甲辰 恩科舉人同治壬戌科大挑二等選授阜城縣訓導 欽加國子監學正銜

課師

邱佩山夫子 名濬恪 咸豐辛酉拔貢前任山東鄆城縣教諭長蘆小直沽批驗驪大使 賞加五品銜題補順義縣知縣

王鶴軒夫子 諱繼庭 道光庚戌進士前任山東兗州府知府

李鐵梅夫子 名嘉端 道光己丑進士前任安徽巡撫主講三取書院

吳傅巖夫子 名士俊 道光癸巳進士前任湖南長沙府知府主講輔仁書院

馮桐君夫子 名向榮 道光壬辰舉人前任新河縣教諭主講輔仁書院

吳霖宇夫子 諱惠元 道光甲辰翰林前任禮科掌印給事中甘肅甯夏兵備道雲南清軍驛法道主講輔仁書院

沈雲巢夫子 諱兆澐 嘉慶丁丑翰林同治庚午科重宴鹿鳴前任浙江布政使司布政使 諡文和主講輔仁書院

張雷門夫子 名霞 道光丁酉舉人前任天津縣學教諭

陳禹門夫子 名兆熊 道光甲辰舉人前任天津縣學訓導

劉彥三夫子 名傑 前任天津縣知縣

錢修白夫子 名敏 前任天津縣知縣

任石泉夫子 名爾會 前任天津縣知縣

武升三夫子 名士選 咸豐丙辰聯捷進士前任天津縣知縣

蕭廉甫夫子 名世本 同治癸亥翰林現任天津縣知縣

何駿生夫子 名崧泰 咸豐癸丑進士前任天津府河防分府

李鐵帆夫子 名孟平 前任天津府河防分府

彭春圃夫子 諱瑞祺 前任天津府河防分府

錢爽泉夫子 名墱 前任天津府河防分府

陳襄燮夫子 名錫麒 同治壬戌進士現任天津府河防分府

張翰泉夫子 名光藻 咸豐丙辰進士前任天津府知府

馬松圃夫子　名繩武　花翎記名海關道現任天津府知府兼署長蘆鹽運使司鹽運使

周琳叔夫子　名家勳　道光己酉舉人前任天津河間兵備道

丁樂山夫子　名壽昌　前任天津河間兵備道

吳春帆夫子　名贊誠　道光己酉拔貢前任天津河間兵備道

劉崑圃夫子　名秉琳　咸豐壬子進士現任天津河間兵備道

陳子敬夫子　諱欽　咸豐壬子舉人前任津海關道

孫竹堂夫子　名士達　前任津海關道

黎召民夫子　名兆棠　咸豐丙辰進士現任津海關道

恒雲舫夫子　諱慶　前任長蘆鹽運使司鹽運使

恩雲峯夫子　名福　前任長蘆鹽運使司鹽運使

覺羅子鶴夫子　名成孚　前任長蘆鹽運使司鹽運使

祝爽樓夫子　名塏　道光丁未進士前任長蘆鹽運使司鹽運使

林綬卿夫子　名述訓　道光庚戌進士現任長蘆鹽運使司鹽運使

崇地山夫子　名厚　道光己酉舉人前任三口通商大臣

李少荃夫子　名鴻章　道光丁未翰林　太子太保　文華殿大學士直隸總督一等肅毅伯

受知師

李捷峯夫子　名文敏　咸豐壬子進士現任江西布政使司布政使前任天津府知府

賀雲甫夫子　名壽慈　道光辛丑進士現任都察院左都御史前任順天學政

夏子松夫子　名同善　咸豐丙辰翰林現任兵部右侍郎前任順天學政

錢湘吟夫子　名寶廉　道光庚戌翰林現任刑部右侍郎前任順天學政

履

鄉試中式第一百八十二名
保和殿覆試第二等第三十八名
會試中式第　名
覆試第　等第　名
殿試第　甲第　名
朝考第　等第　名
欽點

族繁祇載本支
世居鎮海門外

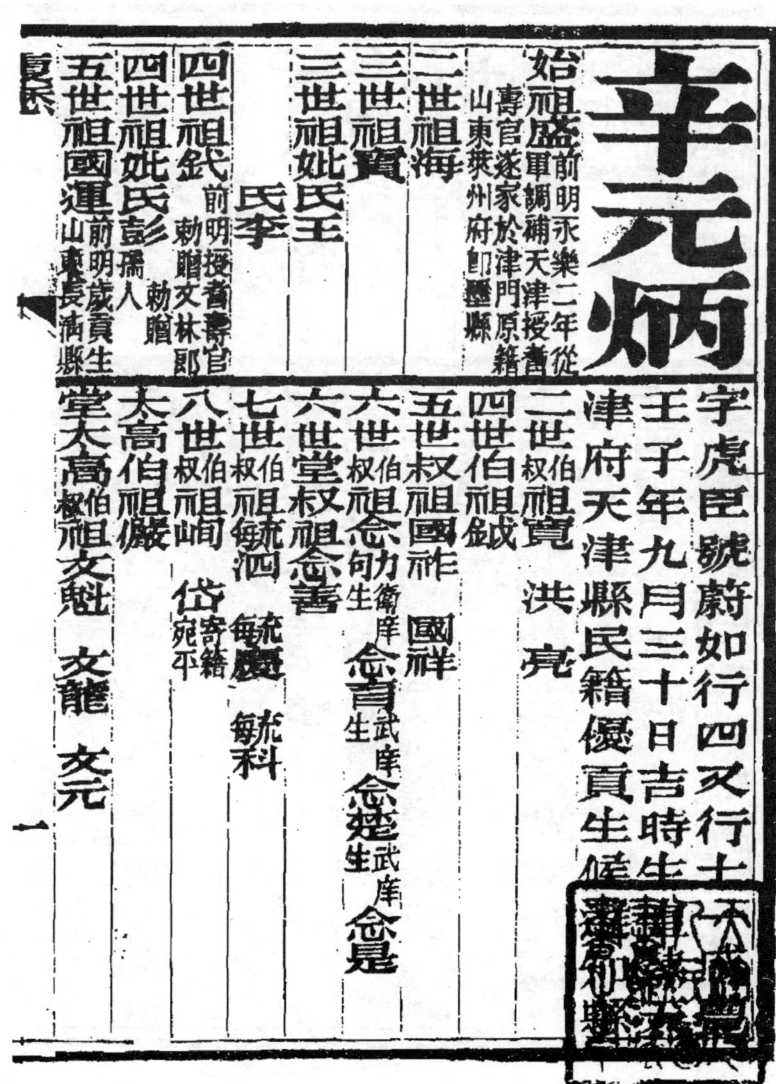

王元炳

字虎臣號蔚如行四又行十[illegible]
壬子年九月三十日吉時生[illegible]
津府天津縣民籍優貢生候[illegible]

始祖盛 前明永樂二年從軍調補天津授耆壽官遂家於津門原籍山東萊州府即墨縣
二世祖海
三世祖寶
三世祖妣氏王
氏李
四世祖鉞 前明授耆壽官 勅贈文林郎
四世祖妣氏彭 孺人 勅贈
五世祖國運 前明歲貢生山東長淸縣

二世伯叔祖寬 洪 亮
四世伯祖鉞
五世叔祖國祚 國祥
六世伯叔祖念劬 衛庠生 念育 武庠生 念楚 武庠生 念是
六世堂叔祖念善
七世伯叔祖毓泗 毓[illegible] 毓科
八世伯叔祖峒 岱 寄籍宛平
太高伯祖儼
堂太高伯叔祖文魁 文能 文元

履歷

一

歷教諭直隸順德府唐山縣知縣 勅授文林郎

五世祖妣氏姜 孺人 勅贈

氏孫 孺人 勅贈

氏劉 孺人 勅封

六世祖僉惡 前明禮部儒士

六世祖妣氏劉

七世祖毓洙 前明衛庠生

七世祖妣氏宫

氏劉

八世祖天相

八世祖妣氏張

太高祖倎 歲貢生貤贈奉政大夫

高叔祖繩先 國學生

堂高伯叔祖纘先 緒先 紹先 開一 乾隆戊子科舉元辛卯科進士歷用知縣

曾伯祖仰曾 候選同知 誥授奉政大夫

嫡堂曾伯叔祖光曾 國學生 學曾

堂曾伯祖述曾 衍曾 發曾

胞伯叔祖彤 國學生 潤 國學生貤贈奉直大夫 覃恩 雲 增廣生 誥贈朝議大夫 覃恩貤贈奉政大夫 潭 國學生

堂伯叔祖涓 從九品分發山西署甯武府經歷猗氏縣典史 潔 濤 增廣生 漣

淮 瀛

從堂伯祖浩 清 泳 瀾

嫡堂伯叔祖棠 候選從九品 榮 附貢生咸豐甲寅科教習 欽加運同銜同知用

夏氏

太高祖妣氏子宜人貤贈

高祖繼先國學生誥贈奉政大夫

高祖妣氏趙宜人誥贈

曾祖顯曾字蘊亭歲貢生覃恩貤贈奉直大夫翰林院編修

曾祖妣氏黃郡增生諱如珪公郡庠生諱如璋公姑母道光甲午科舉人諱景芳公祖姑母覃恩貤贈宜人

氏陳邑庠生諱廷榮公女勅封儒林郎諱祚康公胞妹貢生諱守初公貢生候選州同諱守恭公候選州同諱守質公胞姑母咸豐壬子恩科進士掌山東道監察御

東候補知縣軍功隨帶加二級賞戴藍翎 桂 幹 槃山西候補縣丞賞戴藍翎 樺貤封花翎五品銜 楣候選府經歷 樾國學生

堂伯叔 植候選從九品 楨 樞 椿 楷 楫 樹 鳳梧

國學生 鳳桐 楙 鳳林國學生

從堂伯 森 樟 棫 彬

胞兄元熾國學生充國史館謄錄議敘鹽大使 元炘附貢生河南候補知縣欽加同知銜軍功賞戴花翎

胞弟元燡附貢生光祿寺候補署正大官署行走本科鄉試挑取謄錄 元煒國學生

堂兄弟光熊軍功六品銜 元煥候選典史 元烺國學生 元焌廩膳生 元燮 元煦國學生 元熙附貢生 元焯附貢生隨大使銜充國史館謄錄

元照國學生 元勳候選從九品 元烒儒業 元烈儒業 元烓儒業 元煐儒業 元耿儒業 元[火青]

一

二

史欽加知府銜諱駿
公祖姑母覃恩貤贈
宜人
氏劉邑庠生諱斌公孫女候選
州同諱恕公女勑封
文林郎諱春祺公貤
封文林郎諱春慶諱春
華公胞妹候選從九品
諱象泰公軍功八品銜
諱象咸公胞姑母道光
戊子科舉人諱光國公
祖姑母覃恩貤贈宜
人

祖漢字友江候選從九品勑授登仕佐郎
覃恩誥贈奉直大
夫翰林院編修
祖妣氏劉候選從九品諱佐清公女誥
封武德佐騎尉諱熊光
公道光辛巳恩科副

從堂兄弟元燀　元燦國學生　元熇　元烜　元煌　元
燾
再從堂兄弟士煜　士焜　士燀　士煃　士爔　士
烜
胞姪福培　祖培　厚培俱幼
堂姪道培儒業　蔭培儒業　恩培　承培　德培　壽培
滋培　澤培　廣培俱幼
從堂姪增儒業　墀儒業　塏　坤　圻　塋　垚俱幼
再從堂姪域儒業　塤　均　坦俱幼
娶孫氏候補守備河南彰德府臨漳縣千總諱昀公女世襲雲騎尉河南撫標守備賞戴藍翎
諱汝璠候選縣丞名汝璘胞妹
子

榜癸未科教習候選知
縣諱龍光公胞妹候選
守禦所千總賞戴藍
翎諱毓樹公守禦所千
總名寶樹公胞姑母廣
東候補鹽大使名長忠
布政司理問名長齡祖
姑母覃恩誥贈宜人
氏姿國學生候選州
吏目諱鑲公女
邑庠生諱文蔚公單功
九品銜諱文葆公河南
彰德府臨漳縣典史名
文英公嫡堂姊覃恩
誥封
宜人
從家彥道光甲辰恩科
副榜丁未科教習
充補鑲紅正藍旗官學
教習己酉科鄉試挑取
謄錄咸豐三年恩詔
考職一等第二名候選
州同乙卯科舉人同治
壬戌科會試大挑二等

女

趙州直隸州學正乙丑
科會試挑取謄錄甲戌
科進士現官翰林院
編修國史館纂修
母氏金乾隆乙卯科舉人
井陘縣訓導諱思
誠公曾孫女乾隆壬子
科舉人文安縣訓導諱子
紹驥公姪孫女國學生
諱印曾公女覃恩誥
贈宜
人
氏宋郡庠生諱棫公女
軍功五品銜諱炳
章公嫡堂姊軍功六品
銜名培善胞姑母分發
河南試用從九品名培
元嫡堂姑母覃恩誥
封宜
人

重慈侍下

具慶下

三

業師

庭訓

嫡堂伯繡圃夫子 名榮

堂兄芥孫夫子 名元燮

韓星南夫子 名昌齡 廩膳生

衛蘭坡夫子 名玉森 歲貢生

崔韶庭夫子 名鳳儀 廩膳生同治丁卯科副榜

金少山夫子 諱世珍 廩貢生

李伯璵夫子 名璠 同治乙丑科翰林掌貴州道監察御史

崔拙軒夫子 名允勤 咸豐己未

恩科副榜趙州直隸州州判

劉桂生夫子 名錫九 廩貢生咸豐甲寅科教習戊午科舉人湖南興甯縣知縣光緒丙子科湖南鄉試同考官欽加同知銜

課師

吳傅巖夫子 名士俊 咸豐癸丑科進士前湖南長沙府知府主講輔仁書院

吳霖雨夫子 諱懸元 道光甲辰科翰林原任甘肅甯夏道前主講輔仁書院

李鐵梅夫子 名嘉端 道光己丑科翰林前安徽巡撫主講問津書院

吳雨軒夫子 名毓春 同治壬戌

科進士刑部主事

張霽門夫子 名震 道光丁酉科舉人前天津縣學教諭

陳禹門夫子 名兆熊 道光甲辰恩科舉人前天津縣學訓導

劉彥三夫子 名傑 前天津縣知縣

蕭廉甫夫子 名世本 同治癸亥科翰林清苑縣知縣前天津縣知縣

陳小蘅夫子 名重 咸豐壬子科舉人前天津河防分府

任春如夫子 名信誠 直隸候補道前署天津府知府

李捷峰夫子 名文敏 咸豐壬子恩科進士江西巡撫前天津府知府

馬松圃夫子 名繩武 保定府知府前天津府知府

周琳眔夫子 名家勳 道光己酉科舉人前天津河間兵備道

丁樂山夫子 名壽昌 直隸按察使前天津河間兵備道

陳子敬夫子 名欽 咸豐壬子科舉人前津海關道

雲舫夫子 諱恆慶 前長蘆鹽運使、

覺羅子中夫子 名成孚 廣東

布政使前長蘆鹽運使

地山夫子 名 崇厚 道光己酉科舉人都察院左都御史前三口通商大臣

李少荃太夫子 名 鴻章 道光丁未科翰林太子太傅文華殿大學士直隸總督一等肅毅伯

受知師

賀雲甫太夫子 名 壽慈 道光辛丑科進士前工部尚書順天學政

[illegible]松太夫子 名 同善 咸豐[illegible]辰科翰林吏部右侍郎前順天學政

[illegible]湘吟夫子 名 寶廉 道光庚戌

科翰林刑部左侍
郎前順天學政
王孝鳳夫子名家璧道光甲辰
科進士順
天府府丞
張霽庭夫子名澐卿咸豐壬子
恩科進士工部右
侍郎前順天府府尹
劉叔濤夫子名廷枚同治戊辰
科進士翰林院編修
癸酉科鄉試同考官
宗室小峰夫子名崑岡同治
壬戌科翰林戶部右侍
郎丁丑優貢朝考閱
卷大
臣
殷譜經夫子名兆鏞道光庚子
科翰林禮部右侍郎丁
丑優貢朝考閱卷大

臣

童薇研太夫子 名華 道光戊戌科翰林都察院左都御史丁丑優貢朝考閱卷大臣

潘伯寅太夫子 名祖蔭 咸豐壬子恩科翰林刑部尚書丁丑優貢朝考閱卷大臣

小汀太夫子 名全慶 道光己丑科翰林協辦大學士工部尚書丁丑優貢朝考閱卷大臣

履歷

丙子科正取優貢第四名
朝考一等第四名
引
見以知縣用
鄉試中式第五十四名
保和殿覆試
欽定一等第三名
會試中式第　名
殿試第　甲第　名
朝考第　等第　名
欽點

族繁不及備載
世居天津縣帶河門外鍋店街

韓金鰲

字步瀛號占魁行一[illegible]戊午年二月初二日吉時[illegible]隸天津府天津縣府學附學生民籍

始祖景龍 前明永樂二年從軍特授指揮使遂家於天津原籍山西蒲州府洪洞縣

二世祖明

二世祖妣氏宋

三世祖麟 前明授耆壽官

三世祖妣氏吳

四世祖儒

四世祖妣氏鄒

五世祖鋹 前明武庠生

二世伯祖能

三世叔祖顯

四世伯祖影

五世伯祖錦 前明衛庠生　鎧

六世叔祖守　宦　富　密 武庠生

七世伯祖應詔

八世伯叔祖國英 衛庠生　國鄰　承學　承詩 衛庠生

太高伯祖文舉　文科

堂太高伯祖長對　長作　長興

五世祖妣氏崔

氏孫

六世祖宅

六世祖妣氏周

七世祖應正前明衛庠生

七世祖妣氏楊

八世祖希孔

八世祖妣氏紀

太高祖文士著有醫學便覽未刊

太高祖妣氏曹作膚公太廪膳生諱

祖姑母

高祖宗聖誥封奉政大夫

高叔祖宗哲 宗名

堂高伯叔祖宗賢 宗選 宗錫 宗魯 宗本 宗

傑

曾伯祖璽 玉國學生 瑞

嫡堂曾伯叔祖璞 理 均 琨

胞叔祖兆鳳 兆熊 兆齡

嫡堂伯叔祖兆泰 兆安 兆榮 兆福 兆貴 兆

全 兆緒從九品 兆華 兆興 兆隆 兆成

堂伯叔祖兆富 兆勳 兆寬 兆經 兆綸 兆恩

兆義 兆印 兆霖

胞叔淇

嫡堂伯叔汾 濬 沂 洵 源 波軍功五品銜賞戴藍翎 湧

高祖妣氏馮宜人 誥封
曾祖琳字佩玉同知五品銜布政司理問 誥贈奉政大夫
曾祖妣氏王宜人 誥贈
祖兆順字信甫贈文林郎 貤
祖妣氏方孺人 貤贈
父灝字紹周封文林郎 例
母氏周孺人 例封
氏李邑庠生名坊公胞姪女邑庠生諱培
公嫡堂姪女國學生諱壇公女
氏吳邑庠生諱江公女 例封孺人
重慶侍下

堂伯叔澍國學生 澤業儒 清 浩 淳 瀛軍功五品銜候選同知 深
業儒 泌 潮 潤 濤 滋 藻業儒 泉 淟 渶
從堂伯叔治 濱 海 江 浚 澐 淮 瀾 潔
業儒 沭業儒 漢業儒 澄業儒 汝業儒
嫡堂弟金銘業儒 金墉業儒
堂弟金城業儒 金盤 金榜 金鐸業儒 金式俱幼
從堂弟兄慶增 慶庚 慶家 慶豐 慶臨 慶符
慶雲業儒 慶元 慶和 慶長 慶奇
從堂姪如椿業儒 如柏 如珍 如璧 如珩俱幼
娶龐氏 太醫院御醫首領欽加五品銜 諱景雲公孫女武庠生諱憶椿公女
子夢元 昆元俱幼
女

嚴

具慶下

庭訓

業師

堂伯雲浦夫子 名澤

李杏村夫子 諱壇 國學生

張潤峯夫子 名景嵐 邑庠生

趙臻蓮夫子 名璇 廪膳生

林玉泉夫子 名曉春 廪膳生江蘇候補縣丞欽加五品銜軍功賞戴藍翎

王敬修夫子 名德興 咸豐辛亥恩科舉人壬戌科大挑二等現選保定府容城縣訓導

課師

沈雲巢夫子 諱兆澐 嘉慶丁丑科進士翰林院編修前任浙江布政使司布政使庚午科重宴 鹿鳴主講輔仁書院

年伯李蔗田夫子 名家彥 同治甲戌科進士翰林院編修國史館纂修主講輔仁書院

李鐵梅夫子 名嘉端 道光己丑科翰林前任安徽巡撫主講問津書院

年伯劉崑圃夫子 名秉琳 咸豐壬子科進士前任天津河間兵備道

黎召民夫子 名兆棠 咸豐丙辰科進士三品卿銜現任福建船政前任津海關道

馬松圃夫子 名繩武 花翎記名海關道現任保定府知府前天津府知府

冠九夫子 名如山 道光戊戌科翰林現任長蘆鹽運使司鹽運使

盛杏蓀夫子 名宣懷 現任天津河間兵備道

鄭玉軒夫子 名藻如 咸豐辛亥 恩科舉人現任津海關道

李少荃夫子 名鴻章 道光丁未科翰林 太子太傅 文華殿大學士直隸總督一等肅毅伯

受知師

祁子和夫子名世長咸豐庚申恩科翰林禮部左侍郎前任順天學政

萬老夫子名年豐前天津府知府

王樸臣夫子諱炳爕光緒丙子恩科進士原任天津縣知縣

鄉試中式第三百五十七名

保和殿覆試

欽定第　等第　名

會試中式第　名

殿試第　甲第　名

朝考第　等第　名

欽點

族繁不及備載

世居天津縣城北王秦莊

石作棫

字穉林一字采三號寵甫行二道光庚戌年三月初七[illegible]時生

直隸天津府天津縣監生民籍

始祖逢 原籍山東石家嶺

始祖妣氏 劉 趙

太高祖秉信 誥封昭武都尉

太高祖妣氏陶 誥封太恭人

高祖起鯤 字萬程太學生誥封昭武都尉例贈文林郎誥贈奉政大夫覃恩晉贈通奉大夫工部郎中加五級

胞伯祖寳善 字楚香嘉慶戊辰恩科武舉人兵部揀選二等候選衛千總賞戴花翎敕授武畧騎尉誥封武翼都尉晉贈武功將軍

胞叔祖寳齡 字純嘏候選遊擊賞戴花翎誥封武功將軍 寳珩 字鎮南武庠生候選遊擊賞戴花翎例封文林郎誥封奉政大夫覃恩晉封通奉大夫工部郎中加五級

嫡堂伯元敬 字簡齋候選布政司經歷議敘知州賞戴花翎誥封武功將軍 棫受業 元輝 字聿新候選都司賞戴花翎誥封武功將軍 元兆 字杳

高祖妣氏吳議敘從九品諱士剛公女　誥封恭人　例贈孺人　誥贈宜人　覃恩晉贈太夫人

繼高祖妣氏高邑庠生諱煜公女乾隆辛卯科舉人辛酉大挑一等分發河南題補伊陽知縣調署保安縣知縣乙卯科河南鄉試同考官諱克三公胞妹處士諱作賓公胞姑母　恩貢生候選州判諱景先公姑祖母道光甲辰　恩科舉人乙丑科會試挑取　國史館謄錄議敘知縣諱善觀公太姑祖母　誥封恭人　例贈孺人　誥贈宜人　覃恩晉贈太夫人

曾祖獻廷字豫修太學生　誥封昭武都尉　疊贈

菴武庠生候選都司軍功保舉　賞戴藍翎　貤封通奉大夫

元第字鏡芙武庠生候選守禦所千總　誥封宣武都尉

元熙字子厚武庠生候選都司　賞戴花翎　誥封武功將軍

胞叔元春字煦亭候選都司　賞戴花翎　覃恩貤封通奉大夫

嫡堂叔元鼎字錦江邑庠生候選州同　欽加五品銜棫受業

元勛字綸閣候選州同　欽加五品銜

元度字泰宇候選布政司理問

元俊字燊嚴郡庠生咸豐戊午科挑取　國史館謄錄差滿議敘知縣辛酉科舉人壬戌科會試房薦工部郎中營繕司行走　欽加道銜　覃恩誥授奉政大夫　晉封中憲大夫著有望杏軒詩文集棫受業

元士字炎卿雙月選用同知　欽加運同銜著有留園詩草

元杰字蓬仙候選運同　欽加三品銜　賞戴花翎

文林郎 誥贈奉政大夫 賞戴花翎 覃恩晉贈通奉大夫工部郎中加五級

曾祖妣氏劉處士諱鎮公女國學生諱玉書公胞姊議敘從九品諱思熊公胞姑母 誥封恭人 疊贈孺人 誥贈宜人 覃恩晉贈太夫人

祖寶慶字慰農嘉慶丁卯科武舉人己巳 恩科會元 原任貴州普安營守備 欽加四品銜 賞戴花翎 誥授昭武都尉 覃恩誥贈通奉大夫 例贈文林郎

祖妣氏宋國學生諱景明公曾孫女 恩賜九品職銜諱允龍公孫女議敘從九品諱廷麟公女國學生諱永

胞兄作楨候選知府河工保舉分發江蘇前先補用 賞戴花翎

胞弟作瑗邑庠生本科房備 作樞光祿寺署正雙月選用 賞戴藍翎

嫡堂弟作楫候選都司 欽加遊擊銜 賞戴花翎 作棨候選同知 欽加運同銜 賞戴花翎

從堂兄弟作璸候選副將軍功保舉 賞換花翎 作琛候選衛千總 作瑛武庠生候選都司 作琦武庠生候選衛千總 作璐候選鹽提舉 作環候選守禦所千總 作瑜都司銜候選守備河工保舉 賞戴藍翎 作珊國學生候選知州 作瑞候選都司 欽加遊擊銜 賞戴花翎 作瑄候選府經歷 作珗候選守禦所千總 作瑾候選都司 作琠候選州同 作璽候選遊擊河工保舉 欽加二品銜 賞戴花翎 作礪候選都司 作璜

曆
齡公議敘六品銜諱永泰公
胞姊國學生名恩彰胞姑母
增廣生咸豐戊午科舉人諱
壎公堂姑母國學生候選典
史河工保舉欽加五品銜
名世芬姑祖母邑庠生名文
炳堂姑祖母誥封恭人
覃恩晉封太夫人例贈孺
人
父元愷字士林道光己亥恩
科武舉人兵部揀選一
等候選遊擊賞戴花翎
誥授武翼都尉覃恩晉贈
通奉大夫
例贈文林郎
母張氏國學生諱文明公孫女
國學生誥封武翼都
尉諱文光公國學生誥封
武翼都尉諱文盛公國學生

候選都司作新候選都司作雲候補都察院都事作肅國學生作
哲中書科中書
胞姪紹曾幼讀紹先幼讀紹周　紹文　紹勳　紹
棠俱幼
嫡堂姪紹康幼
從堂姪郁文候選都司煥文候選同知大文議敘五品銜佩文
議敘從九品炳文候選守備軍功保舉賞戴花翎蔚文候選主事學
文議敘五品銜希文候選守禦所千總繡文候選衛千總覲文
候選守禦所千總同文幼讀翼文幼讀綺文幼讀錦文幼讀曾
文　揆文俱幼

諱文成公嫡堂孫女國學生
誥封昭武都尉諱榮寬公
女候選縣丞軍功　欽賜六
品銜　敕授承德郎　諱佐廷
公候選遊擊　誥授武翼都
尉名樹琪公候選同知　誥
授奉政大夫諱鳳藻公嫡堂
姪女原任河間務關路石匣
守備調署宣化府靜海縣都
司　誥授武德騎尉　晉封
昭武都尉諱照瀛公胞姊候
選鹽課大使名培元附貢生
名葆元堂姊候選守禦所千
總名嘉麟國學生名嘉猷胞
姑母候選按察司經歷名繼
賢堂姑母　誥封淑人　晉
封夫人
例贈孺人

從堂姪孫毓藻號毓昌幼讀
娶李氏國學生候選布政司經歷　誥封奉政
大夫諱文照公孫女廩膳生候選訓導
諱文燾公增貢生候選訓導諱文煇公姪孫
女優貢生咸豐元年　恩科考取孝廉方正
軍功遇保州同通判知州刑部四川司員外
郎坐辦河南司事兼直隸督催所候選道
覃恩二品封典　誥封中憲大夫　晉封資
政大夫　賞戴花翎諱春城公女貢生江西
臨江府樟樹鎮通判名玉城公優貢生候選
訓導諱錦城公胞姪女邑庠生諱考培公咸
豐辛亥　恩科舉人癸丑科考取教習同治
壬戌科考取內閣中書升補典籍侍讀戶部
山東司郎中軍機處行走名耀奎公國學生
候選同知名聯奎公同治甲子科舉人乙丑
科考取教習河南候補知縣署理永甯縣事
諱明奎公堂姪女丙子科舉人道銜戶部郎
中　賞戴花翎名士銘丙子科經魁丁丑科
聯捷貢士工部主事々士鈐國學生分部郎

中名士鈺翰林院
典簿名士銓胞姊
子紹祖幼讀紹庭幼
女

業師
齊問樵夫子諱維源邑庠生
李東園夫子諱樹芬廩膳生
劉杏塘夫子諱華林道光甲辰恩科副舉人咸豐辛亥恩科舉人揀選知縣
呂桐門夫子印廷翰咸豐戊午科舉人辛未大挑二等現任吉林伯都訥訓導
趙嵩岩夫子印傑元歲貢生候選訓導
年伯劉子年夫子印蔭春癸酉科拔貢廷試二等銓選教諭丙子科舉人丁丑科會試呈薦

著有峽蕉山房詩草

鐵壽卿夫子 印祺 咸豐乙卯科舉人同治癸亥恩科進士翰林院庶吉士授職編修現官理藩院右侍郎正紅旗漢軍副都統 誥授光祿大夫

鄭苕泉夫子 印溥元 甲子科經魁乙丑科聯捷進士丙子科順天鄉試同考官現官京畿道監察御史

課師

梁六峯夫子 諱逢吉 候選知府咸豐三年津防保案 欽加道銜 賞戴藍翎

履

內弟李嗣香夫子 印 士鈖 優貢生工部主事丙子科經魁丁丑科聯捷貢士

王少彭夫子 印 述臣 廩膳生

肄業師

受知

年姻伯辛蔗田夫子 印 家彥 道光甲辰恩科副舉人咸豐乙卯科舉人甲戌科進士現官翰林院編修 國史館纂修主講輔仁書院

蕭廉甫夫子 印 世本 癸亥翰林前任天津縣知縣

馬松圃夫子印繩武前任天津府兼署天津河間兵備道長蘆鹽運使司鹽運使

劉崑圃夫子印秉琳壬子進士前任天津河間兵備道

黎召民夫子印兆棠丙辰進士前任津海關道

陳襄夔夫子諱易其壬戌進士錫麒前任天津河防分府

鄉試中式第一百一十九名

保和殿覆試二等

會試中式第　名

殿試第　甲第　名

朝考第　等第　名

欽點

族繁不及備載

世居府城西楊柳青

蘇紹泉

字廉波號敬萱一號琴舫行十道光乙巳年十月二十五日吉時生係直隸天津府天津縣縣學附生民籍

始祖可道前明兵馬司正指揮

始祖妣氏杜安人敕封

氏欒安人敕封

九世祖顯才歲貢生候選訓導敕授修職佐郎

九世祖妣氏田孺人敕封

太高高祖承信增廣生例封徵仕郎

太高高祖妣氏吳孺人例封

氏王孺人例封

胞高叔祖國安國學生欽加同知銜誥封奉政大夫

嫡堂曾伯叔祖文科國學生　文彬國學生欽加同知銜誥封奉政大夫　文魁九品銜

堂伯叔祖同樸國學生　同森國學生誥封奉政大夫　同桂欽加同知銜誥封奉政大夫　同榮國學生　同椿候選從九品敕封文林郎晉封儒林郎　同楨守禦所千總例封文林郎　同梓國學生例封儒林郎

胞伯祖同懋國學生例贈文林郎

族伯長旺誥封昭武都尉　長啟　永成九品銜例贈文林郎

堂伯叔善長國學生　善師誥封奉政大夫　善源國學生　善功邑庠生道

高高祖希載恩貢生候選州判敕授徵仕郎
高高祖妣氏李敕封孺人
高祖邦興國學生例贈儒林郎晉贈朝議大夫
高祖妣氏顧例贈安人晉贈恭人
曾祖文鼎字殿元國學生例封儒林郎例贈文林郎
曾祖妣氏張例贈安人例贈孺人
氏王例贈安人例贈孺人
氏張例封安人例封孺人
祖同本字立生候選布政司理問敕授儒

光辛卯科謄錄議敘縣丞誥封奉直大夫善修恩賜六品銜善明邑庠生善
慶附貢生候選訓導善觀歲貢生候選訓導善治附貢生貤封文林郎善
遷守禦所千總善學候選知縣貤封文林郎善恆道光己酉科優貢咸豐甲寅科
覺羅官學漢教習分發安徽即補知縣善則咸豐辛酉科拔貢候選直隸州分州善豫
候選鹽大使善晉候選巡政廳善言善信善禮善智
善義
嫡堂伯善揚誥授昭武都尉例封文林郎善易候選布政司理問敕授儒林郎
胞伯善啟字佑菴運同銜候補同知欽加誥授朝議大夫
族兄萬盛九品銜封文林郎萬選守禦所千總例封文林郎萬春賞戴藍
翎候選都司誥授昭武都尉鴻輔國學生例封文林郎
從堂兄弟式恭國學生式南賞戴藍翎江蘇候補知縣署崑山縣正堂欽加同
知銜式玉即補縣丞式孟式仲議敘從九品式尹議敘從九品式

林郎　例贈文林郎
誥封奉政大夫　誥封
朝議大夫

祖母氏劉　候選巡政廳諱怡公曾孫女　例贈文林郎諱維雄公孫女候選從九品諱譚公女國學生諱天眷公胞妹　誥封淑人

父曾寶　字楚珍中書科中書　敕封儒林郎　例贈文林郎

母氏劉　同邑太學生誥封奉直大夫諱士珍公曾孫女太學生諱樞公孫女太學生諱樸公女候選衛千總諱楨公乾隆乙卯科副榜候選州判諱樟公胞姪孫女太學生諱開韌公次女邑庠生諱開之公郡庠生諱開戊公胞姪女曾

莊　式益廩膳生　芝芬貢生　式會　式奎議敘從九品　蘭芳
附貢生運判銜候選鹽大使　式周國學生　式敬郎用州同　蕙芬守禦所千總
式菁邑庠生丙子科堂備　式芑國學生　式荇國學生　式莪業儒　式芩
式范郡庠生　式莘業儒　式蔚　式蒔　式蓉　式蒲
式薹　式萱　式蘭　式芸郡庠生　光裕幼讀

堂兄弟　式勳候補光祿寺署正欽加五品銜誥授奉直大夫　式杰誥授武翼都尉
式龕丙子舉人庚辰會試堂備　式樵國學生　式煦國學生　式烈例封儒
林郎　式照知　賞戴藍翎候補同欽加運同銜　式熙國學生

嫡堂弟式泉國學生

族姪兆霖國學生　兆雲丙子舉人內閣中書　兆蘭庠生　兆奎庠生　兆藺
己卯舉人

從堂姪之俊　之傑邑庠生　之儀　之佐業儒　之佩業儒　之

廣生諱開鑑公郡庠生
諱開宇公嫡堂姪女太
學生諱澍公太學生名
洵公胞妹太學生諱淦
公太學生諱溶公太學
生名淅公胞姊太學生
諱酒公太學生諱沆公
候選典史名游公邑庠
生名乃莊公嫡堂姊貢
生諱冠卿公貢生諱叔
翰公邑庠生名叔賢公
邑庠生諱叔卿公邑庠
生名叔元公咸豐辛酉
科舉人前任國子監崇
志堂助教分發廣東候
補同知名叔琨公堂姊
誥封安人
例封孺人

慈侍下

庭訓

業師

作之傕 之佶 之倫 之倫 之健 之傳
之儉 之備 之儔俱幼讀 之煜 之燦 之煊
之炳 之烱 之[illegible] 之熲俱幼讀 祝三 呈三
鳳三
堂姪之綱九品銜 夢麟國學生 之鑾邑庠生 之純本科副榜 之銘
夢熊俱業儒 之彥 之英 夢麒 夢驥 夢龍
之萬 之繹俱幼讀

妻郭氏
國學生誥封中憲大夫諱之燮公曾孫女
候選布政司理問諱濬公孫女邑庠生諱瀚
公胞姪孫女湖南永順縣知縣諱潽公戊午科武
舉湖南岳州領運守府諱澄公姪孫女郡庠生諱
象震公道光甲午科優貢乙未科教習甲辰科謄
錄原任廣東恩平縣知縣諱象晉又諱炳勛公國
學生諱象咸公候選縣丞諱象季公胞姪女歷任
保定營都閫府補授昌平營守府諱象覓公女郡
庠生諱均田公江蘇補用通判名廷沛
公嫡堂妹候選從九品名王田公胞妹

趙鏡泉夫子諱冠瀛增廣生

毋舅劉少泉夫子印洵詳前

盧西圃夫子印日庚己未鄉魁

課師

胡靜齋夫子諱振己亥舉人候選教諭

課友

表兄郭茂叔諱均田郡庠生

受知師

龐寳生夫子諱鍾璐丁未科探花禮部左侍郎、前任順天學政

夏子松夫子諱同善丙辰科翰

子銘恩　賡恩俱業儒

女

林兵部右侍郎
前任順天學政
祁子和夫子印世長庚申科翰
林吏部右侍郎
前任順天學政

鄉試中式第六名
覆試第　等第　名
會試中式第　名
覆試第　等第　名
朝考第　等第　名
殿試第　甲第　名
欽點

族繁不及備載
世居鎮海門外太平莊距津城七十里

華學淇

始祖萬良 諱名維援，字萬廉，明附監生，世襲指揮使，嘉靖間由江蘇無錫隨從祖嵩峰公直隸天津道任，嵩峰公轉山東副使，公留天津，遂家焉。

始祖妣姚氏 鄭氏

二世祖承德

二世祖妣蕭氏 趙氏

字薇卿，號衛瞻，一號松舟，行三，又行一。咸豐辛酉年十二月二十四日吉時生。直隸天津府天津縣縣學增廣生，民籍。

二世胞叔祖承節 承志

三世伯叔祖廷秀 廷林 廷贊 廷貴

四世胞伯叔祖天禎 天祉 天祚

四世伯叔祖天武 天爵候選州同，敕授儒林郎 天禪誥封奉直大夫 天裕歲貢生，候選訓導，敕授修職郎 天鎮候選從九品

五世伯叔祖嵩 崑 岱 崇 嵒 峻 嶧誥封奉直大夫 岳 崗 巒改名峋，國學生 嶠

胞太高叔祖龍光邑庠生 元清

太高伯叔祖文溥 文潤 文澍 文治 鑑源 文

三世祖國瑞明武舉選糧守備
三世祖妣氏李
四世祖天祥字岐山候選同知例授
奉政大夫
四世祖妣氏郝宜人例封
五世祖嶙字宗岳候選同知例授奉政
大夫
五世祖妣氏楊宜人例封
氏王宜人例封
太高祖元滄字文質候選州同敕授
儒林郎貤贈奉政大夫
太高祖妣氏張敕封安人貤贈

澤　文瀾　文溪　文滮　文溶　涵　漢　漣
濱誥封奉直大夫　治國學生敕封承德郎誥封奉政大夫　津敕封儒林郎
渶敕封修職郎貤封武顯將軍　金坤　金城例贈登仕郎
胞高伯叔祖如棠敕封文林郎貤封奉政大夫晉封朝議大夫　如楠邑庠生
堂高叔祖如栻
高伯叔祖如棟　如相　如卓　如欄例贈修職郎　如桐
如桂貤封昭武都尉　如楷　如棕　如樑邑庠生　如椿
希堯　希舜　永柏　永槐　永一　永植　永
純　永桂　永模　森　永相　永泰　永林
永彬　伯棶　伯紅　伯琛　維翰國學生誥封奉直大夫
晉贈奉政大夫　維典國學生例封承德郎貤封奉政大夫　維猷貤封朝議大
夫貤封武顯將軍　維謨敕封文林郎　春

宜人
高祖如棣字聯陞敕贈文林郎貤贈
奉政大夫
高祖妣氏劉敕贈孺人貤贈宜人
曾祖烈字武功敕贈文林郎誥贈奉政
大夫
曾祖妣氏白敕封孺人誥贈宜人
享九十壽鄉飲大賓諱國棟公女
祖玉衡字雲巖國學生例贈文林郎貤
贈奉政大夫
祖母氏姚例封孺人貤封宜人乾隆
甲子科舉人廣西桂林府同知諱文坤公曾孫

胞伯曾祖煓貤封奉政大夫
嫡堂伯叔曾祖烜國學生敕封文林郎誥封奉政大夫晉封朝議大夫　炳
照國學生敕封文林郎誥封奉政大夫晉封朝議大夫
伯叔曾祖和謙　福謙　應仁　應昌　應登　應元
應魁貤封武畧騎尉　應亨貤封武畧騎尉　應科　應期　應
斌武庠生誥封昭武都尉　應春貤封昭武都尉　六謙　隆謙　鐸
錦　銅　仁　鈺　璋　璽　玲　琮　大有
富有　長清　長泰　長凝　長富　長堃
長吉　長志　長春　長忠　紹庭敕授武畧騎尉　琪
誥封奉直大夫誥封武顯將軍　瑨浙江批驗所大使誥封奉政大夫誥封武顯將軍
琳候選州同誥封奉直大夫晉封朝議大夫　理道光乙酉科拔貢朝考一等第二名直
隸望都縣教諭浙江桐鄉諸暨等縣知縣　緒祖敕授武畧騎尉　仰祖國學生敕封

二

原庵

女候選同知諱錫璜公孫女湖南湘鄉巴陵等縣知縣諱錫琳公邑庠生諱錫璐公山東禹城縣縣丞諱錫璋公姪孫女候選從九品諱紹衣公長女道光甲午科舉人諱鼎枚公從九品諱觀榮公妹邑庠生諱震榮公姊候選縣丞名景蔡公同知名景斌公縣丞名景舜公姑母

父鎮 字靜伯號少雲同治丁卯科舉人議敘知縣 例授文林郎

母氏王 例封孺人國學生諱照藜公孫女從九品諱錡公次女郡庠生諱紀元公歲貢生安肅縣訓導名慶有公嫡堂妹增貢生名慶泰公堂姊國學生名廷琳胞姑母同治庚午科舉

武畧騎尉耀祖 國學生敕封文林郎誥封奉政大夫 珍 琁 琛 劍

珺 應武 應盛 應文 義 禮 智 信

四謙 禹謙 應奎

胞伯祖 晉墀 國學生封奉政大夫貤 鳳墀 國學生封奉政大夫貤 玉墀 道光辛巳恩科舉人乙未會試大挑一等籤掣陝西知縣親老告近改掣山東署福山縣知縣補昌邑縣知縣調署蓬萊嶧縣知縣署陝西大荔岐山縣知縣補西鄉縣知縣 欽加同知銜 敕授文林郎 誥授奉政大夫

從堂伯叔祖 典 嘉慶丙子科舉人丙戌會試大挑一等籤掣山西知縣歷任高平左雲山陰繁峙河津平遙趙城聞喜陽曲等縣知縣渾源州吉州知州霍州忻州直隸州知州署蒲州府知府誥授奉政大夫晉封朝議大夫 崇祀趙城縣名宦祠 封 附貢生候選訓導 玉鳴 增貢生候選訓導

伯叔祖 奕 武庠生 明亮 明永 明祿 明利 明德

二

八光緒庚辰科會試大
挑一等分發湖北知縣
名廷珍歲貢生候選訓
導名廷瑜邑庠生名廷
琪姑
母

重慈侍下

慈侍下

庭訓

業師 謹以受業先後爲序

母舅王荆式夫子 名慶有 詳前

姻覲臣夫子 名家楨 丙子副榜 候選訓導

族兄幼琴夫子 名景恂 詳前

明福 明禮 長發 長麟 鰲國學生 雲祥 雲
集營千總 有聚 雲彪武庠生天津鎮標左營千總署鄭家口守備軍功
欽加都司銜賞戴花翎誥授昭武都尉同治
二年六月在山東臨清州勦捻陣亡賜雲騎尉
世職 雲鵬 雲程 繼善 光垚 光融 光嘉武庠
生即補千總軍功欽加五品銜賞戴藍翎 光蔭 德奎 德元 德
彪 致儼 致中 致和 士蔡議敘從九品 士英
致恩議敘八品 致賢 通全 致奉 映奎 映斗
映文 光裕 光明 光輝 必金 必德 必
齡 必源 必奎 必勝 必強 樹附貢生軍功議敘六
品銜敕授承德郎誥封朝議大夫賞戴藍翎 光煒光祿寺署正候選治中賞戴花翎
棠河南商水縣典史 楨候選都司欽加參將銜賞戴藍翎 樾候選守禦所千總
樽從九品 玉森從九品 楷 光藻咸豐辛亥恩科副榜癸丑考取八旗漢

三

房

嫡堂叔竹軒夫子名金壽詳前

堂叔芷庭夫子名鈐詳前

劉竹春夫子名壽頤邑庠生

孟筱藩夫子名繼坤壬戌舉人咸安官教習辛未會試大挑二等候選教諭

課師

李鐵梅夫子諱嘉端己丑翰林前安徽巡撫

張幼樵夫子名佩綸辛未翰林右春坊右庶子

李蘭田夫子諱家彥甲戌翰林

教習期滿以知縣用改戶部主事欽加員外郎銜

椿咸豐乙卯科副榜己未科考取八旗漢教習期滿以知縣用歷任福建海澄仙遊泰甯詔安等縣知縣光緒三年大計保薦卓異候陞欽加同知銜賞戴花翎

棫附貢生

桂

彬同治庚午科舉人光緒庚辰科會試大挑二等候選教諭

文炳

文煥

汝霖

嫡堂伯叔

銓國學生候選巡檢

鎬國學生

鑑國學生候選典史欽加理問銜

鼎

銘國學生軍功議敘六品銜

鏞國學生

錫國學生

金壽譜名鑄同治丁卯科舉人甲戌科進士殿試二甲第一名傳臚欽點翰林院庶吉士散館授職編修己卯科湖南鄉試正考官武英殿纂修國史館協修

堂伯叔

鑅道光癸卯科舉人壬子恩科進士欽點主事籤掣工部都水司行走兼司務廳行走

敕授承德郎

鍈國學生前署山西靜樂縣知縣補平陸縣知縣

鈞咸豐辛亥恩科舉人同治壬戌科會試大挑一等分發山東知縣歷任陵縣益都曲阜等縣知縣欽加運同銜

鍾國學生

銘國學生

鋮郡庠生

欽

鋆廩膳生

淦

鈐歲貢生同治甲子科

三

王雲舫夫子名文錦辛未翰林
年伯李少荃夫子名鴻章丁未翰林前文華殿大學士直隸總督
年伯張振軒夫子名樹聲兩廣總督署直隸總督
林綬卿夫子名述訓庚戌進士前長蘆鹽運使司鹽運使
冠九夫子名如山戊戌翰林現任長蘆鹽運使司鹽運使
丁樂山夫子諱壽昌前天津河間兵備道署津海關道
鄭玉軒夫子名藻如辛亥舉人

挑取謄錄行業候選訓導銜儒
伯叔忠仁 忠源 忠信 忠誠 忠全 忠合 忠
盛 忠義 逢源 逢辰 逢智 逢椿 鳳椿
景椿 逢彩 逢年 忠洵 忠沛 忠溥
忠齡世襲雲騎尉 忠順 澂 淓國學生 嵐 峯 崖
嘯 浚 準 涇 渥 洼 浴 泩 淋 [illegible]
成泰 成雲 成林 成智 成吉 成祥
成如 成全 成意 忠貴 映辰候選鹽知事 俊龐
咸豐己未恩科舉人刑部主事欽加員外郎銜 俊疇候選同知 俊三候選部司務
俊同郡庠生 俊聲光緒乙亥恩科舉人內閣中書 俊彝光祿寺署正 俊
奎國學生 培直 培芳 俊成邑庠生 俊年邑庠生 培之
培興 錫疇國學生候選從九品 錫齡郡庠生 俊賡邑庠生 俊

履歷

前津海關道

周玉山夫子 名馥，現任津海關道

劉崑圃夫子 名秉琳，壬子進士

前天津河間兵備道

盛杏孫夫子 名宣懷，前署天津

河間兵備道

吳香畹夫子 諱毓蘭，前天津河

間兵備道

馬松甫夫子 名繩武，前天津府

知府

吳摯甫夫子 名汝綸，乙丑進士

前署天津府知府

烈

錫蕃 國學生

胞弟 學瀛 字蓬仙，國學生，出嗣嫡堂叔錫公　學淦 幼讀聰慧，不幸早殤

從堂兄弟 學鴻 國學生　學洛 業儒　學涑 業儒　學灃 業儒

堂兄弟 學濂 業儒　學漢 山東候補鹽大使　學江 議敘巡檢　學濤 業儒　學瀾 邑庠生

學泗 業儒　學海 業儒　學深 業儒　學渭　學湘　學澄

學瀚　學汾　學洙　學汝　學浩 俱幼

兄弟 錫九　兆普　兆麟 國學生　兆英　兆龍　兆熊

榮光 業儒　榮昌 業儒　榮錦 業儒　榮貴　景恬 守禦所千總　景彥

景廉 六品頂戴，邑庠生　景恂 邑庠生　景恆 邑庠生　景安　景泰

景屏　景成　景盛　景龢　景敫　景祿

景星　景紳　景緒　景芳　儁　偉　傑　倬 俱業儒

子望夫子名宜霖現任天津府知府

吳曉滄夫子名中彥前署天津府河防同知

程質齋夫子名廸華現任天津府河防同知

宋澄川夫子諱淵溼前天津縣知縣

郭少亭夫子名奇中前天津縣知縣

受知師

萬子和夫子名年豐前署天津

從堂姪以慈　以惠俱幼

堂姪以憲　以懿　以勳俱幼

姪鳳昌儒業　鳳喈儒業　鳳舞儒業　鳳章邑庠生　鳳岐　鳳岡儒業

鳳儀儒業　鳳翽　鳳翼　鳳鳴　鳳樓　鳳篆　鳳

圖　鳳紀　鳳閣　以慎　以格　以怡　以恭

姪孫大鵬　二鵬　三鵬　栢年俱幼

娶柴氏國學生諱汝舉公曾孫女候選知縣諱汝翼公候選州同諱汝誠公候選理問諱汝經公候選州同諱汝慶公姪曾孫女候選都司諱文聯公孫女嘉慶甲子科舉人道光乙未科會試大挑一等山東沂水縣知縣丁酉科山東鄉試同考官諱文江公福建福州府分府諱文翰公候選訓導諱文錦公候選縣丞諱文蔚公候選河工同知諱文鈺公候選訓導諱文煥公候選訓導諱文斗公嘉慶戊寅恩科舉人山東濟陽魚台山西石樓等縣知縣諱文富公姪孫女候選典史諱晥生公次女候選縣丞諱晥恭公胞姪女候選同知諱晥元公山東莘縣典史諱春泰公山東恩縣典史諱

履

府　府知

王樸臣夫子諱炳燮丙子進士

前署天津縣知縣

祁子和夫子名世長庚申翰林

吏部右侍郎前順天學政

孫子綬夫子名詒經庚申翰林

戶部右侍郎現任順天學政

鄉試中式第十名

會試中式第　名

殿試　甲第　名

朝考　等第　名

欽點

春楨公山東歷城縣縣丞署陵縣知縣諱春棣公河南候補知縣諱大春公河南澠池縣典史諱葆春公堂姪女從九品名蘭陔胞妹候選理問諱既槐候選縣丞名既桐山東候補巡政廳名宗越河南候補縣丞名宗梓山東候補縣丞名明遠國學生名樹深河南候補巡檢名聯陞河南候補典史名峻陞堂妹邑庠生名永璋堂姑母

子二以忠　以恕俱幼

女

族繁不及備載

世居鎮海門內

欽命四書詩題

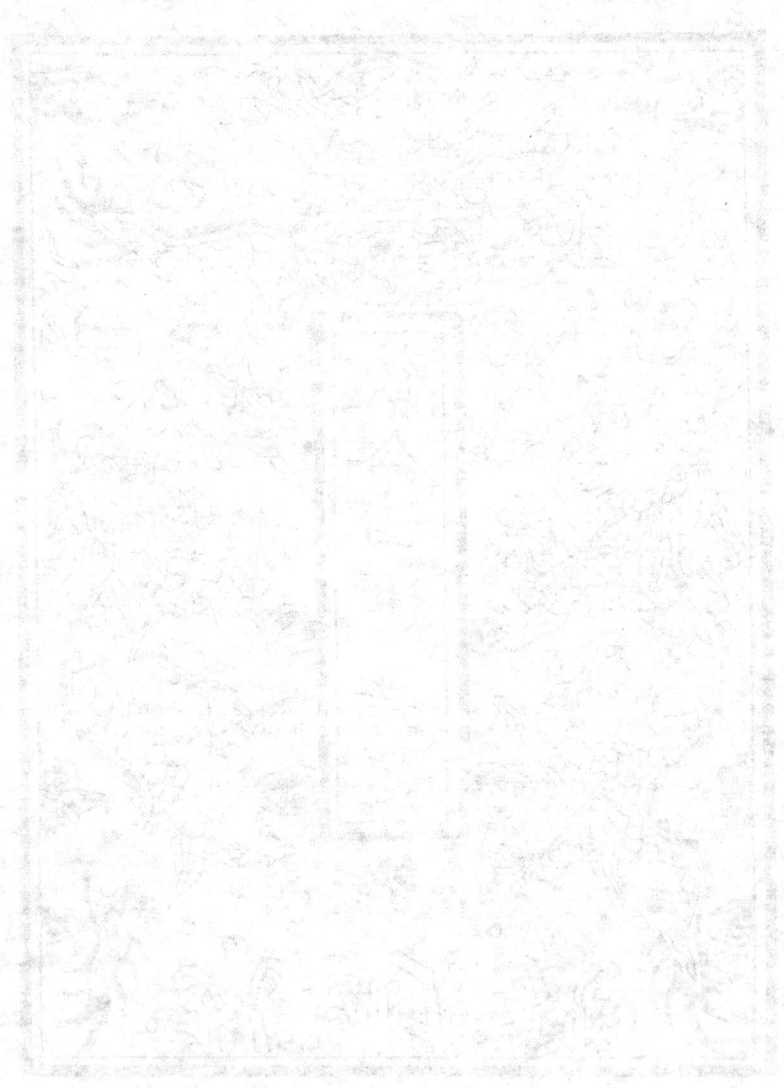

徐世昌 光

北遷始祖鍾麟 勅贈文林郎 晉贈武功將軍

始祖母氏楊 勅贈孺人 晉贈夫人

氏宋 勅贈孺人 晉贈夫人

氏吳 勅贈孺人 晉贈夫人

二世祖孫森 字玉亭山東長清縣知縣江南河道同知 勅授文林郎 誥贈武功將軍 晉贈資政大夫振威將軍山西巡撫提督軍門著有搖鞭草詩集

二世祖母氏魏 勅封孺人 誥贈夫人

字卜五號鞠人一號菊存行一咸豐乙卯年九月十三日吉時生直隸天津府天津縣監生民籍

字譜生號友梅一號劍華行二咸豐丁巳年四月二十一日吉時生直隸天津府天津縣監生民籍

三世伯祖學洙 福建臺灣協副將功加左都督 誥封武功將軍

四世伯祖文桂 早逝

四世叔祖之柄 邑庠生 誥贈奉直大夫 晉贈榮祿大夫浙江台州府知府鹽運使銜加四級 國松 乾隆辛酉科舉人 廷楓 太學生 誥封奉直大夫 齡椿 候選布政司經歷 勅授儒林郎 誥贈朝議大夫 晉贈資政大夫振威將軍山西巡撫提督軍門

堂太高叔祖炌 乾隆癸卯科副榜 誥封奉直大夫五品銜候選州同 晉贈榮祿大夫浙江台州府知府鹽運使銜加四級著有朗齋詩鈔 煌 太學生 然 廩膳

晉贈一品夫人

氏吳 勅封孺人誥贈夫人

晉贈一品夫人

三世祖學淵 字源長勅贈文林郎誥贈朝議大夫晉贈資政大夫振威將軍山西巡撫提督軍門

三世祖母氏張 勅贈孺人誥贈恭人

晉贈一品夫人

四世祖金楷 字端叔乾隆戊午科副榜誥封奉直大夫著有步青堂餘草

四世祖母氏李 誥贈宜人

本生四世祖汝槐 字面堂乾隆壬申恩科舉人山西潞城縣知縣磁州儒學訓導勅授文林郎

生挑取謄錄選江西萬安縣縣丞陞任德化縣知縣勅授文林郎

熠 廪膳生

燮 邑庠生

煊 乾隆戊申恩科舉人候選知縣勅授文林郎

煥 太學生候選從九品貤封中憲大夫兵部郎中加二級

焯 太學生候選從九品

炘 乾隆壬子科舉人考充正紅旗覺羅官學教習乙卯恩科會試特授內閣中書軍機處行走陞任侍讀方略館提調御園校射賞戴花翎福建道監察御史簡放江南河庫道欽加按察使銜兩署江寧布政使陞任江西按察使調任湖南按察使署湖南布政使陞任陝西布政使護理陝西巡撫調任山東布政使護理山東巡撫調任福建布政使護理福建巡撫改授內閣侍讀學士簡放陝西布政使護理陝西巡撫兼攝西安鎮總兵軍功從優議敘加四級道光戊子科陝西鄉試監臨陞任山西巡撫兼兵部侍郎都察院右副都御史提督軍門巡按鹽政調署陝西巡撫改授湖南按察使內擢太常寺少卿陞任光祿寺正卿誥授資政大夫振威將軍著有吟香書室奏疏吟香書室詩文集

熾 邑庠生

灼 候選布政司經歷議敘同知誥授奉直大夫誥封朝議大夫廣西太

誥封奉
直大夫

本生四世祖母氏劉 勅封孺人 誥贈宜人

氏沈 勅封孺人 誥贈宜人

太高祖煇 字午園乾隆甲午科舉人歷任江西新昌廬陵縣山東甯陽縣知縣乾隆壬子科江西鄉試同考官 勅授文林郎 誥贈奉直大夫

太高祖母氏查 勅封孺人 誥贈宜人

高祖城 字印川歷任河南光山南陽縣署新安武陟湯陰滎澤汲縣知縣特用同知直隸州 勅授文林郎 誥授奉政大夫 晉贈朝議大夫

高祖母氏朱 勅封孺人 誥封宜人 晉封恭人

高庶祖母氏李 誥封宜人

平府知府炯 增廣生 貤封儒林郎光祿寺署正烈 太學生熼 候選布政司經歷 誥封奉直大夫煃

堂高伯叔祖垣 太學生候選從九品墉 壇 邑庠生 貤贈奉直大夫內閣中書加四級均 太學生 貤封儒林郎內閣中書加二級祖培 附貢生兵部武庫司郎中兼武選司行走則例館纂修提調軍功議敘隨帶加二級道光戊子科鄉試挑取謄錄榮封 候選布政司理問 勅授儒林郎 誥贈榮祿大夫浙江台州府知府鹽運使銜加四級堂 太學生承琛 二品蔭生光祿寺署正大官署行走兼典簿廳黃冊房稽察所事務嘉慶己卯道光乙酉科鄉試挑取謄錄補充功臣館謄錄候選員外郎允執 太學生 貤封奉直大夫墀 道光壬午恩職考取二等候選州同議敘五品銜 誥授奉直大夫 誥封中憲大夫 貤封榮祿大夫坤 太學生坰 道光壬午科武舉慶坊 邑庠生堉 道光壬午科舉人考取內閣中書委署侍讀 國史館分校 方略館總校選授廣西梧州府分府歷署桂林龍州府分

屆

曾祖廉錫字新菴道光壬辰科舉人丙申恩科進士湖南即用知縣署晃州直隸廳通判勅授文林郎誥贈朝議大夫

曾祖母氏余天津本邑人廩膳生諱大煒公孫女癸酉科舉人歷署廣東大埔電白縣廣州佛山同知原任從化縣知縣諱堂公長女廩膳生諱作恭國學生諱作霖公胞姊廩膳生候選鹽場大使名春鵬胞祖姑母勅封孺人誥封恭人

氏柴天津本邑人國學生諱文山公女甲子科舉人候選知縣諱文江候選從九品諱文蔚公胞姪女山東候補未入流諱春泰公胞妹勅封孺人誥封恭人

祖恩穆字筆珊原任中河通判歷署衛糧商虞通判黃

府杜州思恩泗城府知府陞任太平府知府勦辦龍州逆匪巷戰陣亡特旨交部從優議卹追贈道銜賞給雲騎尉世襲三代恩騎尉世襲罔替誥授中憲大夫入祀本籍昭忠祠

堦附貢生候選批驗所大使　圭　至　域　塘太學生

耀奎分發漕標補用衛千總歷署江南鎮江衛蘇州衛山東德州衛濟寧衛領運千總軍功賞加衛守備銜　堉候選從九品　贊堯邑庠生　境　春臺

鳳臺太學生候選通判　毅莊江南金山衛領運千總　坪邑庠生

胞伯叔祖基候選縣丞封奉直大夫誥　圻江西候補從九品歷署鄱陽萬安安仁縣縣丞吉安臨江府經歷

堂曾伯叔祖振鑅道光甲午科舉人國子監學正錄提陞助教實錄館總校江蘇太湖廳分府　恩錫太學生　鳴鐸議敘從九品　開鉞太學生　士

銘邑庠生候選從九品　維鐈　鳴鑾議敘從九品　克銘候選從九品

維欽邑庠生　以鏸　鍈湖北石首縣典史署石首縣知縣欽加

沁下北下南河同知運同銜補用府候補直隸州河防出力賞戴花翎誥授朝議大夫

祖母氏陳浙江秀水縣人國學生諱樹勳公長女國學生諱錫慶公胞妹國學生名璹胞姑母道光辛丑科進士吏部員外郎記名御史諱鴻壽堂姑母誥封恭人

庶祖母氏于例贈海孺人

父嘉賢字少珊太學生候選主簿著有洽蘊書屋詩草敕授登仕郎

母氏黎順天大興縣人河南桐柏縣歷署原武沈邱甯陵縣知縣諱文楷公長女翰林院待詔名元啟胞姊敕封孺人

母氏劉安徽桐城縣人廩貢生諱敦元公次女國學生

五品銜賞戴藍翎佑銘　士鍈廣東候補府經歷兼襲雲騎尉世職前署開山縣知縣高要縣縣丞　銓現任山東甯陽縣典史軍功賞加五品銜　恩錄議敘從九品　文銳　振鈁現任山東臨清衛領運千總軍功賞加衛守備銜

士鈵　新銘　寶鎔　厚錕　士銅　寶鑅

士鑑　振鐸　寶鋙　銘　聯鑣議敘從九品　雲

鑣太學生貤封武略騎尉　元鑣江西九前幫河南任城衛領運千總敕授武略騎尉　鐸湖南候補典史署綏甯縣典史　士鎣提舉銜河南候補縣丞　士

鑾咸豐戊午科舉人己未科考充右翼宗學教習內閣中書推陞典籍　文淵閣檢閱方略館校對　國史館校對本衙門撰文陞任侍讀　記名御史浙江台州府知府

欽加二品銜候選道　鏞山東候補典史　士銓候選從九品　鋐　文鎔

鑑山東候補巡檢　鈜太學生　士鎏光緒丙子科副榜內閣中書　士鐙

四品銜候選光祿寺署正

諱延禧河南候補知縣諱雲
祚國學生諱星祜公胞妹河
南撫標守備賞戴花翎諱
雲公胞姊候選典史諱宗賢
東河候補未入流名寅贊五
品銜千總名崇賢國學生諱
安貞胞姑母
勅封孺人

慈侍下

祖訓

庭訓　慈訓

胞叔父訓

受業師業而灌以受業受知自知先後爲序

王介卿夫子名宮年咸豐己未庚申聯捷
進士現任四川華陽縣知縣

常鶴亭夫子諱家馴咸豐辛酉科拔貢同

嫡嘗曾伯叔祖烈六膏道光壬午科舉人河南偃師
之鈞杞縣知縣歷署鹿邑安陽柘
城唐縣知縣禹州知州　欽加
知州銜著有見眞吾齋詩文集士鈴子道光戊科舉
人甲辰科會試大挑一等士鋐太學士錦優
分發江西署上高縣知縣士鋐生貢
生道光己亥科鄉試薦士鑒河南鄢陵縣知
卷癸卯甲辰科堂備士鐸縣　欽加同知
銜士鈴　燾鈴太學生

一

胞曾叔祖宏鏡河南候補知縣歷署考城獲嘉
縣汝分陝西歷署吳堡米脂甘
泉縣知縣　欽加知州
銜　誥授奉直大夫

堂叔祖鴻章邑庠生　鴻年　鴻儀山東候補知縣
特用同知　欽
加五品銜鴻藻　福臻現任山東長清縣歷
賞戴藍翎鴻藻任鉅野文登單縣知
縣濱州知州在　思穉河南候補縣
任候補同知　丞陞用知縣　奐章邑庠生
思勉河南候補　鴻璋　鴻達分發省分試用
府經歷　典史　欽加六
品銜鴻恩　鴻翥　鳳儀　思衡邑庠生　鴻祥

治壬戌科舉人原任原武縣訓導

宋劍軒夫子 諱佩紹 廩膳生

蔣子雅夫子 名清藻 廩膳生

嫡堂叔性臣夫子 名嘉棨

張荆璞夫子 諱玉鉁 道光丁酉科拔貢

李厚耔夫子 名贊清 庠生

表叔陳仲英夫子 名文騄 同治甲戌科進士翰林院編修國史館總纂武英殿提調

表叔陳季房夫子 諱文駟 太學生同治甲子科堂備著有潄潤廬詩文集

叔外祖劉子勝夫子 諱彰敬 庠生

高松岩夫子 諱立中 廩膳生

鴻勳 思敏 壽昌 太學生 思恭 邑庠生 壽崧

璟 候選巡檢 鴻泰 光緒己卯科舉人 思來 思泰 鴻吉

鴻緒 鴻亨 鴻立 鴻逵 思璐 思頤

思琛

嫡堂叔祖思純 國學生 思本 候選典史

胞伯叔祖壽彝 道光癸卯科優貢直隸州州判河南候補知縣歷署長葛郟縣登封縣知縣 欽加知州銜 勅授文林郎 誥授奉直大夫 思浩 安徽候補州吏目署梁園巡檢 勅授登仕郎 貤封奉直大夫 思九 河南候補縣丞 勅授修職郎

堂叔伯興 分省補用縣丞知縣用 欽加理問銜 嘉樹 分發河南試用巡檢

湛恩 聯恩 嘉祜 嘉誠 承恩 嘉祺

嘉福 瑞生

嫡堂叔嘉植 候選同知直隸州 嘉棨 光緒乙亥恩科舉人儘先前選用

王藹如夫子江寧處士

董銘新夫子名盤廩膳生

秦與可夫子諱光權增廣生

杜燕侯夫子名鹿鳴同治癸酉科拔貢廣東候補知縣

嫡堂叔祖蔭葛夫子名思本

姚伯慎夫子名永修

叔舅祖于子良夫子名嘉枬太學生同治甲子科河南鄉試房薦丁卯科堂備

夏清士夫子諱子標庠生

太姻伯路漁賓太夫子名璜道光乙巳恩科進士前河南洛陽縣知縣現主講敷文經舍

知縣加五品銜欽嘉霖候選典史嘉謀

胞叔嘉猷河南候補知縣知州銜賞戴藍翎欽加嘉言

堂弟世遇　世盛　世掄　世祥俱幼讀

嫡堂弟世杰

胞祖姑母三　一適道光癸卯科順天鄉試挑取謄錄河南候補府經歷軍功賞加六品銜江南亳州打仗殉難特旨賜卹追贈鑾儀衛經歷銜世襲雲騎尉世職賜祭葬勅授承德郎勅贈徵仕郎陳諱謨公室　一適候選布政司經歷王諱德滐公室　一適道光丙午科舉人陝西候補知府署延安府知府賈諱敦惺公室

胞姑母一　適同治己巳補行己未辛酉壬戌科舉人光緒丙子恩科進士翰林院庶吉士四川東鄉縣知縣現署奉節縣准補萬縣知縣欽加同知銜路名朝霖公室

胞姊一　適河南補用道候補知府賞戴花翎咸豐九年打仗殉難特旨賜卹建立專祠諭賜祭葬入祀昭忠祠追贈光祿寺卿予謚誠毅顏諱懷忠公次子太學生光

姑丈路訪巖夫子名朝霖

湛澤亭夫子諱含光庠生

韋光三夫子名明星廩貢生現任河南原武縣訓導

宋謝山夫子名安書同治甲戌科進士河南即用知縣

年伯潘鼎甫夫子名家瑞光緒乙亥恩科舉人

丁右衡夫子諱世選道光己亥科舉人原任河南商城縣知縣

王懿齋夫子名成德同治庚午辛未聯捷進士河南候補知州現署鄭州知州

緒丙子科順天鄉試房薦諱士棟室奉旨建坊旌表節孝

世昌娶曹氏貴州貴筑縣人嘉慶庚午辛未聯捷進士江西都昌縣知縣陞任景德鎮同知諱人傑公孫女嘉慶己卯科舉人都勻府教諭河南原武縣知縣欽加同知銜候選知府諱吉麟公長女河南候補州吏目諱元昌胞妹名元得胞姊

席氏江蘇上元縣人候選通判欽加五品銜誥封朝議大夫名存忠公次女河南鄢陵縣現調署武陟縣知縣欽加知府銜補用府候補直隸州賞戴花翎名元爔國學生候選縣丞本科順天鄉試房薦名元琛胞妹候選典史名元炳嫡堂妹分發浙江鹽庫大使名素恆國學生名素謙素豐胞姑母

子

女

世光娶吳氏山東霑化縣人乾隆壬申科舉人雲南候補知縣濟南府教授諱江公姪曾孫女五品封典名象謙公孫女五品銜河南候補縣丞名壽埏公女國學生名壽

張曉峰夫子名鑌同治乙丑科進士前河南葉縣知縣江西即用知縣　圻公胞姪女

吳月浦夫子名蔭曾同治甲子科舉人候選知縣　子　女

張少泉夫子名洵佳同治癸酉科優貢河南候補知縣

王晴舫夫子名文錦咸豐己未科進士河南候補道現署開歸陳許兵備道前主講敷文經舍

錢調甫夫子諱鼎銘道光丙午科舉人原任河南巡撫部院

段雁洲夫子諱廣瀛咸豐癸丑科翰林原任河南糧儲鹽法道

周勉民夫子諱士鐙道光辛卯科舉人原任河南按察使前主講敷文經舍

李子和夫子名鶴年道光乙巳科翰林現任河南巡撫

覺羅成子中夫子名孚現任河南布政使司布政使

豫東屏夫子名山現任河南按察使司按察使

麟子瑞夫子名椿現任河南南汝光兵備道

黃海樓夫子名振河道光己酉科舉人河南候補道署糧儲鹽法道

王左泉夫子名道源同治壬戌科翰林現

任河南糧儲鹽法道

太姻伯劉南卿夫子名毓楠咸豐辛亥壬子科聯捷進士前安徽鳳潁六泗道現主看花文社

唐光南夫子名咸仰道光己酉科拔貢前署河南開封府現任山西河東兵備道

饒雲卿夫子名拜颺河南候補知州前署祥符縣現署太康縣知縣

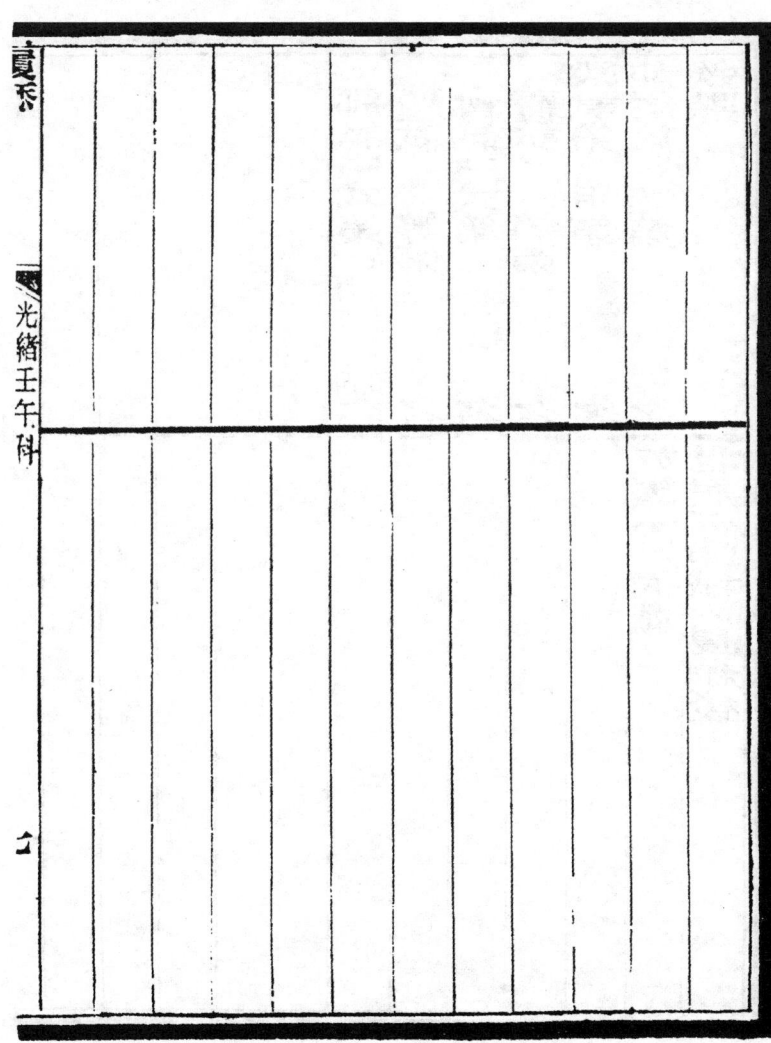

鄉試中式第一百五十四 九十五 名

覆試　等第　名

會試中式第　名

覆試　等第　名

殿試第　甲第　名

朝考第　等第　名

欽點

族繁不及備載

世居天津城內學棚後

順天鄉試同懷硃卷 光緒壬午科

中式第一百五十四名舉人徐世昌直隸天津府天津縣監生民籍

同考試官 日講起居注官翰林院侍讀學士國史館纂修盛京官總裁本衙門撰文教習庶吉士加三級錢 閱

薦

大主考 工部左侍郎加三級孫 批

又取 批 金和玉節

大主考 都察院左都御史兼管順天府府尹加三級畢 批

又取 批 局整機圓

大主考 經筵講官都察院左都御史加三級烏 批

又取 批 詞旨名貴

大主考 經筵日講起居注官翰林院掌院學士太子少保頭品頂戴禮部尚書加三級徐 批

又中 批 義蘊深純

光緒壬午科

一

本房原薦批

第一場

局勢開展詞旨充腴三藝一律詩亦雅飭

第二場

詞條華贍藻采紛披

聚奎堂原批

流動充滿到底不懈詩穩切

○○○○○○子曰雍之言然

徐世昌

言足究乎簡之原宜聖人所深許也夫雍言簡而先言敬正以辨其可不可也夫子然之非深於默契者乎且言未究一己之性功不足勤老成之觀聽言未立萬世之治法不足荷師長之褒嘉何則嚴肆存於一心寬大之朝不流疏濶操舍分於片念和平之治悉本憂勤教敵更端而情殷默契則儒生之性功於此定而帝王之治法於此昭雍以居敬之簡爲可以居簡之簡爲不可斯言也雍非知其所當然猶必折衷其所以然哉而夫子聞之欣然曰理未徹乎建極綏猷則所言難臻純備乃雍也因吾言而進求其密

復繹吾言而顯證其疏大道從違當前卽是則至情所發藹然爲
經世之文章事未明乎持躬接物則所言猶待參稽乃雍也循吾
言而進驗其詳復擴吾言而預防其略畢生品詣返已無愆則至
性所呈確然見識時之論斷信如雍言辨吾所已言者簡也而伸
吾所未言者敬也敬與簡自明於言之中敬與簡實符於言之外
也然哉然哉雍何以竟有是言哉此蓋合內外而貫天人雍未嘗
侈語勳名而稍輕道德故卽其所推尋之地以進徵其所涵容之
地則名言不易直欲合文學政事而數語兼賅抑且攝神明而通
上下雍未嘗高談淸淨而漫視功修故卽其所辨別之端以默窺

其所蘊蓄之端則要言不煩直欲綜帝典王謨而寸心獨運吾然
其言益決其南面之可使矣宰武城而學道爲懷偃也有言皆是
矣乃推吾言中之意以闡吾意外之言曲暢旁通深入殊無淺語
耳言以端主極皇躬無一息之怠荒言以奠民生兆姓遵一朝之
法守以雍也砥德有素覺危微精一偏卽之向囿於末兼權之始
執其中也片語切低徊不已信其息深達亹也乎論長府而舊貫
可仍損也有言悉中矣乃因吾言已發之機以明吾言未宜之旨
晰疑辨難當局獨有會心耳言爲宰世之箴宵旰之勤勞宜謹言
握經邦之要閭閻之文誥無煩以雍也談道有年覺誠正治平遞

徵之克踐其功誤用之轉滋其弊也微辭重商推不愈見其詞簡意賅也乎雍之言然吾願爲南面者審之

本房加批

筆曲而達言婉而深至其氣度春容自是金華殿中人語

○○○○○○日省月試既稟稱事所以勸百工也　徐世昌

省試因乎時既稟稱而所勸周矣夫百工之事必以日月計之也省之試之而既稟以稱其所以勸百工者不已周乎且自考工有典其所以按候而課功者尤必課功以行惠蓋飭材飭力稟人之董戒曲藝必勵夫居諸攻木攻金天府之匪頒稍食不形其遺濫技能之奏考覈精焉錫賚之公鼓舞寓焉而稱物平施者抑何其法良意美也今夫遞遷有令序課人事必順天時獎勵重專精責下效尤詳上惠臣請言來百工之事盛朝嚴奇巧之誅而修明制作每隨陰陽之遞嬗以判厥功能故耨耜舟車所以便民生之需

者卽以普天下之利也則良楛有别稽考未可或寬也王制重勸名之典而物曲紛呈每緣時序之遷流以徵其材力故箕裘弓冶所以著貽謀之遠者必以酬執藝之勞也則勤惰攸分辨别詎容稍懈也蓋百工各有其事而日有省月有試既課其功者豈無以酬其力哉考工詳課最積日程效計月程功省與試必準其時各示以法之不容越故觀器知巧熙朝之施惠自有等差周禮訂詔糈上工則豐下工則殺既與稟適如其分悉遵夫律之莫可違故授食計功匠氏之銘恩益深磨礪若然有既稟焉所爲繼省試之後稱其事以相酬也其所以勸百工者爲何如且夫一藝之成名

亦在激勸爲之耳使省試稍爲疏略則拙者既彌其短而巧者轉掩其長雖錫予之頻頒或有議行賞過濫者稱之不甚難乎惟日有考而月有稽居列肆之場圭璧金錫生其色日爲新而月爲異入冬官之府輪輿梓匠極其精而百工有不咸理耶既供脯資而稟給朝夕湛恩其有制也不已得其要於勸導也哉且夫衆能之報最要在奬勸施之耳苟省試未極周詳則少與既覺寡恩而多與更形傷惠縱督責之有自終有譏布澤多私者稱之又詎易乎惟課功而崇朝罔懈常職賜於上既以嘗大君之龔考績而三旬無荒食祿代其耕稟以拜仁人之粟而百工疇不獻藝耶無日以

怠而維月有成公祿匪倖邀也不已神其教於勸勉也哉合之柔

遠人懷諸侯而九經之事以全

本房加批

揚之高華按之沈實書筆兼擅切理饜心

○○○○○○伯夷聖之清者也伊尹聖之任者也柳下惠聖之和者也

徐世昌

論三聖以定其品有各造其極焉夫夷尹惠固皆自成其聖者也曰清曰任曰和非各造其極乎且從來盜竊虛名者究未能實貞素履也自矜血氣者究未能望繫蒼生也矯爲合同者究未能量周庶類也此行誼之未充敢謂主名遽定哉惟有眞氣節卽有眞負荷有眞負荷卽有眞性情分之則各行其是合之則難以強同而品詣之所臻遂已各著於天壤夫伯夷伊尹柳下惠非已各入乎聖之域哉西山之薇蕨早證高風莘野之耕耘不忘樂道至於

遺書藏篋而淵涵之意氣特立於嚚凌奔競之秋故末世仰丰裁一節亦均堪千古孤竹之遺墟尚傳雅望桐宮之往訓獨表貞忱至於奉命犒師而雍穆之詞華默化其攘奪紛爭之習故盱衡增慨慕前徽亦宛在人間夫伯夷何以稱其清哉設使易夷爲尹而必不能幾於任易夷爲惠而必不能幾於和是則夷自清而清乃爲夷矣吾故曰伯夷聖之清者也夫伊尹何以稱其任哉假令易尹爲夷而必不屑爲其清易尹爲惠而必不屑爲其和是則尹自任而任獨爲尹矣吾故曰伊尹聖之任者也夫柳下惠何以稱其和哉假若易惠爲夷而必不可爲其清易惠爲尹而必不可爲其

任是則惠自和而和遂爲惠矣吾故曰柳下惠聖之和者也且夫夷自夷尹自尹惠自惠而淸任和難矯其同夷尹惠亦難强爲合也夷不與淸期而淸則適有夷尹不與任期而任則適有尹惠不與和期而和則適有惠試窺其爲夷爲尹爲惠之心以自擴其獨淸獨任獨和之量則有夷之淸而天下之不淸者可以淸有尹之任而天下之不任者可以任有惠之和而天下之不和者可以和然而淸仍爲夷任仍爲尹和仍爲惠而功修不已夐絕哉且夫淸則夷任則尹和則惠而夷尹惠各成其異淸任和自各判其趨也淸不同乎任與和而不淸則非夷任不同乎和與淸而不任則非

尹和不同乎清與任而不和則非惠進徵其必清必任必和之詣似恍遇諸有夷有尹有惠之天則聖不止於清而天下之清獨有夷聖不止於任而天下之任獨有尹聖不止於和而天下之和獨有惠然而夷僅爲清尹僅爲任惠僅爲和而造詣曷臻純備哉若孔子之聖則異是○

本房加批

筆無停機首尾一氣水流花放之機神動天隨之妙

賦得松風含古姿得松字五言八韻　徐世昌

一碧含千古臨風秀獨鍾清姿淩絕壑幽韻託高松問跡前
朝鼎流音遠寺鐘煙痕斜舞鶴雲影勁盤龍橫亞濤聲激空
懸石氣濃吹嘘饒歲月斑駁飽秋冬聳翠疑浮頂搖青欲盪
胸晴光湖上好
丹詔紫泥封

本房加批

引商刻羽雅韻天成

順天鄉試同懷硃卷 光緒壬午科

中式第九十五名舉人徐世光直隸天津府天津縣監生民籍

同考試官日講起居注官翰林院侍讀學士國史館總纂纂成容官總裁本衙門撰文教習庶吉士加三級錢 閱 薦

大主考工部左侍郎加三級孫 批

又取 批 志和音雅

大主考都察院左都御史兼管順天府府尹加三級畢 批

又取 批 機暢神流

大主考經筵講官都察院左都御史加三級烏 批

又取 批 神清骨峻

大主考經筵日講起居注官翰林院掌院學士太子少保頭品頂戴禮部尚書加三級徐 批

又中 批 虛實兼賅

本房原薦批

第一場

清圓朗澈次三無疵詩穩

第二場

五藝俱用散行氣盛言宜筆姿蒼落

聚奎堂原批

聲澈鈴圓無浮囂氣次三一律詩雅

子曰雍之言然

徐世光

深契大賢之論簡仍一可使心也夫雍之論簡似未喻可簡之意然居敬之言不易也子然之仍一可使之心耳詎僅爲伯子辨哉從來聖賢立言固通乎宰化之原者也而往往言中之意默觸夫意中之言非言之曲爲符也蓋言爲治道所必宗卽言爲聖心所深契夫乃知名世經猷不外純儒學問而一詞之推許足爲千古定評已辨簡而審所居雍蓋以居敬爲然以居簡爲不然雖未喻可簡之意實深明行簡之理也夫子曰吾聞雍言吾爲雍信矣處廟堂而高清淨謂宰治不尙煩苛卒之約一心而有餘馭萬理則

○○○○○○○○○○○○○○○○○○○○○○○○○
不足則宸衷之嚴惕猶疏也吾人識見未眞豈易以坐論從容遽
○○○○○○○○○○○○○○○○○○○○○○○○○
推齊治均平之準勅幾康而懋修和調出治必根兢業乃知求之
○○○○○○○○○○○○○○○○○○○○○○○○○
事迹者淺矣諸心性者深而虛文之省約胥後也儒者學修素裕
○○○○○○○○○○○○○○○　　　　○○○○○○
每得以片詞商搉隱括帝王升降之原雍有是言則居不徒簡吾
○○○○○○○○○○○○○　○○○○○○○○○○○
猶得以可伯者可雍乎而居專在敬吾得不仍以可使者望雍乎
　　　○　　　　○○○○○○○○○○○○○○○○○
吾聞雍言吾爲雍信矣唐虞開薪傳之統而典謨所載不外欽明
○○○○○○○○○○○○○○○○○○○○○○○○○
知十六字之淵源用勅一二日之幾務聖功基宥密然後運化理
○○○○○○○○○○○○○○○○○○○○○○○○○
於無爲也雍蓋有悟而言也我周成大定之厤而雅頌所陳推原
○○○○○○○○○○○○○○○○○○○○○○○○○
執競知豐鎬京之教化胥載昭穆考之精神王道無黨偏豈第端

宸居於高拱也雍蓋有會而言也吾不禁聞雍言而欣然也夫疑吾言而辨析之與引吾言而發明之此中領悟之神有出於意計外者雍何言之娓娓也事無定而心有定明堂昭帝範福已備於蒼生法可更而志不更片念絕朋從道已基於百世含宏者載自厚嚴肅中之平易眞平易也雍言而足以進德也如見賓如承祭尙自嚴居敬之功哉吾更念雍言而憬然也夫因言已而求證於人因言人而實求全於已此時自待之厚有非可淺近窺者雍何言之鑿鑿也神聖不居淡泊之名廊廟之規模嚴於屋漏賢豪不享晏安之福衣袽之戒懼肅於垂裳淵默者慮自周惕厲中之安

閒眞安閒也雍言而足以用世也有司先小過赦其同此行簡之心哉然乎不然乎吾聞雍言而益信南面之可使也

本房加批

歛氣歸神從容大雅可驗文品可覘文福

日省月試既稟稱事所以勸百工也

徐世光

詳所以勸百工者在立其法而已夫百工亦細務耳省試既稟之間猶必計以日月準以稱事勸之法不於此立乎且先王考績有經詔祿有典其所以待士大夫者法至善也而飭材之法卽準諸此蓋制器重於冬官削墨引繩優絀既分其等辨器詳於匠氏量能授食豐殺更酌其平鳩工愼而中輟無虞鶉濡懔而素餐無誚待下之意周斯奉上之心急矣請言來百工之事夫百工何以勸哉亦在立其法而已古聖人前民利用規矩方圓之內胥示以成法之可循故因時以計功因食以課績經營昭美備而邑黜擇晢

不興謠於明盛之朝我先王作則因心經曲制度之中悉原於大法之有定而成事者毋荒於業酬庸者毋濫於施鼓舞樂趨承卽弓冶箕裘咸爭效夫手足之烈臣請詳其勸之之法一曰省統攻木攻皮攻金之衆而居肆呈材此日之勤難保其異日之惰則省之以日也有然一曰試合爲縷爲刻爲磨之徒而量能效用月望而進必期其月朔而成則試之以月也有然省矣試矣而所以酬其事者夫不有旣乎且不有稟乎計輪人染人弓人之績而書等饔工或分餼牽於六牲或頒廩給於九穀則旣稟之稱事也有然若此者無曠工則藝立無濫予則恩明小道可觀具見皇王之經

濟嚴以課其功寬以酬其力片長必錄胥蒙聖主之裁成夫乃歎前王立法之精焉督責峻其防不以善始開鮮終之習賞賚定其例不以此優沒彼絀之勞百工雖微本精意以與爲調劑有不感激報我君王乎迨至吳劍鄭刀良於遷地宋斤魯削貨不居奇以是見大匠之經綸卽以是見九重之教育靈臺鐘鼓梓材垣墉而勸導不自此深哉夫乃歎小民遵法之嚴焉巧與拙異用既以觀摩開振作之門豐與嗇殊施卽以常例杜虛縻之漸百工雖賤本要道以善爲陶成有不懽忻適彼樂土乎迨至高曾託業弗替典型伯仲傳家無憂堂構以是見顯呈之法守卽以是見默牖之精

神工不偭規人皆埶藝而勸懲不從此化哉公欲百工勸亦加意焉可

本房加批

慮周藻密局緊機圓慘澹經營良工心苦

伯夷聖之清者也伊尹聖之任者也柳下惠聖之和者也

徐世光

合觀三聖有各造其極者焉蓋清任和非聖之全詣而夷尹惠則各造乎其極不誠清任和之聖者哉嘗思聖無異聖卽聖無異量也聖不一聖斯聖各有見端也惟介然者有高天下之節而不涉於矯飾毅然者有經天下之心而不輕於嘗試藹然者有容天下之度而不流於詭隨斯雖未底於聖量之全也而其詣已卓絕古今已今使執一端以相例雖常人皆有可聖之資舉絕詣以相繩雖聖人亦有難全之詣余也盱衡往古論聖之所以各成其聖與

聖之所以各肖其聖者竊歎夫清也任也和也雖未合乎聖之全而已躋乎聖之域者也惟然而伯夷伊尹柳下惠乃迥絕千古矣天下卓絕之操有心致之而俱爲强飾之端無心由之而遂爲獨全之品夷不自知其清尹不自知其任惠不自知其和惟其不自知而縱情孤往一若清之外更無所謂聖任之外更無所謂聖和之外更無所謂聖而伯夷伊尹柳下惠遂各自成其爲聖天下純粹之詣造其全者分觀之而幾無一技可名囿於偏者並論之而勢雖一格相似夷之清不似尹之任尹之任不似惠之和惠之和不似夷之清惟其不相似而分道並馳一若清非任比惟清乃爲

夷之聖任非和比惟任乃爲尹之聖和非清比惟和乃爲惠之聖而伯夷伊尹柳下惠適各肖其爲聖惜也夷尹惠未得其通而造乎聖之全也幸也夷尹惠獨行其是猶得躋乎清任和之極也夷自忘其爲清而清之至卽聖之至也尹自忘其爲任而任之至卽聖之至也惠自忘其爲和而和之至卽聖之至也一定不可易已爲千秋特立之奇一節自可稱已起百世聞風之慕吾故曰伯夷聖之清者也伊尹聖之任者也柳下惠聖之和者也若時中之孔子則又化清任和之迹而與三聖之氣象不侔矣

本房加批

講及入手破空直走睥睨一切中二偶玲瓏剔透只就本題盤弄而與下句有風動帳開之妙允推此題合作

賦得松風含古姿得松字五言八韻　　徐世光

古意渾無際清秋眺遠松姿含青落落風動翠重重濤響疑
奔馬鱗翻欲挾龍吹噓餘令韻盤錯卸塵容皓月留三徑寒
霜暈一峯雁歸人矍鑠鶴引夢惺忪夏健懷前度秦延憶舊
封孤根移
上苑勁直荷
恩濃

本房加批

筆格遒勁藻不妄摛

李春澤

字我如號潤生一號潤民行七

咸豐戊午年五月二十八日吉係

直隸天津府天津縣府學廩膳生民籍

始祖天福 字奉三布政司理問敕封儒林郎前明萬曆年間自河南武安始遷津邑

始祖妣氏姚 安人 敕贈

氏趙 安人 敕贈

氏王 安人 敕封

二世祖世斌 字吉甫貢生 例贈修職郎

二世祖妣氏韓 孺人 例封

二世胞叔祖世泰 世昌 敕授儒林郎

三世胞叔祖琳

三世堂叔祖玥 瑨 例贈承務郎

胞太高伯祖如棠

堂太高叔祖汝奇 鳴皋 鳴鳳 鳴鸞 鳴周

傳

胞高伯祖澐 太學生 溥 太學生

胞高叔祖湘 候選從九品 敕授登仕郎 鴻 太學生 例贈修職郎

三世祖瑗字仲玉例贈文林郎
三世祖妣氏林例贈孺人
氏鄭例贈孺人
太高祖如梅字齊松馳贈奉直大夫
太高祖妣氏龔馳贈太宜人康熙癸巳恩科舉人諱聖符公女
高祖渤字巨川誥封奉直大夫
高祖妣氏韓誥封太宜人太學生諱棟公次女敕封徵仕郎諱士錦公胞妹太學生諱濱公胞姑母歲貢生候選訓導諱秉虔公祖姑母

嫡堂高伯祖潔
堂高叔祖炘　熙　培　域　堯　堂　芝
胞曾伯祖樹基太學生馳贈奉直大夫
胞曾叔祖樹聲太學生馳封文林郎　長清廩貢生原署正定府藁城縣儒學訓導嘉慶庚申恩科舉人考取實錄館校錄選授河南新鄭縣知縣歷任四川屏山銅梁等縣知縣加三級道光辛巳恩科四川鄉試同考官誥授奉直大夫　樹寶太學生　樹鶴太學生
嫡堂曾伯祖樹德太學生例贈修職郎　樹屏太學生
嫡堂曾叔祖樹華附貢生例贈武略騎尉　樹楷太學生　樹蔭太學生
樹翹太學生　樹坊太學生　長棻歲貢生候選訓導例授修職郎　樹聲
堂曾叔祖元濆　元春　元輔

曾祖樹榮字向之太學生
貤封文林郎
誥贈武德騎尉晉
贈中議大夫賞戴花
翎

曾祖妣氏趙貤贈孺人
誥贈太宜
人晉贈太淑人太學
生諱大眷公胞姊廪膳
生名承濂公胞姑母邑
庠生名致中公邑庠生
藍翎六品銜名
璧光公祖姑母

氏朱貤封孺人
誥封太宜
人晉贈太淑人邑
庠生名栻公胞姑母

祖嘉綏字采施守禦所千
總誥授武德騎
尉晉贈
武翼都尉

胞叔祖嘉紹字衣聞誥授昭武都尉嘉綬字佩青
覃恩貤封朝議大夫誥授
武翼都尉誥贈中嘉緒字承哉覃恩誥封朝
議大夫賞戴花翎議大夫貤封中議大
夫賞
戴花翎

嫡堂伯祖嘉言候選守禦所千總嘉謨候選營千總
誥授武德騎尉誥授武略
騎葆謙附貢生原任安徽鳳陽府宿州州判歷
尉署定遠靈璧等縣知縣教授徵仕郎

嫡堂叔祖嘉善候選都司誥嘉樂嘉龢光鑅
封武功將軍
原任廣西羅城縣縣丞兼署嘉會嘉允栢年
羅城縣知縣教授修職郎
湖北候補縣丞光謙郡庠向陽嘉修慶陽藍翎
教授修職郎生
同知銜前甘肅遇缺儘先光恩原任廣東韶州府
郎補知縣署甯朔縣知縣曲江縣典史教
授登桂林太學
仕郎生

從堂伯祖豫太學生菁巖藻候選從九品例授
登仕郎誥贈武德

二

履

祖妣氏劉 誥贈宜人 晉贈太淑人守禦所千總諱金聲公孫女太學生諱鴻坤公女

氏趙 誥封宜人 晉封太淑人 貤贈武略騎尉諱洵公女從九品銜名作霖公胞妹

父耀璋 字煦林太學生布政司理問 敕授儒林郎候選都司三品封銜

母氏朱 敕封安人 誥封淑人從九品諱秉鏞公女太學生諱恩培公胞妹

慈侍下

庭訓

騎尉 晉 新疆軍功六品銜例授武略騎尉 中孚 郡增生 益謙 太學生道光壬午考取 恩職候選主簿 例授修職郎

從堂叔祖 蔚 觀 廩膳生 鼎 莊 堃 豐 從九品 咸

蒼 候選從九品 壯 蒙 允光 允中 圻 井 垣

允功 業儒 墉 培 允升

嫡堂伯秉璋 字瓚伯號筱林咸豐乙卯科舉人壬戌會試大挑二等揀選知縣同治七年津防保案 賞加五品銜 賞戴花翎原任保定府安肅縣儒學訓導

嫡堂叔運昌 字霽林附貢生鹽運使司運同 賞戴花翎 奉璋 字士林五品銜布政司理問 玉璋 字昆林國學生候選通判 誥封奉直大夫 錫璋 字藝林國學生

從堂伯伯抑 太學生 敕授武德騎尉 仲誠 守禦所千總 誥封武功將軍 兆耆

邑庠生 鈞 席珍 仲平 附貢生藍翎五品銜候選巡檢

業師

嫡堂伯筱林夫子 諱秉璋

嫡堂叔爵林夫子 名運昌

胞兄菘生夫子 名春棣

王松谿夫子 諱治隆 增貢生

表伯劉桂生夫子 印錫九 廩貢生甲寅科考取八旗官學漢教習戊午科舉人原任湖南興甯縣知縣光緒丙子科湖南鄉試同考官欽加四品銜

楊香吟夫子 印光儀 壬子科舉人東光縣儒學教諭現主講輔仁書院

從堂叔國祥 郡庠生光緒丙子科挑取謄錄 金璋 叔泰 歲貢生候選訓導

國成 維鉞 太璞 國琪 維鏞 維銳 承

惠 議敘從九品 維銘 承厚 承楓 鈺 國燦 承

翰 國泰 國琛 業儒 士瀛 維錦 士勤 承泰

六品頂戴 國鈞

再從堂伯祖望 霖望 太學生 符望 太學生 宗望 太學生 承

望 淑銘 馳封武德騎尉 珍望 佾生 康泰 湯銘 守禦所千總

聯望 康和 漢銘 守禦所千總

再從堂叔廷望 興祖 文錦 文鈺 文銓 錫

霖 錫霑 興仁 錫霈 文釗 文鏡 文鎔

錫震

年伯辛庶田夫子 諱家彥 甲戌科進士翰林院編修 國史館纂修

姻伯陳挹爽夫子 印壿 辛酉科舉人壬戌科考取宗學漢教習廣東和平縣知縣

孟穫春夫子 印繼坤 壬戌恩科舉人乙丑科考取咸安宮教習辛未科大挑二等候選教諭

課師

世伯陳襄夔夫子 諱錫麒 壬戌科進士原任天津府河防分府

胞兄春源 字葵生國學生守禦所千總 誥授武德騎尉 春棣 字崧生廩膳生光緒乙亥恩科舉人丁丑科考取覺羅官學漢教習丁丑科考取漢謄錄充補 國史館謄錄議敘知縣

春膏 業儒殤

胞弟春熙 業儒殤 春捷 業儒殤

嫡堂兄春穠 字佩孫附貢生同知銜 春茂 字荷生候選鹽大使

嫡堂弟春臺 候選從九品 春禧 國學生 春英 春官 業儒

從堂兄鍾綸 國學生 春元 國學生封武功將軍 眺明良 候選都司 緝熙

候選都司 鶴生 鍾巘 軍功五品銜 鍾俊 邑庠生 春卉 喆生

鍾岐 津團保案六品頂戴 鍾彥

從堂弟鍾嶼 業儒 春林 春第 邑庠生 春齡 鋆 圖曾

鍾奇 鋆 春海 鍾仁 鍾義 春田 鍾禮

王芷庭夫子諱蘭昇庚午科山東解元甲戌科進士原任翰林院編修

姻兄王晉賢夫子印恩淮丁丑科進士翰林院庶吉士

肄業師

楊竹友夫子諱榮陽己未科進士前天津府學教授

王雲舫夫子印文錦辛未科進士翰林院侍講前主講輔仁書院

李鐵梅夫子諱嘉端己丑科翰林前安徽巡撫主講問津書院

春甲 鍾智 春奎 春煦 春泉 鑾

再從堂兄潤田字鐵庵議敘從九品 硯田 浴田 夢齡從九品

孟啟 佑啟

再從堂弟夢松 童貞 夢吉業儒 夢周 夢蘭 夢

庚 童吉 童利 瀛田業儒 英啟 純熙 夢奎

童家 野田 純儒 純彥 純修 純立

胞姪應熊字仲祥國學生守禦所千總 應龍業儒 應騂幼

嫡堂姪應駿

從堂姪育麟 瑞麟 雙麟 家麟 振邦 應麟

振麟 聚麟 肇麟 振綱 振鐸 繡 緯

標麟 壽麟 振邕

房

張幼樵夫子 印佩綸 辛未科翰林前都察院左副都御史主講問津書院

黃再同夫子 印國瑾 丙子科進士翰林院編修前主講問津書院

李尊客夫子 印慈銘 庚辰科進士戶部郎中陝西司行走主講問津書院

蕭廉甫夫子 印世本 癸亥恩科翰林直隸候補道前天津縣知縣

劉潤之夫子 印亨霖 前天津縣知縣

郭紹庭夫子 印奇中 灤州知州

再從堂姪 簷槐 簷桐 簷樞 簷樾 壽山 壽 四

姪 壽增

胞姪孫 寶熏 寶熏

再從堂姪孫 寶忠 寶墀 寶勛

胞姑母三 長適同邑例贈文林郎居諱輝聲公曾孫附貢生諱詰公孫嘉慶丁卯科舉人原任廣西昭平縣知縣癸酉科廣西鄉試同考官諱詮公姪孫誥贈武德騎尉貲戴藍翎諱維祺公長子候選從九品貤封武德騎尉名恩裕公 次適同邑敕授登仕郎例封武略騎尉王諱致隆公曾孫誥授武德騎尉諱錫祺公孫候選從九品諱長瑞公長子國學生名慰曾公 三適同邑五品銜布政司理問蕫諱承緒公曾孫太學生誥封朝議大夫諱珮公孫咸豐辛亥恩科舉人刑部湖廣司郎中諱維憲公子都司銜候選守備名熙公

胞姊二 長適同邑太學生郭諱大治公曾孫從九品諱善同公孫太學生諱春臺公長子國學

前天津縣知縣

朱允卿夫子 印乃恭 戊辰科進士清苑縣知縣前天津縣知縣

陳序東夫子 印以培 天津縣知縣升任遵化直隸州知州

沈松亭夫子 印丞泉 前長蘆鹽運使司分司

嚴小舫夫子 印信厚 署長蘆鹽運使司分司

馬松圃夫子 諱繩武 前天津府知府

生名汝爲

次適同邑國學生誥贈昭武都尉晉贈通奉大夫累贈榮祿大夫黃諱部公曾孫議敘都司銜誥授昭武都尉誥封武功將軍貤封中議大夫諱中吉公孫軍功副將銜賞戴花翎誥授武功將軍貤封通奉大夫諱昭融公長子議敘同知銜誥授奉政大夫誥封朝議大夫諱世模

胞妹一 未字

娶丁氏 同邑康熙丁卯科舉人癸未科進士誥授奉直大夫諱圻公來孫女例授迪功郎誥封武德騎尉諱士業公曾孫女太學生諱國魁公從堂姪曾孫女誥封武德騎尉諱爔公孫女道光辛卯恩科舉人原任福建甯化縣知縣欽加五品銜賞戴花翎諱運樞公候選從九品諱光宗公從堂姪孫女守禦所千總誥授武德騎尉諱域公女道光癸卯科舉人大挑二等原任衡水縣儒學訓導諱明誠公道光甲辰恩科舉人大挑二等歷任阜城高陽等縣儒學訓導欽加國子監學正銜諱琪公附貢生軍功保舉清豐縣儒學訓導升任湖北雲夢縣知縣欽加同知

惲筱山夫子印桂孫前署天津

府知

府

萬子和夫子印年豐前署天津

府知

府

子望夫子印宜霖江蘇揚州府知

府前天津

府知府

汪子長夫子印守正天津府知

府

丁樂山夫子諱壽昌原任直隸

按察使司按察使前

天津河間兵備道

吳春帆夫子諱贊誠己酉科拔

衔諱琛公浙江慶元縣典史補用縣丞諱珣公湖

北蘄州茅山鎮巡檢名席珍公五品職員名伯翔

公再從堂姪女津防保案五品頂戴候選典史名

兆雄原名兆鸞胞姊附貢生玉牒館謄錄分發

江蘇候補同知名鴻藻

原名兆鳳再從堂妹

子應麒幼殤應驥讀

女一

貢前天津河間兵備道

盛杏蓀夫子 印 宣懷 前天津河間兵備道

劉崑圃夫子 印 秉琳 壬子恩科進士前天津河間兵備道

劉景韓夫子 印 樹堂 直隸清河道前署天津河間兵備道

壽泉夫子 印 裕長 奉天府府尹前天津河間兵備道

年伯萬蓮初夫子 印 培因 己未科進士天津河間兵備道

鄭玉軒夫子 印 藻如 辛亥恩
科舉人前津海關道
周玉山夫子 印 馥 津海關道
冠九夫子 印 如山 戊戌科翰林四
川按察使司按察使前長蘆鹽運使司鹽運使
玉如夫子 印 額勒精額 前長
蘆鹽運使司鹽運使
季士周夫子 印 邦楨 辛未科進
士長蘆鹽運使司鹽運使
年伯李少荃夫子 印 鴻章 丁未科翰林 太子太傅 文華殿大學士直

隸總督一
等肅毅伯
受知師
賀雲甫夫子印壽慈辛丑科進
士前工部尚
書順天學政
何地山夫子諱廷謙乙巳恩
科翰林前工部左
侍郎順天學政
祁子和夫子印世長庚申恩
科翰林都察院左都
御史前順天學政
徐季和夫子印致祥庚申恩
科會元翰林院編修太
常寺少卿前順天學政
年伯孫子授夫子印詒經

庚申　恩科翰林戶
部左侍郎順天學政

鄉試中式第三十一名
保和殿覆試
欽定一等第六名
會試中式第　名
殿試第　甲第　名
朝考第　等第　名
欽點

族繁不及悉載
世居天津帶河門外沿河頭舖

劉文治

字華南號湄舟行一道光乙
月二十六日吉時生係直隸
天津縣學附學生民籍鴻臚

十世祖成 貢生
九世祖自美 邑庠生
八世祖漢英 候選州同
太高高祖思義 優貢
太高祖炎 貢生
太高祖妣氏李 候選直隸州知州諱能宓公女候選州同諱長晉公胞姊
繼太高祖妣氏張

九世伯祖自重 太學生
八世堂伯祖漢[illegible] 太學生 漢裔 漢祚
太高高叔祖思禮 康熙癸巳恩科武亞元
太高高堂伯祖士琦 士瑜 士瑚 士貴
高高叔祖珺 候選州同 瑗 太學生 瑰 太學生
堂高高叔祖珣 太學生 珩 邑庠生 瑋 武生 鑒 太學生 宗周 武生
從堂高高伯叔祖宗堯 宗舜 宗禹 宗賢
高叔祖向榮 太學生

屠尾

高祖向膺 太學生 敕封修職郎 敕

高祖妣氏王 敕封孺人 乾隆庚午科武魁諱亡公女庠生諱用貞公辛酉舉人原任江蘇元和縣知縣諱有夔公胞姊

繼高祖妣氏邵 敕封孺人 候選州同諱華滈公女諱集賢公胞妹諱聚賢公胞姊

庶高祖妣氏孫

曾祖維憲 附監生歷任山西陽曲縣縣丞湖北恩施縣縣丞題陞東陽縣知縣

曾祖妣氏周 乾隆庚寅恩科舉人丙申召試歷任陝西定邊三原大荔縣知縣商

堂高叔祖向儁 太學生 向紀 向奎 太學生 向華 乾隆丁酉副榜

向發 太學生 向達 候選縣丞 向灝 向傑 向莊 向寬

向謨 向勇 太學生 向治

從堂高伯叔祖向詰 太學生 向惠 庠生 向宸 向剛 武生 向聰

寅清 庠生 向燃 向書 向恩 向仁

胞曾伯祖維新 維祺 庠生 馳封修職郎 湖北恩施縣縣丞

胞曾叔祖維斗 維芳 維賓 維節 維屏 維

垣

嫡堂曾叔祖維和 從九品 維龍 維鼎 維則 維[illegible]

維鵬 崇鍛 維烈 維慶 維吉 維興 壯

圖 崇質 崇敬 餘慶

州直隸州知州西安府知府陝西督糧道湖北
按察使司山西布政使司鴻臚寺卿諱光裕
公女 誥封恭人

祖錫 號韻湖太學生著有寫梅閣詩鈔 誥封奉直大夫 晉贈朝議大夫

祖妣氏張 誥封宜人 晉贈恭人舉人諱玉懷公女嘉慶丙子舉人諱緒會公胞妹

本生祖鎬 字仲于號果山 嘉慶己卯順天第三名舉人道光癸未進士歷任山東德平范縣樂陵縣知縣乙卯科鄉試同考官 欽加同知銜

本生祖妣氏左人 誥封宜人 晉封

員恝

再從堂曾伯叔祖 維城 維藩 維繼 維甯 維翰

維聞 維林 維寅庠生 調鼎 調鼐 維鏞 維

元 觀光 觀儀 視傳 維銓

嫡堂伯叔祖鐸 鈞 鉅 鑑 釗 鈘

從堂伯叔祖鎮 鈺 鉽

再從堂伯叔祖聚 楷 泰復 泰兆 樂晉 泰昌

恩第 原任山東平原縣知縣 恩榮 恩和 恩鑾 恩隆

恩祥

胞叔元煦 原任山西崞縣典史 元照 前河南永城縣典史 均出繼 元彝 山西候補未入流代理忻州代州吏目台懷巡檢繁峙崞縣典史

嫡堂伯叔貽燕 文照 樹勳 啟熙 元捷 武生山東樂安

府

恭人滄州庠生諱睿沖公女

祖妣氏陳 誥封宜人 晉封恭人

父鶴春 原諱元燮字孟和 候選同知 誥授奉直大夫 晉封朝議大夫

母氏陳 誥封宜人 晉封恭人河南信陽州巡檢陳諱泰公女太學生名松齡諱松鈞公

胞姊

承嚴下

庭訓

受業知師謹以先後爲序

業夫王老夫子 諱兆伊

陞把總 炳麟 六品軍功

從堂伯炳 煜 靖

再從堂叔廷傑 庠生 廷璧 廷翔 廷俊 廷舉 廷

贊

胞姑母三 長適太學生王諱聯五 次適六品銜沈諱自新 九適候選守備黃諱愈鋭

胞弟文河 早殤

胞妹一 適歷城庠生鈕名焜

嫡堂弟文誠 文浚 業儒 文漢 業儒 文海 幼

從堂弟文源 文元 文彬

再從堂弟桂元 幼

妻沈氏 浙江秀水縣庠生諱福五公三女道光丁酉拔貢山東博興縣知縣諱其昌公胞姪女太

芝軒張老夫子名芳田山東運學廩貢
學生諱崇仁胞妹山東候補運庫大使諱崇禮原任平原縣典史諱希曾堂妹庠生名起霖堂姑

姜崔氏生二子未育

表姊丈紫垣梁老夫子名錦奎庚辰進士現官翰林院編修
子德鎣十五歲殤德增業儒德森幼
嫡堂姪紹先幼

筱文朱老夫子名丕照歲貢

鶴峯鄧老夫子名振翮壬曾戌並補辛酉舉人山東臨清州學正

午橋沈老夫子名炳歷城庠生

豫生朱老夫子名桐芬歲貢

姻兄寶光解老夫子名元珠歲貢候選州判

賓歷

三

貺

芳亭杜老夫子名聯第郡廪生

雲甫賀老夫子印壽慈辛丑進士前工部尚書順天學政蒙 取入邑庠生二名

子授孫老夫子印詒經庚申進士戶部左侍郎 南書房行走前任順天學政

子棟田老夫子印崧元貢生現任天津縣教諭

承齋武老夫子印汝繩歲貢現署天津縣訓導

香吟楊老夫子印光儀壬子舉人東光縣教諭現主講輔仁書院

年伯少荃李老夫子印鴻章丁未進士 太子太傅 文華殿大學士一等肅毅伯北洋大臣直隸總督

士周季老夫子印邦楨辛未進士現任長蘆鹽運使

玉山周老夫子印馥欽加二品銜 賞戴花翎現任津海關道

蓮初萬老夫子印培因己未進士現任天津河間兵備道

杏孫盛老夫子印宣懷欽加二品銜前署津海關道

芸楣胡老夫子 印 炳棻 甲戌進士前署天津河間兵備道

子長汪老夫子 印 守正 二品頂戴現任天津府知府

筱舫嚴老夫子 印 信厚 前署長蘆鹽運分司

序東陳老夫子 印 以培 現任天津縣知縣升任遵化直隸州知州

紹雲老夫子 印 烏拉布 甲戌進士工部左侍郎 本科監臨

仲英沈老夫子 印 秉成 丙辰進士二品頂戴順天府府尹 本科監臨

召棠杜老夫子 印 化南 峼縣貢生

少岩申老夫子 諱 天驤 歷城歲貢候選訓導

鄉試中式第一百二十九名
保和殿覆試
欽取第二等第九名
會試中式第　名
覆試第　等第　名
殿試第　甲第　名
朝考第　等第　名
欽點

族繁不及備載
世居

馮學彥

高高祖士璘 字君冕誥授昭武都尉例贈武畧騎尉

高高祖妣氏張 誥封恭人

高祖廷元 字展臣誥封昭武都尉例授武畧騎尉候選千總

高祖妣氏魏 誥封恭人

氏王 誥封恭人

曾祖恩溥 字湛思國學生例贈修職郎

曾祖妣氏許 例贈孺人

字俊甫號穉薌一字志[illegible]二咸

豐丙辰年十二月二十[illegible]時生

直隸天津府天津縣增廣生民籍

高高伯祖士琦

嫡堂高伯祖廷柄 太學生 廷煜 廷輔 例贈承德郎 廷

高伯叔祖廷棟 廷相 廷樑 國學生 廷樞 廷檜 廷

桂 廷標 廷書 廷椿 廷柏

嫡堂曾伯祖易 早世 恩綬 字佩青武庠生候選都閫府欽加遊擊銜誥授武義都尉

堂曾伯叔祖旭 國學生 昭 國學生例贈儒林郎 智 乾隆庚子科舉人候選知縣例贈文林郎著有梅墅吟存 晉 國學生著有夢陶山人學吟稿 昶 議敘通判例贈承德郎

沛 例贈文林郎 昆 浩 從九品 潤 浡 源 純 治 國學

本生曾祖暉字笏山郡增生誥封奉直大夫
本生曾祖妣氏胡誥封宜人
祖相儀字型方國學生
祖妣氏沈例贈孺人貤封恭人
本生祖修齊字養和候選布政司理問誥封奉直大夫
本生祖妣氏姜誥封恭人
父長齡早世
本生父守訓字芸蕤同治壬戌科考取謄錄敕授承德郎
本生母氏陳例贈孺人王例贈孺人

生涿　兆麟　兆埒邑庠生
堂伯叔祖相棻道光庚午科副榜正藍旗官學教習歷任山東昌樂縣知縣江蘇新陽縣知縣著有益識錄遵學錄切用文通慎守要錄南遊詩草　相桂國學生候選巡政廳　相芝道光壬午科經魁前任肅甯縣儒學訓導　相蔭國學生　錦雯增廣生　樹華例贈文林郎　汝棟　樹圻　相保　樹階從九品　相華　相蕚候選州判　光前　光裕　開基　開泰例贈文林郎　開業例贈文林郎　開甲貤封文林郎　開鼎　開功　開勳　開第例贈文林郎
胞叔守詒字翊軒敕授武畧騎尉　守誠字麗軒誥封奉直大夫
堂伯叔春曦郡增生　春瀛道光己酉科拔貢朝考一等刑部七品小京官咸豐己未恩科兄弟同榜舉人歷任山西蒲州府知府太原府知府　春甲國學生　春煦國學生　春澤　春第　春屏早世　春標早世　春皞早世　源漢

本生母氏何 例贈孺人 候選鹽提舉諱肇岐公孫女，邑庠生候補清軍府諱炘公女，淮運衛千總諱裕坦、邑庠生候選州判諱裕墀、國學生諱裕坤公胞妹，國學生名鏁、鍠、鈺、鈞、鎔、鈞銓公胞姑母

永感下

本生慈侍下

庭訓

業課受知師以先後爲序

堂伯育亭夫子名春煦 詳前

張實君夫子名希華 邑庠生

葉小鈞夫子名展藻 邑庠生

源澄　源濬 郡庠生　源清　春長 從九品　春寅　春漢

春林　春潮　春罍 貤封文林郎　翕　翥 邑庠生　翰 道光辛巳恩科舉人，國史館謄錄，江蘇宜興縣知縣，署嘉定縣知縣，道光己酉科江蘇鄉試外收掌官，咸豐辛亥恩科江蘇鄉試同考官，武闈彌封官　翧　翽　翱　羾　翊　翲

向榮 道光壬辰科舉人，癸丑科大挑二等，候選教諭　向華 咸豐己未恩科兄弟同榜舉人，咸安宮官學教習，內閣中書，廣東候補同知　如蘭　如蕙　如芝 貤封文林郎　德旺　春園　春配　春申　春榮　春和

胞兄弟 學彬 字小芸，光緒丁丑科考取謄錄　學彰 字介清，邑庠生

嫡堂弟 學銳 字敏之，候補府經歷　學錦 字濯如　學鈞 字秉樞，業儒

堂兄弟 頤年 國學生，候選藩經廳，山西候補直隸州　同年　嵩年　恆年

平年　延年　彭年　興　虎　豹　大年

灝年　寶善　寶常　寶慶　寶凝　寶珍　寶

表兄張文川夫子 名兆奎 同治癸酉科舉人 現官內閣中書

薛懋南夫子 名樹棠 同治庚午科舉人

王少蓮夫子 名煜 同治壬戌恩科舉人 現任懷來縣教諭

蔡雨田夫子 名潤雨 同治庚午科舉人

孟筱藩夫子 名繼坤 同治壬戌恩科舉人 咸安宮官學教習

王子良夫子 名吉甫 歲貢生 光緒庚辰科考取謄錄 候選訓導 受益良多

琳 寶書 寶昌咸豐辛酉科舉人 寶環邑庠生 寶賢 寶

樹 寶臣 寶訓邑庠生 寶勳 寶田 金臺 金

發 寶城 寶貴 寶森 鶴年 增年 永年

長年 松年 壽安 壽泰 福來 四元

養兒

嫡堂姪光潤 光治 光渠俱幼讀

堂姪致祥 肇祥 發祥 讓 謙 詠 謹 訏

謨 詩 詔 蘭寶 恭 儉 恕 信 貞

惠 仁 和 寬 丑兒 有兒 三羣

堂姪孫喜兒

娶解氏 乾隆癸卯科舉人邯鄲縣教諭敕授修職郎諱秉彝公元孫女 郡庠生晉贈儒林郎諱道五公曾孫女 道光戊子科謄錄欽加州同銜河間縣訓導諱開蘭公孫女 國學生名元熙公

二

宜子望夫子 名㬚 前任天津府知府現任揚州府知府蒙取前列

王子惠夫子 名澤民 同治庚午科舉人主講涿州鴻澤書院

查如江夫子 名光泰 咸豐壬子科挑取謄錄歷任三河縣知縣涿州知州現任順天府治中

表伯李蘭孫夫子 名鴻藻 咸豐壬子科進士前吏部尚書協辦大學士現任內閣部堂

徐季和夫子 印致祥 咸豐庚申科會元前順天學政

女國學生候選鹽知事 賞戴花翎名茂承軍功 賞給五品頂戴名茂育公胞妹

繼娶康氏 誥封奉政大夫道光辛巳科副榜任邱縣教諭俸滿議敘知縣歷任四川供縣知縣長甯縣知縣諱懋敷公曾孫女欽加同知銜誥封奉政大夫歷任貴州甕安縣知縣浙江奉化縣知縣諱敬思公孫女候選鹽大使名宗萊公長女郡庠生名繼祖胞姊

子文瀚

女一

孫子授天子名詒經咸豐庚申科進士現任順天學政蒙取一等

鄉試中式第二百十三名

保和殿覆試二等第三名

會試中式第　名

覆試　等第　名

殿試　甲第　名

朝考第　等第　名

欽點

族繁不及備載

住天津城內鼓樓西

查爾崇

字洵生號峻丞一號雋丞行一
同治甲子年九月十五日吉時
生係順天府宛平縣附生民籍

北遷始祖諱秀前明江西撫州府臨川縣學廩膳生萬歷十八年遷居順天宛平縣
始祖妣氏王
二世祖諱忠前明萬歷己酉順天副榜
二世祖妣氏王 敕贈孺人
三世祖諱國英生前明太學 皇朝

三世叔祖國才前明太學生著有西山草樸園吟
四世叔祖如鏡太學生
五世伯祖剛度天文生
六世伯叔祖為仁號蓮坡邑庠生康熙辛卯解元
誥贈中憲大夫讀書水西莊著有花影庵集無題詩是夢集抱甕集竹邨花塢集山游集押簾詞賞菊唱和集花影庵雜記游盤日紀蓮坡詩話沽上題襟集圍爐集澹宜書屋六詠擬樂府補題絕妙好詞箋

屃 貤贈通議大夫

三世祖妣氏周 前明崇禎十七年三月十七日闖逆之變偕娣姒以次九人殉難事詳大清一統志并家乘九烈傳 貤贈淑人

四世祖 諱如鑑 號允哲國學生歷官江南江都縣知縣署江都縣縣丞署江都縣知縣 誥贈通議大夫 晉贈資政大夫

四世祖妣氏方 誥贈淑人 晉贈夫人

禮 號儉堂國學生歷官兵部侍郎兼都察院右副都御史湖南巡撫四川布政使司布政使按察使司按察使松茂兵備道川北兵備道甯遠府知府廣西太平府知府慶遠府理苗同知戶部陝西司主事大兵進剿金川管理西北兩路糧臺事務總理金川屯務賞戴花翎 國史有傳 誥授資政大夫讀書水西莊工畫墨梅著有銅鼓書堂遺稿漢印譜

族六世伯祖業新 國學生

胞太高叔祖晉田 國學生候選布政司理問 杰 國學生候選州吏目著有鐵畫軒詩稿

嫡堂太高伯叔祖賞長 廩膳生乾隆癸酉舉人甲戌進士歷官刑科工科掌

氏劉
人　誥贈淑
晉贈
夫
人

五世祖諱日乾號慕園國
學生候選
知縣　勅封承德郎
誥贈通議大夫　晉贈
資政大夫著有春秋臆
說二卷史腴四卷建水
西莊別業延集海內
名流事蹟詳長蘆志

五世祖妣氏馬人　勅封安
誥贈
淑人　晉
贈夫人

氏王人　勅封安
誥贈

印給事中巡視天津爪儀漕務察院掌湖廣
江南道監察御史禮部主客司郎中刑部貴
州司員外郎乾隆庚戌科武會試同考官乙
酉科武鄉試同考官　誥授中憲大夫著有
鐵雲書附貢生候選鹽場大使　例封奉
詩稿和政大夫　晉贈中憲大夫著有東
軒詩鈔未付梓濤國學生　恩賞六品頂戴
者有三十六種休致大理寺卿江西貴州
布政使司布政使按察使司按察使湖南督
糧道江蘇常鎮通海道署廣西桂平梧鬱鹽
法道桂林府平樂府知府福建龍岩直隸州
知州雲南武定直隸州知州趙州知州四川
宜賓縣南部縣知縣　國史附傳　誥授通
議大夫外孫吳諱式芬官貴州布政使恭遇
覃恩　貤贈通奉大夫著有梅舫泳早
詩鈔付梓者有蜀游詩鈔湘灘合藁世濟
國學生歷任廣東廣州府經歷調任海豐縣
縣丞署增城縣新會縣香山縣知縣　勅授

淑人 晉
贈夫人

六世祖諱爲義號集堂國學生歷官
安徽太平府通判江南
淮南儀所監掣通判署
淮北鹽運分司卓異加
四級 誥授中憲大夫
旌表孝子讀書水西
莊工畫蘭竹兼寫意花
卉著有集堂詩草捐舊
居爲問津書院建芥園
別業事蹟
詳長蘆志

六世祖妣氏杜 誥贈恭人

氏王 誥贈恭人

修職郎 浤國學生候選刑部司獄 濤國學生 溥早世

族太高伯祖善純議敘七品銜

胞高叔祖梧國學生工畫蘭竹 棨國學生河南候補未入流歷署滑縣濬縣
縣丞內黃孟津寶豐 豢太學生
縣典史邵源鎮巡檢

嫡堂高叔祖敬 紹早世 勉 庚太學生 壬早世例贈文
林郎

從堂高伯祖成榜名維城庠生乾隆丁酉科舉
叔祖誠人候選郎中 誥贈中憲大夫
著有天游閣詩翰國學生候維廩貢優
稿天游閣雜著章選同知寓生樞廩
貢生揀發雲南候補知縣歷署永善縣建水
縣知縣直隸河間府教授趙州學正清苑縣

㬎世祖妣氏雇 孺人 勅贈
氏余 孺人 勅贈
太高祖 諱溶 號澄之國學生 誥封奉政大夫 貤贈朝議大夫
太高祖妣氏項 誥封宜人 貤贈恭人
㬎太高祖妣氏祁 孺人 勅贈
高祖 諱彬 榜名曾印 號頵亭 增廣生 乾隆癸卯舉人 甲辰會魁 歷官河南鄭州信陽州知

訓導 勅授文林郎 乾隆庚戌八旬萬維
壽呈進畫冊 恩賞貂緞 著有北亭遺草維
雯 國學生 維霖 森 余 增廣生 韓 贈文林郎 例鳥 國學 衛 生乾
隆甲寅科舉人 榮 廩貢生候選訓導 林 國學生 判歷署曲靖府雲南 雲南候補通
府同知晉甯州知州 呈貢縣知縣 總理雲南
通志局務 勅授承德郎 例贈奉政大夫
著有有方集釀秋軒草滇吟湘中詩餘 楷 貤封登仕佐郎 枋 栻
楣 棠 楫 桂
族高伯祖維璐 維珖
胞曾叔祖璨 號友庵 一號祖山 國學生 勅封文林郎 覃恩貤封奉政大夫 覃恩誥贈中憲大夫 覃恩纍贈通奉大夫 著有駢體字義補祖山試帖
璋 號相庵 國學生

州安陽縣淇縣太康縣
安徽鳳台縣懷甯縣知
縣署陝州汝州直隸州
知州嘉慶丙子河南鄉
試同考官 誥授奉政
大夫 晉贈通議大夫
累贈通奉大夫入祀
信陽州名宦祠工畫蘭
竹兼寫意花卉著有湘
薌漫錄采芳隨筆小息
舫詩
草

高祖妣氏包 誥封宜人 晉贈淑人
累贈夫人浙江仁和
乾隆辛卯舉人戊戌進
士原任吏部考功司主
事福建龍巖州直隸州

河南候補從九品歷署禹州吏目 勅授登
仕郎 覃恩誥贈朝議大夫 累贈通奉大
夫著有我
容軒試帖

嫡堂曾叔祖錄勤號實庵國學生例贈通奉大夫 景勤號敬庵國
學生 覃恩貤贈奉政大夫
以弟成庵公次子以煌為嗣 泰勤號成庵太學生

從堂曾叔祖肯勤恩貢生候選復設教諭
貤封奉政大夫著有知無忘
齋雜著
待梓 久勤歲貢生候選訓導 貤封奉
政大夫著有韻字辨字待梓 毅
勤廩膳生道光癸卯舉人庚子順天鄉試挑
取謄錄 國史館議敘候選知縣五品銜
前懷來縣懷安縣儒學教
諭著有靜學齋雜著待梓 賡勤國學生 奉勤

再從堂曾伯叔祖輔勤例贈奉直大夫 翊勤 賛勤

知州諱承祚公次女邑
庠生諱錫丹公安徽桐
城六百丈巡檢
諱炎公胞妹
曾祖諱默勤號識庵國學生屢膺房薦
著有槐窗雜識　覃恩
誥贈奉政大夫　晉贈
通議大夫　累
贈通奉大夫
曾祖妣氏馮宜人　覃恩誥贈　晉贈
淑人　累贈夫人順天
涿州原任江南徐州府
邳睢同知諱焜公孫女
原任河南開封府蘭儀
同知諱墉公次女提舉
銜河南候補布政司都

訥勤國學生嘉慶戊午舉人辛酉進士歷官
陝西糧儲道詹事府左春坊左中允右
春坊右贊善　日講起居注官　國史館纂
修功臣館協修　文淵閣校理翰林院檢討
誥授中憲大夫
僧勤國學生
稿勤國學生
問勤議敘六品銜
賓勤國學生歷官甘肅西甯府貴德廳同知
調任陝西孝義廳同知甯夏府鹽捕通
判署平羅縣知縣
咸勤廩膳生道光辛巳解
誥授奉政大夫　元　截取知縣　例
授文林郎
宗勤議敘六品銜
叔旲
常勤國學生
圖勤
彌勤
賀勤
政勤
宣勤國學生六品銜
歷官湖南黔陽
縣石橋司巡檢署鳳凰廳知事巡檢晃州廳
清泉縣巡檢永順縣典史　勅授登仕佐郎
例授　附監生補用同知江蘇候補知
宣德郎
延年縣署宿遷縣知縣　例授奉政

履

事諱立嶸公胞姊知縣用卽選縣丞名德峻公

胞姑

祖名以觀號考庭國學生知府銜補用同知直隸州知州江蘇候補知縣署新陽縣靖江縣知縣代理江陰縣知縣軍功　賞戴藍翎　賞換花翎　誥授朝議大夫　誥封中憲大夫

祖妣李氏誥封恭人順天宛平乾隆已酉拔貢原任河南尉氏洛陽縣知縣廣西永康州知州諱烜公孫女原任廣西融縣知縣諱連

大各附貢生江蘇候補知夫車縣　例授文林郎賡勤

族曾伯叔祖守勤　定勤　宅勤　安勤

胞叔祖以謙號撝庭國學生補用道河南候補知府歷任河南臨潁縣杞縣祥符縣知縣陝州直隸州知州軍功　賞戴藍翎　賞換花翎

嫡堂叔祖以清號藝庭國學生同知銜補用同知直隸州知州河南候補知縣署西平縣葉縣知縣　賞戴藍翎　例授奉政大夫

丙章榜名丙旭號曜庭廩貢生同治甲子舉人四品銜刑部山東司員外郎　賞戴花翎　誥授中憲大夫

鈞號聲庭國學生知府銜候補同知直隸州知州署河南衛輝府衛糧通判現官山東兗州府捕河通判調署河南開封府督糧通判

以新號春庭庠生咸豐戊午舉人　貤贈奉政大夫

城公次女

庶祖母氏寶何宜人貤封

父名恩綬號蔭階附貢生同治丁卯舉人內閣中書委署侍讀四品銜候補侍讀充文淵閣檢閱本衙門撰文實錄館校對官詳校官 國史館校對官方略館校對官 玉牒館纂修官管理 誥勅房事務兼辦中書科誥勅事務管理稽察房事務兼管漢本堂事務

妣氏翁 誥贈恭人順天宛平道光癸卯舉

從堂叔祖以鈞國學生前河南候補知州以燃 以煌出嗣敬庵

公以坤俱業儒

再從堂叔祖以廉國學生候選縣丞 以讓國學生前山東即墨縣鰲山衛巡檢淩漢廩膳生現官蔚州復設訓導 秉漢廩膳生同治丁卯副榜鑲紅旗官學教習候選知縣

三從堂伯叔祖三德候選從九品 曾綬 以元候選典史 以續國學生 以晉國學生同知銜候選知縣 以豐 以珍 以釗業儒 以科業儒 以嵩候選巡檢

胞叔定綬號葆階廩膳生

屡

人咸豐丙辰進士翰林院庶吉士原任江西武甯縣知縣諱延緒公長女光祿寺署正諱立誠公胞妹光緒丙子舉人候選知縣名立德公胞姊

繼妣氏劉 誥封恭人順天永清嘉慶丙子舉人道光癸未進士翰林院編修原任雲貴總督諱源灝公次女咸豐乙卯舉人諱祖栻公二品廕生刑部員外郎雲南陸涼州知州諱祖棻公附生諱祖楙公附生諱祖格公戸部主事

嫡堂叔雍綬庠生 循綬業儒 豫綬業儒 圭綬幼讀 復綬幼讀

從堂叔元綬國學生 正綬國學生河南候補按察司經歷 振綬業儒

雙綬庠生 貫綬業儒 德綬業儒 兆綬國學生河南候補府經歷 介

安綬幼讀 鼎綬幼讀

三從堂叔賞綬 壽綬 裕綬 升綬 祺綬

克綬俱業儒

四從堂叔和綬 亨綬 利綬 衡綬俱業儒

胞弟爾開幼

四從堂弟爾順 爾本 爾玹俱幼讀

庶母氏何 諱祖槩公胞妹附生名祖琇公胞姊

娶陳氏 順天大興世襲雲騎尉名文驥公長女同治甲戌進士翰林院編修現官浙江金華府知府名文騄公河南候補知縣名文駿公太學生諱文駟公胞姪女

重嚴侍下

祖訓

子

庭訓

女三

業師 謹以受業先後爲序

表姑丈王楚香夫子 名寶善 同治癸亥進士內閣中書浙江處州府教授現官福建候補知縣

劉見五夫子 名炳雲 同治壬戌舉人現官浙江遂昌縣知縣

吳蜀江夫子 諱西川 同治辛未進士原任翰林院編修

王贗之夫子 諱允善 同治癸亥進士原任戶部江南司郎中

萬亦山夫子 名青田 同治庚午補行丁卯舉人候選知縣

表叔章子如夫子 名璐 光緒己卯舉人

徐子受夫子 名惇誥 同治甲子舉人

再從堂叔祖帖青夫子 名濬 廩膳生現官蔚州復設訓導

王芷庭夫子 諱蘭昇 同治甲戌進士原任翰林院編修

鈕潤生夫子 諱玉庚 同治乙丑進士日講起居注官原任翰林院侍讀學士

王越莊夫子 名朝瀚 同治丁卯補行甲子舉人現官內閣中書

孫穆如夫子 名賡濤 同治丁丑進士現官戶部候補主事

王鐵珊夫子　名邦鼎光緒庚辰進士現官兵部候補主事

叔宕陳仲英夫子　名文騄同治甲戌進士翰林院編修現官浙江金華府知府

姚槱甫夫子　名禮泰同治甲戌進士現官翰林院編修

許鶴巢夫子　名玉瑑同治甲子舉人現官內閣中書

吳慎生夫子　名均金同治庚午舉人現官內閣中書

陳冠生夫子　名冕光緒癸未一甲一名進士現官翰林院修撰

程序東夫子　名其珏同治甲戌進士翰林院庶吉士現官江蘇元和縣知縣

吳燮臣夫子　名樹梅光緒丙子傳臚　南書房行走現官翰林院編修

朱詠裳夫子　名壽祥光緒丙子進士現官翰林院編修

受知師

劉賓南夫子名東美光緒丙子進士現官順天府教授

溫子澤夫子名如春道光甲辰舉人現官順天府訓導

蔡鶴君夫子名壽璪附貢生現官宛平縣知縣

李仲遠夫子諱宏謨咸豐己未進士原任順天府府丞

徐季和夫子名致祥咸豐庚申會元現官太常寺少卿前順天學政

孫子授夫子名詒經咸豐庚申進士毓慶宮行走現官戶部左侍郎前順天學政

戴青來夫子名兆春光緒丁丑進士現官翰林院編修壬午順天鄉試同考官

富紹雲夫子名烏拉布同治甲戌進士現官工部左侍郎本科監臨

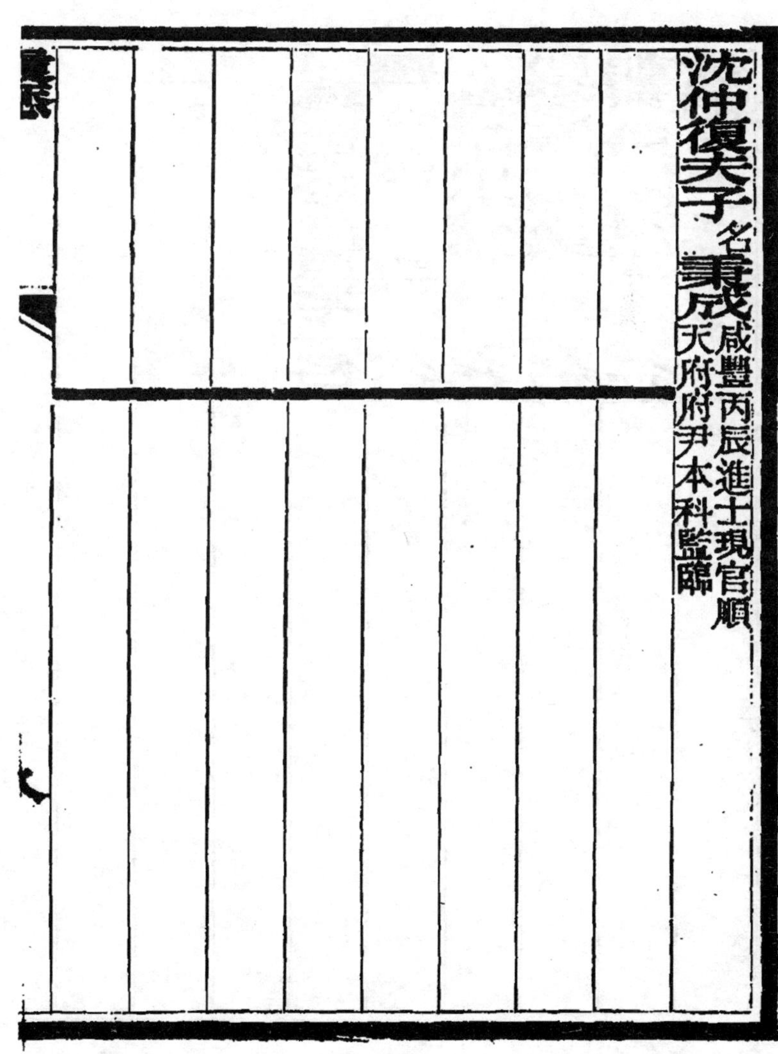

沈仲復夫子名秉成咸豐丙辰進士現官順天府府尹本科監臨

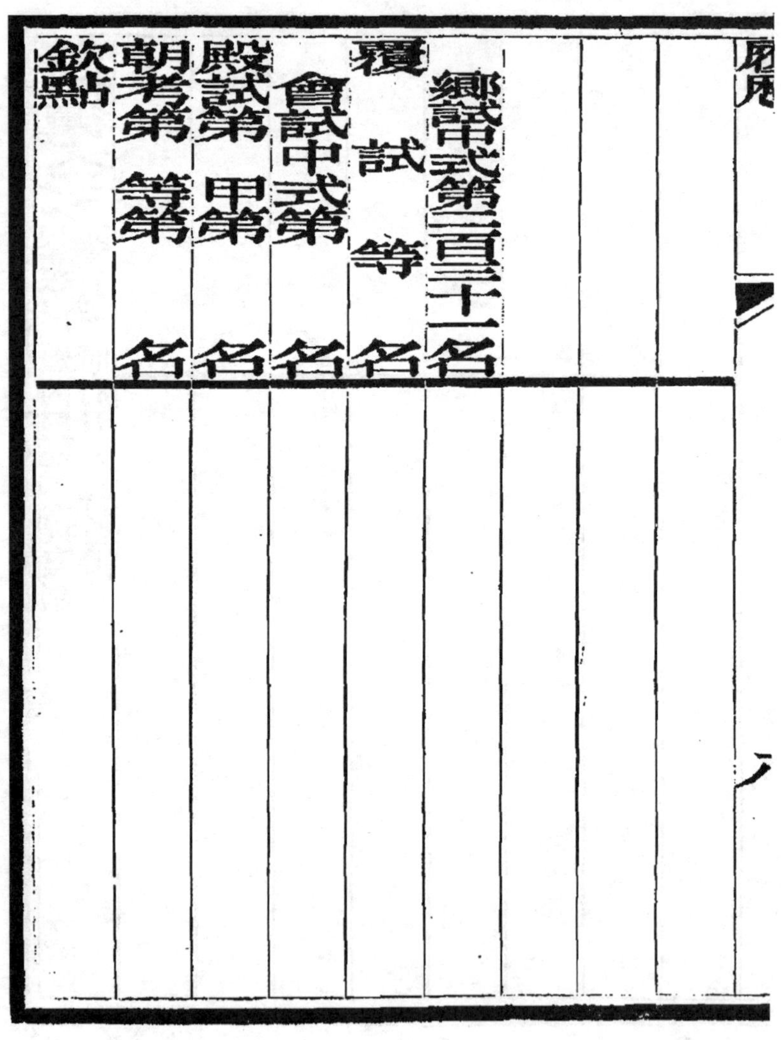

鄉試中式第一百三十一名
覆試　等　名
會試中式第　名
殿試第　甲第　名
朝考第　等第　名
欽點

鄭文彩

字霞軒號亮臣一號龍[illegible]干同治癸亥年正月初十日[illegible]生直隸天津府天津縣縣學附生民籍

高祖士謙

高祖妣氏羅

曾祖錕 例贈文林郎

曾祖妣氏白 例贈孺人

祖際春 例贈文林郎

祖妣氏陳 例贈孺人

父壿 例贈文林郎 例封

母氏韓 孺人

慈侍下

胞叔祖際泰 際盛 際欒

堂叔坦

胞叔坡 未仕故

從堂兄文明 文治

嫡堂兄文蔚 文光 文耀 文炳 邑庠生

胞兄文善 儒業 文富 文華

從堂姪廷楨 廷鈞 廷琦 廷珣 俱幼

嫡堂姪廷瑜 廷珪 廷琛 廷恩 廷璞 廷璧 廷蕃 俱幼

業師謹以先後爲序

庭訓

胞兄體仁夫子 印文善

郝廉泉夫子 印仁潤 業儒

楊問渠夫子 印文翰 邑庠生

周雋峰夫子 印作新 乙卯科舉人 壬戌科大挑二等

張儉齋夫子 印克勤 甲子科副榜 庚午科副榜 乙丑考取教習 癸酉科謄錄 候選知縣

許儀廷夫子 印鳳翥 癸酉科副榜 丙子科舉人

胞姪廷棟業儒 廷梁 廷璪 廷璋 廷瑞 廷璜

廷襄俱幼

娶陳氏

子廷珍 廷璽 廷瑛俱幼

女

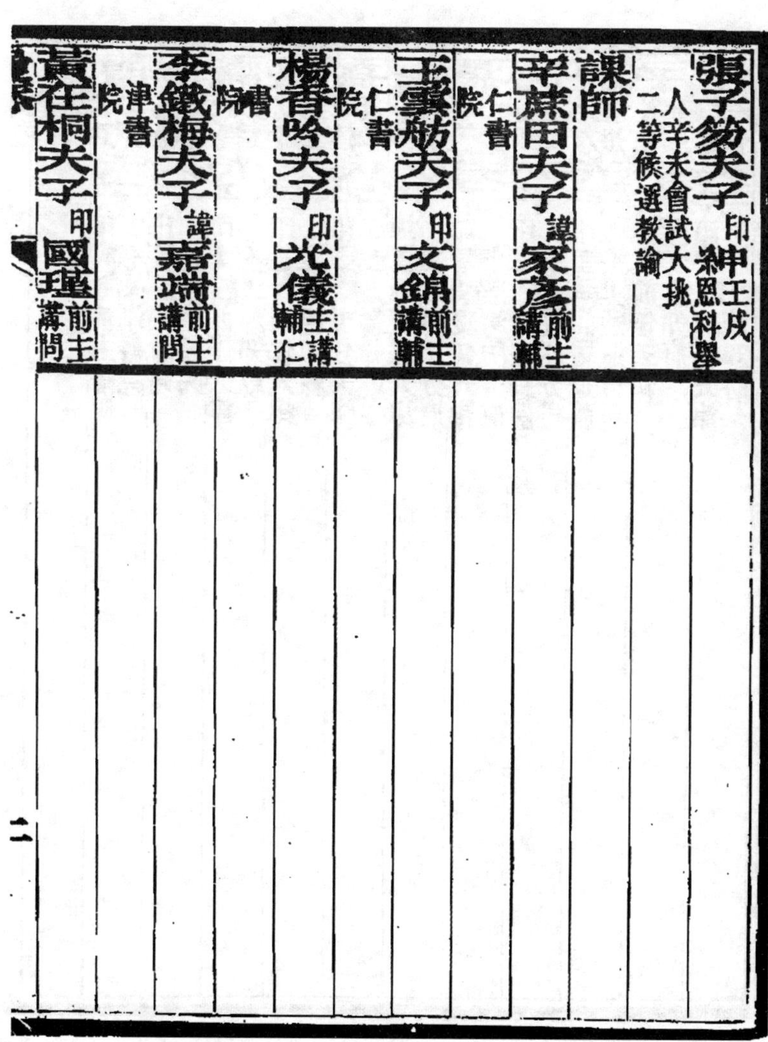

張子𥳑夫子 印紳 壬戌恩科舉人辛未會試大挑二等候選教諭

課師

辛燕田夫子 諱家彥 前主講輔仁書院

王雲舫夫子 印文錦 前主講輔仁書院

楊香吟夫子 印光儀 主講輔仁書院

李鐵梅夫子 諱嘉端 前主講問津書院

黃在桐夫子 印國瑾 前主講問

津書院

張幼樵夫子 印 佩綸 前主講問津書院

李越縵夫子 印 慈銘 主講問津書院

陳序東夫子 印 以培 前任天津縣知縣

姚鐵珊夫子 印 長齡 前任天津縣知縣

孫筱萍夫子 印 錫康 現任天津縣知縣

程質齋夫子 諱 迪華 前任天津河防分府

馮少芝夫子 印 清泰 現任天津河防分府

沈松亭夫子 印 丞泉 前任長蘆鹽運分司

嚴筱舫夫子 印 信厚 前署長蘆鹽運分司

子望夫子 印 宜霖 前任天津府知府

汪子常夫子 印 守正 現任天津府知府

劉景韓夫子印樹堂前署天津河間兵備道

胡雲楣夫子印燏芬現任天津河間兵備道

年伯周玉山夫子印馥前任津海關道

劉獻夫夫子印汝翼現署津海關道

冠九夫子諱如山前任長蘆鹽運使

季士周夫子印邦楨前任長蘆鹽運使

賀幼甫夫子印長楨前任長蘆鹽運使

玉如夫子印額勒精額現任長蘆鹽運使

張振軒夫子諱樹聲前任直隸總督部堂

李少荃夫子印鴻章現任直隸總督部堂

受知師

孫子綬夫子印詒經前任順天學政

許鈞菴夫子 印應騤 前任順天學政

鄉試中式第六十四名

保和殿覆試 等第 名

會試中式第 名

覆試 等第 名

殿試 甲第 名

朝考 等第 名

欽點

族繁不及備載

世居天津城東北蘆廠

三

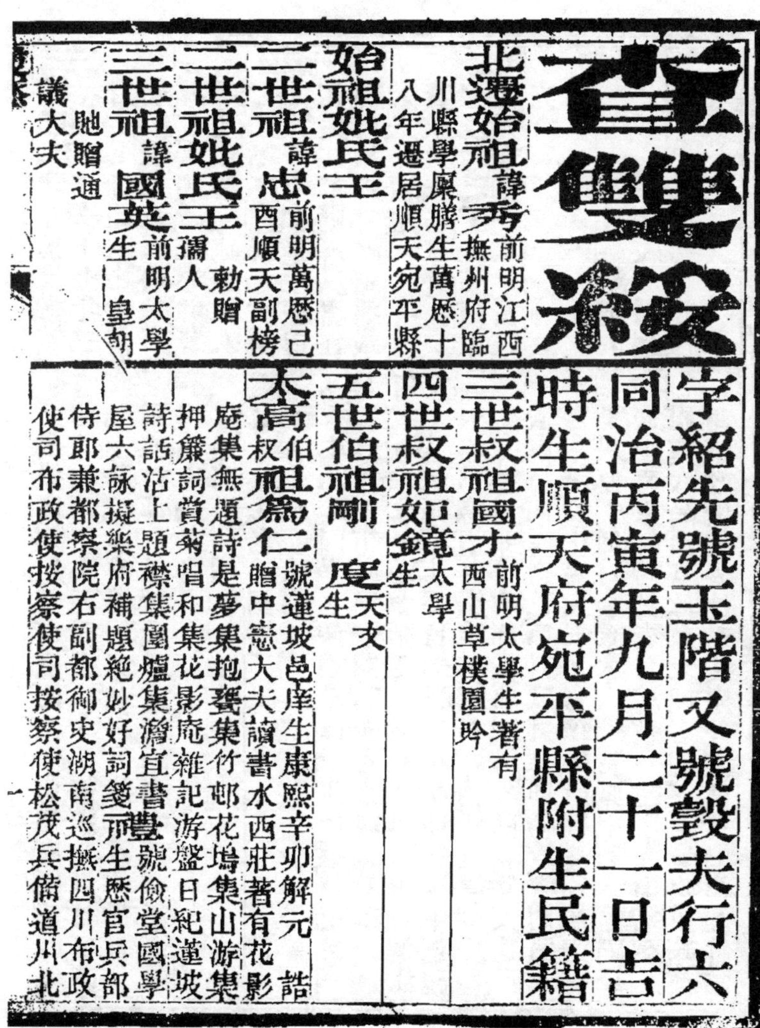

查雙綏

字紹先號玉階又號穀夫行六
同治丙寅年九月二十一日吉
時生順天府宛平縣附生民籍

北遷始祖諱秀前明江西撫州府臨川縣學廩膳生萬歷十八年遷居順天宛平縣
始祖妣氏王
二世祖諱忠前明萬歷己酉順天副榜
二世祖妣氏王勅贈孺人
三世祖諱國英前明太學生皇朝貤贈通議大夫

三世叔祖國才前明太學生著有西山草樸園吟
四世叔祖如鏡太學生
五世伯祖剛度天文生
高伯叔祖爲仁號蓮坡邑庠生康熙辛卯解元誥贈中憲大夫讀書水西莊著有花影庵集無題詩是夢集抱甕集竹邨花塢集山游集押簾詞賞菊唱和集花影庵雜記游盤日紀蓮坡詩話沽上題襟集圍爐集瀹宜書屋六詠擬樂府補題絕妙好詞箋
禮號儉堂國學生歷官兵部侍郎兼都察院右副都御史湖南巡撫四川布政使司布政使按察使司按察使松茂兵備道川北

三世祖妣周氏前明崇禎十七年三月十七日闖逆之變偕娣姒以次九人殉難事詳大清一統志并家乘九烈傳貤贈淑人

四世祖諱如鑑號允哲國學生歷官江南江都縣縣丞署江都縣知縣誥贈通議大夫晉贈資政大夫

四世祖妣方氏誥贈淑人晉贈夫人

劉氏誥贈淑人晉贈夫人

兵備道甯遠府知府廣西太平府知府慶遠府理苗同知戶部陝西司主事大兵進剿金川管理西北兩路糧臺事務總理金川屯務賞戴花翎國史有傳誥授資政大夫讀書水西莊工書畫梅著有銅鼓書堂遺稿漢印譜

族太高伯祖業新國學生

胞高叔祖田國學生候選布政司理問

杰國學生候選州吏目著有鐵畫軒詩稿

嫡堂高伯叔祖萱廩膳生乾隆癸酉舉人甲戌進士歷官刑科工科掌印給事中巡視天津瓜儀漕務察院掌湖廣江南道監察御史禮部主客司郎中刑部貴州司員外郎乾隆庚戌科武會試同考官乙酉科武鄉試同考官誥授中憲大夫著有鐵雲詩稿

譽和附貢生候選鹽場大使例封奉政大夫晉贈中憲大夫著有東軒詩鈔未付梓者有三十六種

澐國學生恩賞六品頂戴休致大理寺卿江西貴州布政使司布政使按察使司按察使湖南督糧道江蘇常

五世祖諱曰乾號纂園國學生候選知縣勅封承德郎晉贈
誥贈通議大夫
資政大夫著有春秋臆說二卷史臆四卷建水西莊別業延集海內名流事蹟詳長蘆志

五世祖妣氏馬勅封安人
誥贈淑人晉贈夫人

氏王勅封安人
誥贈淑人晉贈夫人

太高祖諱爲羲號集堂國學生歷官安徽太平府通判江南淮南儀所監掣通判署鎮通海道署廣西桂平梧鬱鹽法道桂林府平樂府知府福建龍岩直隸州知州雲南武定直隸州知州趙州知州四川宜賓縣南部縣知縣 國史附傳 誥授通議大夫外孫吳諱式芬官貴州布政使恭遇 覃恩 貤贈通奉大夫著有梅舫詩鈔付梓者有蜀游詩鈔湘灘合槧 泳早逝 潛 國學生歷任廣東廣州府經歷調任海豐縣縣丞署增城縣新會縣香山縣知縣 勅授修職郎 沄國學生候選刑部司獄 濤國學生 溥早世

族高伯祖善純議敘七品銜

胞曾叔祖梧國學生工書蘭竹 琉國學生河南候補未入流歷署滑縣濬縣縣丞內黃孟津寶豐縣典史邵源鎮巡檢 蓁太學生

嫡堂曾叔祖敬 恕早世 勉 庚太學生 壬早世例贈文林郎

從堂曾伯叔祖誠榜名維城庠生乾隆丁酉科舉人候選郎中 誥贈中憲大夫著有天游

淮北鹽運分司卓異加四級 誥授中憲大夫
旌表孝子讀書水西莊工畫蘭竹兼寫意花卉著有集堂詩草捐葺居爲問津書院建芥園別業事蹟詳長蘆志

太高祖妣氏杜 恭人 誥贈

氏王 恭人 誥贈

庶太高祖妣氏扈 孺人 勅贈

氏朱 孺人 勅贈

高祖 諱洛 號澄之國學生 誥封奉政大夫 貤贈朝議大夫

閣詩稿天游閣雜著

翰 國學生候選同知

維震 廩貢生

櫃 優廩貢生揀發雲南候補知縣歷署永善縣建水縣知縣直隸河間府教授趙州學正清苑縣訓導 勅授文林郎乾隆庚戌八旬 萬壽呈進書冊 恩賞貂緞著有北亭遺草

維雯 國學生

維霨

森

翰 增廣生例贈文林郎

鵻 國學生乾隆甲寅科舉人

榮 廩貢生候選訓導

林 國學生雲南候補通判歷署曲靖府雲南府同知晉銜州知州呈貢縣知縣總理雲南通志局務 勅授承德郎 例贈奉政大夫著有方集釀秋軒草滇吟湘中詩餘

楷 貤封登仕佐郎

枋

栻 楣 棠 楫 桂

族曾伯祖維璐 維瓏

胞伯祖默勤 號識庵國學生屢膺房薦著有槐窗雜識 覃恩誥贈奉政大夫 晉贈通議大夫 累贈通奉大夫

璣 號友庵一號祖山國學生 勅封文林郎 覃恩貤封奉政大夫

高祖妣氏項　誥封宜人　貤贈恭人

庶高祖妣氏祁　敕贈孺人

曾祖　諱彬　榜名曾印　號憩亭　增廣生　乾隆癸卯舉人　甲辰會魁　歷官河南鄭州信陽州知州　安陽縣淇縣太康縣安徽鳳台縣懷甯縣知縣　署陝州汝州直隸州知州　嘉慶丙子河南鄉試同考官　誥授奉政大夫　晉贈通議大夫　累贈通奉大夫　入祀信陽州名宦祠　工畫蘭竹　兼寫意花卉　著有湘蘅漫錄　采芳隨筆　小息舫詩草

覃恩誥贈中憲大夫　累贈通奉大夫　著有駢體字義補　柤山試帖

嫡堂伯叔祖　錄勤　號實庵　國學生　例贈通奉大夫　翼勤　號敬庵　國學生　覃恩貤贈奉政大夫　以弟成庵公次子以煌為嗣　泰勤　號成庵　太學生

從堂叔祖　省勤　恩貢生　候選復設教諭　貤封奉政大夫　著有知無忘齋雜著待梓　久勤　歲貢生　候選訓導　貤封奉政大夫　著有韻字辨字待梓　毅勤　廩膳生　道光癸卯舉人　庚子順天鄉試挑取謄錄　國史館議敘候選知縣　五品銜　前懷來縣懷安縣儒學教諭　著有靜學齋雜著待梓　寶勤　國學生　泰勤

再從堂伯叔祖　輔勤　例贈奉直大夫　翊勤　望勤　內閣　言學　生　嘉慶戊午舉人　辛酉進士　歷官陝西糧儲道　詹事府左春坊左中允　右春坊右贊善　日講起居注官　國史館纂修　功臣館協修　文淵閣校理　翰林院檢討　誥授中憲大夫　會勤　國學

曾祖妣氏包 誥封宜人 晉贈淑人 累贈夫人浙江仁和乾隆辛卯舉人戊戌進士原任吏部考功司主事福建龍巖州直隸州知州諱承祚公次女邑庠生諱錫丹公安徽桐城六百丈巡檢諱炎公胞妹

祖諱璋號相庵國學生河南候補從九品歷署禹州吏目 勅授登仕郎 覃恩誥贈朝議大夫 累贈通奉大夫著有我容軒試帖

祖母氏戴 勅贈孺人 覃恩誥贈恭人 累贈夫人江蘇吳縣嘉慶甲子舉人辛未進

生 穡勤國學生 問勤議敘六品銜 實勤國學生歷官甘肅西甯府貴德廳同知調任陝西孝義廳同知甯夏府鹽捕通判署平羅縣知縣 誥授奉政大夫 戚勤廩膳生道光辛巳解元截取知縣 例授文林郎 宗勤議敘六品銜 [illegible] 常勤國學

生 圖勤 彌勤 賀勤 政勤 宣勤國學生六品銜歷官湖南黔陽縣石橋司巡檢署鳳凰廳知事巡檢晃州廳清泉縣巡檢永順縣典史 勅授登仕佐郎 例授宣德郎 延年附監生補用同知江蘇候補知縣署宿遷縣知縣 例授奉政大夫 輅附貢生江蘇候補知縣 例授文林郎 廳勤

族伯叔祖 孚勤 定勤 宅勤 安勤

胞伯霈號藝庭國學生同知銜補用同知直隸州知州河南候補知縣署西平縣葉縣知縣 賞戴藍翎 誥授奉政大夫

士翰林院庶吉士知府
用原任河南開封府同
知諱葆瑩公長女廩貢
生諱鎮崧道光庚子舉
人原任江蘇寶應縣儒
學教諭諱丙輝河南候
補縣丞諱鐘
翰公胞姊

父
諱榜名丙旭號曜
丙章庭廩貢生同治
甲子舉人四品銜刑部
山東司員外郎歷充福
建奉天山西司主稿總
辦秋審處督催所司務
廳行走　欽命吉林理
刑司　欽差黑龍江查
辦事件隨員　賞戴花
翎　誥授中憲大夫
誥封恭人江蘇

母楊氏　陽湖候選州同知

嫡堂伯叔　以觀號考庭國學生知府銜補用同知直隸
州知州江蘇候補知縣署新陽縣靖江
縣知縣代理江陰縣知縣　賞戴藍翎　賞
換花翎　誥授朝議大夫　誥封中憲大夫　以謙
號撝庭國學生二品封典補用道河南候補知府
歷任河南臨潁縣杞縣祥符縣知縣陝州直隸州
知州　賞戴藍翎　賞換花翎　鈞號聲庭國學
誥授中憲大夫　誥封通奉大夫　生知府銜補
用知府候補同知直隸州知州署河南衛輝府上
北河督糧通判開封府中河督糧通判山東兗州
府泇河水利同知現官山東兗州府捕　號春
河通判調署河南開封府上南河同知　以新　庭庠
生咸豐戊午舉人
貤贈奉政大夫

從堂叔　以鈞　國學生前河南候補知州　以燃　以煌　出嗣敬庵公　以坤
俱業
儒

再從堂叔　以廉　國學生候選縣丞　以讓　國學生前山東即墨縣鰲山衛巡檢　以浚

四

諱燦公五女六品頂戴直隸候補縣丞在籍團練禦賊陣亡奉
旨賜卹諱灝胞妹

庶母氏劉 節孝 旌表

慈侍下

庭訓

業師 謹以受業先後爲序

戴愚卿夫子 印 彬元 光緒庚辰二甲一名進士現官翰林院編修

李夢侯夫子 印 汝封 同治癸酉拔貢現官山東候補知縣署鄒縣知縣

萬 廩膳生現官蔚州復設訓導 乘漢 廩膳生同治丁卯副榜鑲紅旗官學教習河南候補知縣

三從堂伯叔 三德 候選從九品 曾綬 以元 候選典史 以禎 國學生 以晉 國學生同知銜候選知縣 以豐 以珍 以劍 業儒 以科 業儒 以嵩 候選巡檢

嫡堂兄弟 元綬 號唐階國學生 正綬 號莘階國學生河南候補按察司經歷 寅綬 號亮階業儒

從堂兄弟 恩綬 號蔭階附貢生同治丁卯舉人內閣中書委署侍讀四品銜候補侍讀充 文淵閣檢閱本衙門撰文 實錄館校對官詳校官 國史館校對官方略館校對官 玉牒館幫纂修官管理誥勅房事務兼辦中書科 誥勅事務管理稽察房事務兼管漢本堂事務 定綬

孫鶴江夫子 諱培曾 同治癸酉 拔貢原任戶部雲南司七品小京官

陳循伯夫子 印芾棠 同治癸酉 拔貢現官刑部山西司主事

再從堂叔帖青夫子 印浚

漢 廩膳生現官蔚州復設訓導

劉偉臣夫子 印如輝 光緒己卯

南元

王芷庭夫子 諱蘭昇 同治甲戌 進士原任翰林院編修

號褍階 廩膳生 振綬 號鷺階 業儒 雍綬 號藹階 庠生 德綬 號星階 業儒 兆

綬 國學生河南候補府經歷 介綬 循綬 鼎綬 豫綬 俱業儒

珪綬 復綬 俱幼讀

三從堂兄弟 福綬 壽綬 裕綬 升綬 祺綬 克

綬 俱業儒

四從堂兄弟 和綬 亨綬 利綬 衡綬 俱業儒 來綬 幼

從堂姪 爾崇 庠生光緒乙酉舉人 爾開 幼

三從堂姪 爾順 爾本 爾奎 爾昌 俱幼讀

娶陳氏 浙江歸安 賞戴花翎按察使銜原任河南南汝光道諱世勳公孫女同治甲子舉人鹽提舉銜前湖北嘉魚縣知縣現官湖北候補知縣名延益公次女山西澤州府知府諱丙昌公候選

錢潤生夫子 諱玉庚 同治乙丑進士 日講起居注官 原任翰林院侍讀學士

李慕皋夫子 印念茲 光緒丙子進士現官刑部四川司主事

鄭荇泉夫子 印溥元 同治乙丑進士翰林院編修前吏科給事中

孫英園夫子 印承烈 同治戊辰進士現官吏部文選司主事

顧虹玉夫子 印有樑 同治丁卯舉人

陳嵩佺夫子 印壽昌 同治戊辰進士翰林院庶吉士現官江蘇候補同知

許鶴巢夫子 印玉瑑 同治甲子舉人現官內閣中書

受知師

通判諱延年公廣西候補知縣名寶常公胞姪女 國學生 國史館謄錄名其煃詹事府主簿名其鏘國學生名其梁胞妹

子

女一

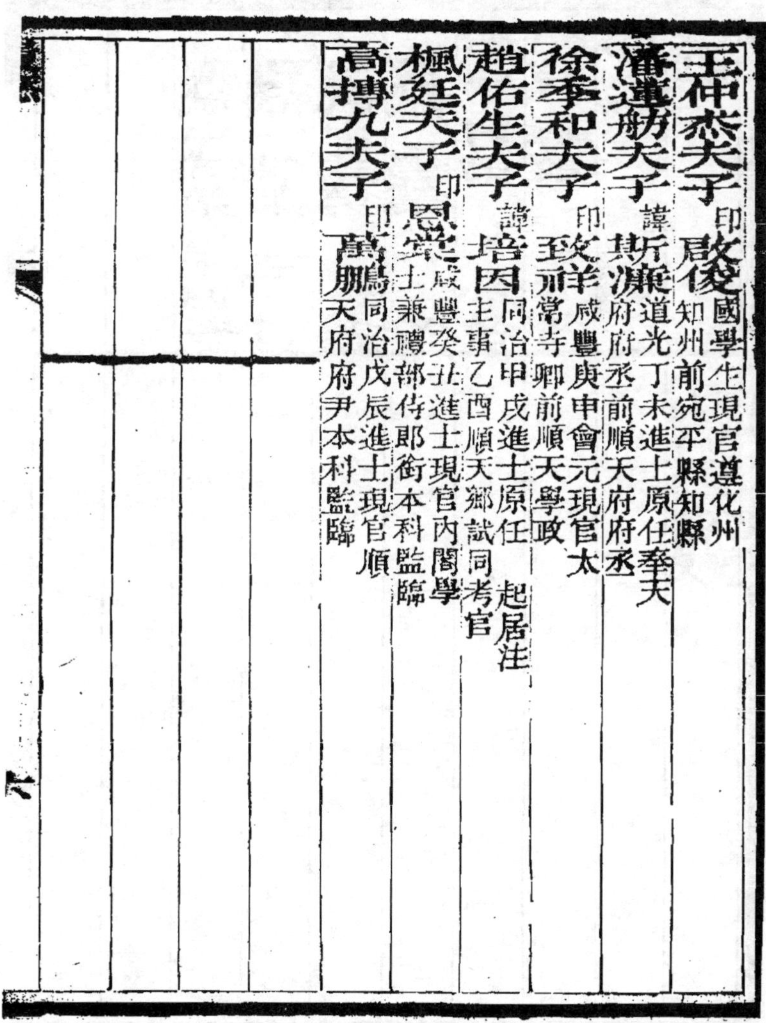
王仲恭夫子 印 啟俊 國學生現官遵化州知州前宛平縣知縣
潘邁脩夫子 諱 斯濂 道光丁未進士原任奉天府府丞前順天府府丞
徐季和夫子 印 致祥 咸豐庚申會元現官太常寺卿前順天學政
趙佑生夫子 諱 培因 同治甲戌進士原任起居注主事乙酉順天鄉試同考官
楓廷夫子 印 恩棠 咸豐癸丑進士現官内閣學士兼禮部侍郎銜本科監臨
高摶九夫子 印 萬鵬 同治戊辰進士現官順天府府尹本科監臨

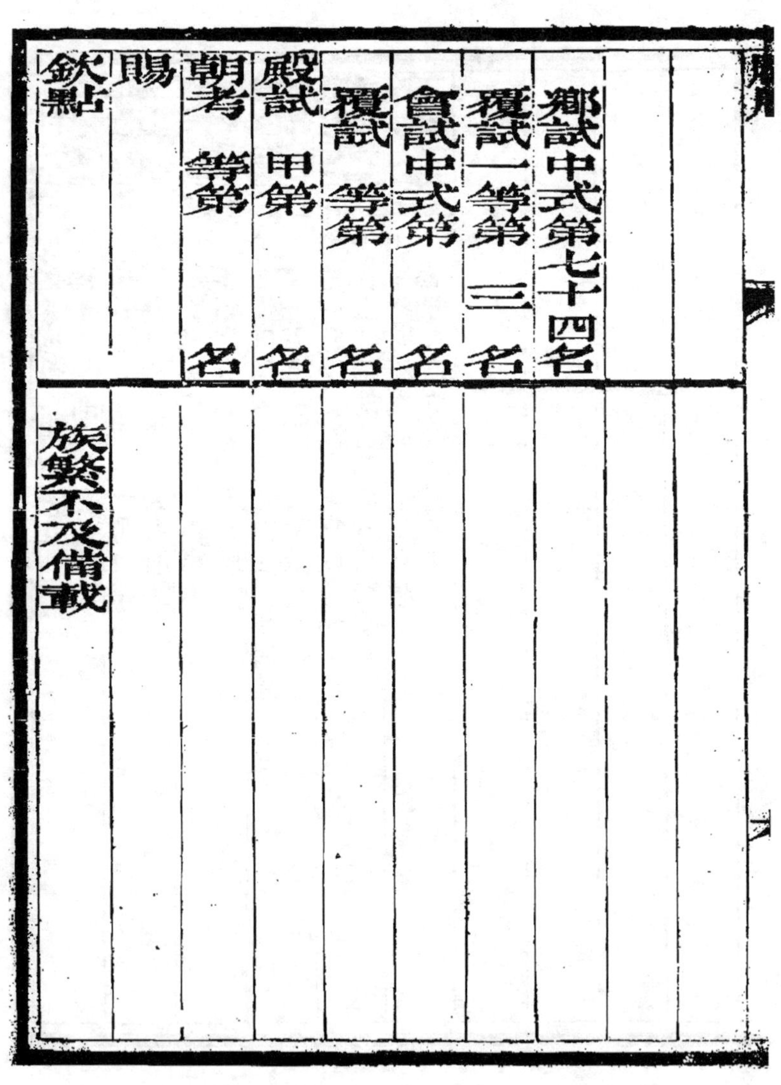

鄉試中式第七十四名
覆試一等第三名
會試中式第名
覆試等第名
殿試甲第名
朝考等第名
賜
欽點
族繁不及備載

陳驤

始祖一青 前明永樂二年調補天津衛世襲千戶由安徽太平府當塗縣陳家灣始遷津邑

二世祖進

二世祖妣氏謝

三世祖以智

三世祖妣氏馮

四世祖應夏 賦性友愛樂善不倦事載邑乘

四世祖妣氏王

原名步瀛字子騰號石琳行四咸豐乙卯年九月二十二日吉時生直隸天津府天津縣縣學附學生民籍

高高伯叔祖琯 璉 璋 修職郎 珮 例貢生 玠 工書好善事載邑乘 璥 珣

高伯叔祖士儒 士适 士龍 士俊 士毅 九齡 歲貢生候選訓導 士焜 士倌 士達 士迪 太學生 士元 士效 士麟 士鳳 士吉

曾伯叔祖廷鑑 廷言 廷釗 廷金 廷鉞 廷銑 廷鑾 廷榮 廷鎰 誥封奉直大夫 廷訓 長慶 鼎 邑庠生 長祥 長發 長禧 長祉

氏王

氏王

高高祖琦

高高祖妣氏朱

氏齊

高祖士傑

高祖妣氏諶

氏齊

曾祖廷鐸 敕封文林郎

曾祖妣氏毛 敕封孺人

祖永瑾 敕封文林郎 敕授登仕郎

長福 廷桂 廷年 廷順 廷粱 廷棟

廷楷

堂伯叔祖永慶 誥封武略騎尉 永存 永灗 永昇

疇 供事歷任江西贛州府雩都縣興仁司巡檢廣東鹽大使 光 候選同知 誥授奉

政大夫 永潤 永印 祚 候選同知 誥授奉政大夫 敕封儒林

郎 康 候選州同 敕授承德郎 敕封儒林郎 瀛 太學生 永新 永

裕 永渙 永善 永安 永摹

胞伯叔祖永湜 敕授登仕郎 永灃

堂伯焜 原任山東兗州鎮標千總 敕授武略騎尉 灼 天津鎮標千總 敕授武

略騎尉 權之 附貢生翰林院待詔 守枝 守理 守多 守

初 歲貢生 守恭 候選州同 敕授承德郎 敕封儒林郎 守模 歲貢生 候選訓

祖妣氏嚴敕封孺人誥贈武翼都尉諱茂蘭公女誥贈武翼都尉晉贈榮祿大夫諱汝漢公胞妹誥贈中議大夫馳封文林郎諱道尊公誥授武德佐騎尉誥封武翼都尉晉贈榮祿大夫諱家瑞公國學生候選典史軍功欽加六品銜敕授承德郎誥封奉直大夫諱家駿公候選典史敕授登仕郎諱家善公胞姑母候選員外郎誥授奉直大夫誥封榮祿大夫敕封文林郎諱克寬國學生考取內閣供事候選府經歷諱克明胞祖姑母附貢生刑部湖廣司郎中欽加三品銜名振光緒壬午科舉人癸未科聯捷進士翰林院編修國史館協修名修會祖姑母

導道光五年由天津遷於河南郾城縣 守儉 守約 守誠 敕

授登仕郎 守質 候選州同封中憲大夫 敕授承德郎敕封儒林郎 誥

嫡堂伯守貽

胞伯守箴 守基 守詰

堂兄家瑞 郡庠生封奉政大夫 誥 家楨 太學生 家立 保泰

從九品授登仕郎 敕 家彥 家幹 家鳳 國學生 家麟

家驥 家麒 家翰 駿 府學廩生道光己酉科舉人咸豐

壬子恩科進士刑部主事補提牢廳升補員外郎遞升郎中秋審處坐辦派辦五城

團練局事務幫辦巡視中城記名繁缺知府掌山東道監察御史 家蔭 家

祥 邑庠生 家訓 家彝 郡庠生 家駒 汝賢 郡庠生

玉森 景賢 增廣生 錦 國學生 績 珍

父守衡敕封文林郎
母氏馬敕封孺人
本生父守中敕封文林郎同知銜候選鹽大使誥授奉政大夫
本生母氏任敕封孺人誥封恭人乾隆癸卯科舉人乙卯會試大挑二等諱棟公附貢生乾隆丁酉科挑取四庫館謄錄廣東清遠縣知縣署羅定直隸州知州諱相公堂姪孫女癸酉科舉人甲戌科聯捷進士山東即用知縣署曹洲府濮州知州諱士謙公嘉慶戊寅科舉人諱鴻賓公戊寅科舉人丙戌科大挑二等選授廣平府邯鄲縣訓導諱大酳公堂姪女內閣供事議敘從九品諱利

從堂兄家徵軍功五品頂戴治平
嫡堂兄登瀛附貢生
胞兄弟驥原名兆瀛邑庠生鴻臚寺序班出嗣胞伯守喆公騂原名洪瀛考取方略館供事山東候補典史出嗣胞伯守箴公騏原名仙瀛出嗣胞伯守基公駿業儒
堂姪法謙　法舜　法忠國學生　法先從九品河工貤獎五品頂戴　法文　法言　法曾　法唐河工貤獎五品頂戴　法健　法儒　法善　法鑅縣學增廣生咸豐辛酉科舉人同治壬戌科考取宗學教習光緒八年選授大名府東明縣教諭河工保案以知縣儘先選用欽加同知銜　法廉　法書國學生　法紀　法衡
·法寬　法詩議敘六品銜　法良縣學增廣生　法閎　法開
第四川候補府經歷鶴年三　恩麟原名法昇五品頂戴河南候補典史

二

賓公胞姪女國學生諱大中公女邑庠生諱淮公邑庠生諱瀚公郡庠生諱晉公道光已亥科舉人諱漳公布政司經歷諱浚公從九品名葆元公堂妹五品銜名景彥堂姑母

永感下

本生父庭訓

業師謹以先後爲序

紀叔白夫子諱行珩三河縣庠生

朱聖階夫子諱上達三河縣庠生

嫡堂兄馥堂夫子諱登瀛履歷詳前

張聚香夫子諱朝桂三河縣籍道光壬午

法濤邑庠生 葆文 季元入鄖城縣學優廩生 蔭文 柏

年 登第國學生 法勤 法信邑庠生 法明 法

敏 蓉第國學生 法平 法師 春第 法安

椿年 法和 吉年 延年 順年

從堂姪法嚴 柱

胞姪鴻壽邑庠生同文館算學生 鴻恩

堂姪孫寶榮 寶桂 寶蘭 寶芸 寶珠

寶綸河工馳獎六品頂戴 寶鑠 振文 寶彝增廣生壬

午科挑取謄錄 寶森 寶銓 振鐸邑庠生 寶章 振

藻 寶城 寶璐 震 寶琛 寶樹 霙

寶泉 寶琳 寶珩 寶奎 霽 寶珊

三

科舉人歷任行唐懷來縣教諭薦取知縣

堂姪竹鄉夫子 名法鎔 履歷詳前

堂兄芝生夫子 諱家祥 履歷詳前

李芝樵夫子 名澤春 同治癸酉科拔貢現任福建松溪縣知縣

表舅趙方洲夫子 名承瀛 恩貢生候選教諭

楊晉吟夫子 名光儀 壬子科舉人選授東光縣教諭著有碧琅玕館詩鈔付梓現主講輔仁書院

課師

陳挹爽夫子 名塏 辛酉科舉人壬辰科考取

寶璜 元炳 寶琮 寶恆 寶林 寶彰

寶升 寶昌 寶霖 寶澍 寶縉 寶光

寶儀

從堂姪孫寶鋆 寶鑫 寶銘

堂姪曾孫善成 善政 金榜 善教

胞妹一 適同邑五品銜候選同知李公名紹培三子從九品名鵬章

娶王氏 四品銜候選同知諱孝祖公孫女五品銜候選通判諱有桐公五品銜諱有槐公胞姪女六品銜諱有棠公女國學生名守義胞妹

子鴻[illegible]幼讀 鴻誥幼讀

女三

宗學漢教習現任
廣東潮陽縣知縣

李星野夫子 名兆珍 榜名鄂福建人同治癸酉科舉人光緒庚辰大挑一等直隸補用知縣 欽加同知銜 特用直隸州知州

受知師

任石泉夫子 名爾會 前天津縣知縣現候補直隸州知州

馬松圃夫子 諱紹武 前天津府知府

錢范泉夫子 諱寶廉 庚戌科翰林原任刑部左侍郎前提督順天學政

許筠菴夫子 名應騤 庚戌科翰林現任吏部左侍郎前提督順天學政

肄業師

姻伯沈霽泉夫子 諡文和 嘉慶庚午科舉人丁丑科進士翰林院編修原任浙江布政使司布政使同治庚午科重宴鹿鳴 欽加頭品頂戴前主講輔仁書院

表兄辛燕田夫子 諱家彥 甲戌科進士翰林院編修國史館纂修前主講輔仁書院

王雲舫夫子 名文錦 辛未科進士翰林院編修詹事府右庶子覃恩賞加四品銜前主講輔仁書院

李鐵梅夫子 諱嘉端 己丑科翰林原任安徽巡撫前主講問津書院

張幼樵夫子 名佩綸 辛未科進士翰林院侍講署都察院左副都御史前主講問津書院

李越縵夫子 名慈銘 庚辰科進士戶部江南司郎中主講問津書院

宮玉甫夫子 名昱 前天津縣知縣

朱允卿夫子 名乃恭 戊辰科進士前天津縣知縣

郭紹庭夫子 名奇中 前天津縣知縣

孫小坪夫子 名錫康 現任天津縣知縣

馮少芝夫子 名清泰 現任天津府分府

萬子和夫子 諱年豐 前署天津府知府

吳摯甫夫子 名汝綸 乙丑科進士前署天津府知府

汪子常夫子名守正欽加二品頂戴現任天津府知府

冠九夫子諱如山戊戌科翰林前長蘆鹽運使司鹽運使

李士周夫子名邦楨辛未科進士前長蘆鹽運使司鹽運使

裕如夫子名額勒精額已未科進士現任長蘆鹽運使司鹽運使

劉覺園夫子諱秉琳壬子恩科進士前署天津河間兵備道

盛杏孫夫子名宣懷前任天津河間兵備道

劉景韓夫子名樹堂直隸清河道前署天津河間兵備道

萬邃初夫子名培因已未科進士前任天津河間兵備道

胡雲楣夫子名燏棻甲戌科翰林二品頂戴現任天津河間兵備道

鄭玉軒夫子諱藻如辛亥恩科舉人前任天津海關道

劉薌林夫子名含芳前署天津海關道

房師

劉獻夫夫子名汝翼現任天津海關道

年伯周玉山夫子名馥前任天津海關道現任直隸按察使司按察使

張振軒夫子諱樹聲前署直隸總督

李少荃夫子名鴻章丁未科翰林　太子太傅　文華殿大學士直隸總督一等肅毅伯

鄉試中式第一百三名

保和殿覆試一等第十五名

會試　名

保和殿覆試　等第　名

殿試　甲第　名

朝考　等第　名

欽點

族繁不及備載

世居帶河門西輔仁書院迤西

朱懋昌

字紹五號勑和行一道光丙午年十一月初十日吉時生係直隸天津府天津縣廩貢生民籍

九世祖天成樂善好施兩院會題奉旨賜八品頂戴崇祀鄉賢載天津志

妣氏馬敕封孺人 方敕封孺人

八世祖頁弼歲貢生

妣氏張例贈孺人

七世祖詿邑庠生貤贈奉直大夫

妣氏李貤贈宜人

高高祖墱誥封奉直大夫

妣氏張誥封宜人

高高伯叔祖坦邑庠生 增 墀歲貢生

高伯叔祖得善國學生敕封文林郎 寶善歲貢生貤封文林郎

堂高叔祖元善敕封文林郎 從善國學生 繼善乾隆癸酉歲貢生肅寍縣教諭

曾叔祖碩慶國學生 兆慶乾隆丁酉科舉人候選知縣敕授文林郎

曾堂叔祖恆慶乾隆壬辰科進士任山東鄒平縣知縣陝西安塞縣知縣壬子科同考官敕授文林郎誥封奉直大夫 景慶國學生 延慶國學生 貽慶國學生 申慶乾隆丙子科舉人任山東堂邑縣知縣敕授文林郎誥封奉政大夫

從堂曾伯祖有慶乾隆甲午科舉人南宮縣教諭敕授文林郎 錫慶

履歷

一

履歷

高祖嘉善乾隆丙辰科進士刑部湖廣司兼山東司主事陞福建司員外郎 敕授文林郎 誥封奉直大夫

妣氏趙 敕封孺人 誥封宜人

曾祖衍慶國學生 贈文林郎 例

妣氏張孺人 例贈

祖岳年國學生 贈文林郎 例

妣氏徐孺人 例贈

父煜國學生 贈文林郎 例

母氏金國學生諱芥舟公曾孫女乾隆辛未進士任陝西宜川南鄭等縣嘉慶甲子丁卯科鄉試同考官諱恩義公孫女嘉慶丙辰進士任山東蓬萊萊蕪

胞叔祖裔年 頤年 芝年 緗年

嫡堂叔祖夏年 沂年 介年 尹年邑庠生 世年 榮年 隆年

堂伯祖大年乾隆丁酉科謄錄議敘布政司經歷借補浙江黃巖縣知縣海疆俸滿候補同知 誥授奉直大夫 裕年國學生 嘉年國學生 松年候選主簿 象年國學生 長年 純年國學生 楙年 綏年 彰年邑庠生

從堂叔祖祝年國學生 岱年國學生 泰年國學生 嵩年 協年 節年 賀年 虎年 稔年 鳳年

嫡堂叔綱國學生

堂伯叔琨 眼 杲 昶 光祖 光第 以炘

從堂叔鯨 啟源邑庠生 錕廩貢生河南內鄉縣知縣 啟祥 啟

縣甲子科同考官諱甌公
姪女國學生諱樽公女國
學生諱漢公胞
妹　例贈孺人
冉氏許　例封孺人　旌表
節孝　誥封宜人
慈侍下
受業師　謹以先後爲序
表兄金階五夫子諱召棣　貢生
前任廣東開
建縣知縣
呂老夫子諱蘭璜　廩膳生
張星垣夫子諱熙同　甲子副榜
肄業師
龐翠舫夫子諱兆綸　前主講問津書
院

光　振源　振甲　振鐸　振鯤　煥　煌
玟候選吏目　鴻　桂林　伯林　玉林　濬
從堂兄印昌候選從九品　格思　綱
再從堂兄弟續昌道光甲午科舉人大挑二等候選教諭　瑞昌　吉昌
德昌前任山東城武縣知縣　遐昌　其昌　而昌　復
昌　熾昌　晉昌　賡昌　允昌　克昌　奎
章　彪　瑞章　總章　順章　玉章　又新
作銘　再新
從堂姪文錦
再從堂姪文翰　文運　文耀　文林　文治
文英　文彬　文安　文俊
從堂姪孫學義

履歷

程碧伯夫子 印恭壽 前主講問津書院 再從堂姪孫[illegible] 家福 家祺 學灝 學官

娶王氏

王鈞軒夫子 諱繼庭 前主講問津書院 辛氏

子

李鐵梅夫子 諱嘉端 前主講問津書院 女

張幼樵夫子 印佩綸 前主講問津書院

李越縵夫子 印慈銘 主講問津書院學海堂

吳傅巖夫子 諱士俊 前主講輔仁書院

辛蕉田夫子 諱家彥 前主講輔仁書院

楊香吟夫子 印光儀 主講輔仁書院

二

劉彥三夫子 諱傑 前任天津縣知縣

蕭廉甫夫子 諱世本 前任天津縣知縣

陳序東夫子 印以培 前任天津縣知縣

姚鐵山夫子 印長齡 前任天津縣知縣

宮玉甫夫子 印昱 前署天津縣知縣

孫筱萍夫子 印錫康 現任天津縣知縣

吳曉滄夫子 印中彥 前署天津府清軍府

程質齋夫子 印迪華 前任天津府清軍府

蔣少芝夫子 印清華 現任天津府清軍府

嚴筱舫夫子 印信厚 前署長蘆鹽運分司

沈松亭夫子 印丞泉 前任長蘆鹽運分司

恩雲峰夫子 印福 前任天津府知府

張翰泉夫子　印光藻　前任天津府知府

馬崧甫夫子　諱繩武　前任天津府知府

吳質夫夫子　印汝綸　前署天津府知府

子肇夫子　印宣㬥　前任天津府知府

汪子常夫子　印守正　現任天津府知府

周琳粟夫子　印家勳　前任天津河間兵備道

劉崑圃夫子　諱秉琳　前任天津河間兵備道

丁樂山夫子　諱壽昌　前任天津河間兵備道

盛杏蓀夫子　印宣懷　前署天津河間兵備道

萬蓮初夫子　印培因　前任天津河間兵備道

劉景韓夫子　印樹堂　前署天津河間兵備道

胡芸楣夫子　印燏棻　現任天津河間兵備道

陳子敬夫子 印 欽 前任津海關道

鄭玉軒夫子 印 藻如 前任津海關道

年伯周玉山夫子 印 馥 前任津海關道

劉薌林夫子 印 含芳 前署津海關道

劉獻夫夫子 印 汝翼 現署津海關道

袁華亭夫子 諱 明 前任長蘆鹽運使司鹽運使

恆雲舫夫子 印 慶 前任長蘆鹽運使司鹽運使

冠九夫子 諱 如山 前任長蘆鹽運使

季士周夫子 印 邦楨 前任長蘆鹽運使

賀幼甫夫子 印 長楨 前任長蘆鹽運使

玉如夫子 印 額勒精額 現任長蘆鹽運使

張振軒夫子 諱 樹聲 前任直隸總督部堂

受知師

李少荃夫子 印鴻章 現任直隷總督部堂

受知師

龐寶生夫子 印鍾璐 丁未翰林前任順天學政

鄉試中式第一百八十六名

保和殿覆試二等

會試中式第　名

覆試　等第　名

殿試　甲第　名

朝考　等第　名

欽點

族繁不及備載

世居天津縣東門內

陳世忠

字精輔號芑堂一號俊臣行一又行五
咸豐戊午年十一月初一日吉時生係
直隸天津府天津縣縣學附生民籍

始祖諱祿明永樂年間由山東利津分支
始祖妣氏魏
二世祖諱銀
二世祖妣氏曾
三世祖諱文學
三世祖妣氏王
四世祖諱守花
四世祖妣氏孫
太高祖諱良相

胞伯叔高祖士選 士英 士魁
堂伯叔高祖士俊國學生 士宏例贈修職郎 士毅例贈修職郎 士理
士珍 士越 士盛 士秀 士起
胞叔曾祖仲
嫡堂叔曾祖綱 興 名 量 典
從堂伯叔曾祖淲 湘 潛 湆 準 源 清 沂
溥附貢生誥贈奉直大夫 汶國學生 潤國學生 渤例贈修職郎 潔國學
濂國學生 濟生 浩 法附貢生
族伯曾祖居敬嘉慶丁酉舉人西甯縣教諭保歷知縣 和敬嘉慶丙午舉人行唐

太高祖妣氏王
氏范
高祖諱士卓 恩賜修職郎
高祖妣氏張
曾祖諱應 例贈文林郎
曾祖妣氏田 例贈孺人
氏丁 例贈孺人
祖諱紹詩 字宜雅 例贈文林郎
祖妣氏劉 例贈孺人
父諱鳳瑞 字盛齋 例贈文林郎
母氏張 例封孺人 同邑貢生大慶公長女
兵馬司吏目大受公國
[illegible]生大猷公國學生大

縣訓導江西奉賢知縣有典 附貢生誥貤通奉大夫
胞伯祖紹書 國學生
嫡堂叔祖紹綰 國學生
從堂伯叔祖紹禮 紹績 紹孔 紹孟 紹印 紹
豐 紹秉 紹舜 紹永 紹彭 紹義 紹年
紹春 紹伯 紹僖 紹斌 紹立 紹和
紹甲 歲貢生貤封奉直大夫 其蘊 嘉慶丁卯舉人揀選知縣 其昌 道光壬午舉人
乙未大挑一等歷任廣東仁化陽春新甯等縣知
縣署德慶州知州道光甲辰科廣東同考官覃
恩加三級 紹哲 國學生 紹緒 紹鈞 國學生 紹庭 國學生 紹祺
紹驥 道光壬午科舉人雞澤縣教諭 紹經 邑庠生 紹渠 紹梓 國學
生 紹休 紹平 紹顯 紹曾 紹先 紹泰
紹周 紹文 紹武 紹元 紹謙 紹華 國學生

德公處士大勛公嫡堂
姪女候選縣丞柏齡公
國學生嵩齡公國學生
延齡公國學生翔齡公
胞姊廩膳生鶴齡公堂
姊俊秀監生鴻翰公國
學生騁翰公國學生子
揚公處士子廉公鷺翰
公子悅公子
惠公胞姑母

慈侍下

庭訓

業師

堂伯印鑱夫子諱夢齡庠生
齊乂堂夫子印保泰海豐庠生
李椿齡夫子諱萬年鹽邑庠生
鄧執田夫子諱春林積學未遇

紹唐　紹康國學生　紹虞　紹望　紹福

族伯叔祖貿慶道光甲午舉人咸安宮教習候選知縣　植附貢生候選布政司經歷　棠國學生誥贈通奉大夫　棣貤贈通奉大夫　梅道光乙酉科優貢候選訓導誥封通奉大夫

胞伯鳳翔字桐軒

嫡堂伯鳳儀字成九

堂伯叔鳳階字彩章　鳳叶字紫庭國學生　鳳占字育長

從堂伯叔鳳山　鳳長　鳳起　鳳義　鳳盤　鳳來
鳳有　鳳池　鳳麟　鳳殿　鳳寶　鳳陽
鳳泰　鳳圖五品銜　鳳詔　光第恩貢生候選州判　鳳閣國學生　光裕歷署廣東龍門縣廟子角司英德縣象岡司巡檢　光瀛國學生　光耀從九品　榮第從九品　鳳嶹從九品　鳳翥候選鹽大使提舉銜　鳳岡
鳳苞　鳳巢　鳳鳴從九品　鳳彩　夢齡邑庠生　九中

二

姑丈張茹占夫子 諱象泰 寓邑庠生

姚雲閣夫子 諱文麟 青邑庠生

姚巖翔祥夫子 諱文鸞 青邑庠生

陳捷三夫子 諱鼎甲 恩貢生 候選州判

姻伯孫雁汀夫子 印星橋 丁卯鄉魁

趙心農夫子 諱廷弼 歲貢生

田鹿莊夫子 諱樹濟 邑庠生

胡静齋夫子 諱鐵 己亥舉人

盧西圃夫子 諱曰庚 己未鄉魁

延齡 昌齡 富齡 松齡 九齡 九成

聚齡 臺齡 維功 維顯 維翰 維清

維精 維邦 維治 錫園 錫瑕 錫琴

錫綬 錫祚 錫任 錫田 錫紋 錫誥

錫山 錫九 錫倫 錫純 錫疇 邑庠生 錫成

錫崇 錫來 錫芝 錫遺 錫榮 鳳竹

鳳翱 鳳昌 鳳城

族

伯叔 鴻翥 道光辛卯優貢運同銜前任山西甯鄉縣知縣 鴻翊 道光戊戌進士吏部郎中軍機處行走掌山西道監察御史兵科給事中前任福建汀漳龍道 鴻鷟 九品銜貤封中議大夫 鴻翧 道光癸卯優貢乙未謄錄前署新樂縣教諭 鴻習 庠生貤封中議大夫、 鴻詡 庠生江蘇候補同知 鴻翽 道光己酉優貢前任山東臨邑縣知縣 鴻翥 道光己酉拔貢工部郎中貴州貴陽府知府候補道 鴻翰 九品銜貤封奉直大夫

堂兄欣山夫子 印 世鏞 辛酉舉人現任獲鹿教諭

張雲舫夫子 印 仲儒 乙亥恩科經魁候補宗室官學教習揀選知縣

課師

陳序東夫子 印 以培 前任天津縣知縣

汪子常夫子 印 守正 現任天津府知府

胡芸楣夫子 印 燏棻 現任天津河間兵備道

劉獻夫夫子 印 汝翼 現署津海

嫡堂兄世則 世錫

堂兄世耕 世穀 宗賓 增廣生 宗渭 候選巡檢 宗濂

宗漢 監生七品頂戴 宗洛 宗濲

從堂兄世照 世熙 候選典史 世錕 國學生 世鏞 辛酉科舉人大挑二等現任獲鹿教諭 世銳 甲子科舉人大挑二等候選教諭 世鉁 邑庠生 世錡

世鑄 六品銜 世燾 世杰 世熹 世銘 六品銜

世泰

族兄弟學曾 癸酉膳錄候選教諭 學彭 庚午優貢內閣中書 學周 廩膳生 學陞 廩膳生

嫡堂姪兆鑅 兆鎜 幼讀

堂姪兆騏 兆熊 兆麟 俱業儒 兆諴 兆詮 兆諤 俱幼讀

三

關道

玉如夫子印額勒精額現任長蘆鹽運使

賀幼甫夫子諱貞楨前任長蘆鹽運使

李少荃夫子印鴻章現任直隸總督

受知師

孫子綬夫子印詒經前任順天學政

殿試

朝考

欽點

族姪禛璠庠生

取李氏

子二　兆朁　兆紛俱幼讀

女二

族繁不及備載

世居鎮海門外四里沽遷居下郭莊

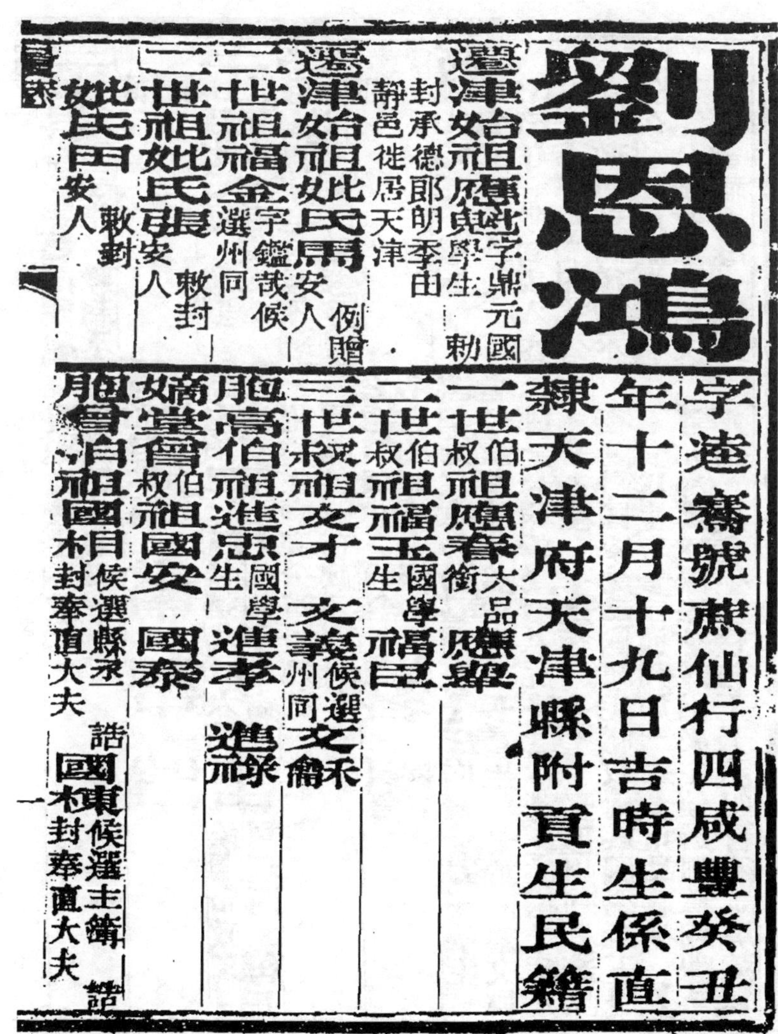

劉恩鴻

字逵齋號蕭仙行四咸豐癸丑年十二月十九日吉時生係直隸天津府天津縣附貢生民籍

遷津始祖應選 字鼎元國學生 敕封承德郎 朝季由靜邑徙居天津

遷津始祖妣氏馬 例贈安人

二世祖福金 字鑑誠候選州同

二世祖妣氏張 敕封安人

妣氏田 敕封安人

一世伯叔祖應春 大品衛 應鑾

二世伯叔祖福玉 國學生 福臣

三世叔祖文才 文義 候選州同 文龢

胞高伯祖進忠 國學生 進孝 進祿

嫡堂曾伯叔祖國安 國泰

胞曾伯祖國相 候選縣丞 誥封奉直大夫 國棟 候選主簿 誥封奉直大夫

三世祖文焱字樞府國學生 敕封承德郎

三世祖妣氏張安人 敕封

高祖進寶字超凡候選通判 敕授承德郎

高祖妣氏王安人 敕封

妣氏何 敕封安人國學生諱中式公女布政司理問銜諱永安公祖姑母國學生諱文元公議敘未入名文逵公曾祖姑母 誥封

國[illegible]國學生 敕封承德郎

堂伯叔祖本中 常中 豐中 時中

嫡堂伯叔祖大中候選州判 執中六品銜 和中候選布政司理問 敏中

女附貢生嘉慶癸酉科鄉試房薦候選布政司理問

從堂伯顯曾 顯德 顯名 顯銘

堂伯叔景墓六品銜 錫澤增廣生 景彥增廣生 景勳國學生貤贈文林郎

景猷國學生 景輝八品銜 景俊 景隆候選州判 景新九品銜

景陽國學生 景元國學生議敘通判加一級 景祺國學生五品職銜 景周九品銜

景伊國學生 景郇增廣生候選訓導咸豐壬子乙卯科鄉試房薦

奉直大夫諱沛霖邑庠生諱作霖郡庠生名承霖候選千總賞戴藍翎名恩霖高祖姑母五品銜候補巡檢名爲善五品銜賞戴花翎名家麒邑庠生名家駒太高祖姑母

曾祖國振 生 字際春 例貢 誥封朝議大夫 誥贈中議大夫

曾祖妣氏王 誥封恭人 誥贈淑人 國學生諱雲翰公胞姊 九品銜諱學文公胞姑母

[illegible] 議敘守禦所千總 賞戴藍翎 景召 國學生 景崇 國學生 景義 國學生

例贈文林郎 景選 九品銜 繼配蕭安人 旌表節孝

胞叔景顏 字善甫 國學生候選布政司理問三品封銜 賞戴花翎 景原 字藕谷 候選守備三品封、

再從堂兄弟 嗣向 繼配王安人 旌表節孝 嗣基 嗣緒 嗣啟

嗣發 嗣興

從堂兄弟 作霖 國學生 兆霖 候選州判 鳳翔 鳳翥 九品銜 鳳誥

九品銜 鳳韡 候選巡檢 鳳池 鳳衍 國學生議敘五品銜 鳳詔 議敘守禦所千總 鳳集 國學生 封文林郎 例 鳳閣 國學生 鳳鳴 九品銜 鳳儀

祖之醇 字淑芳，廩貢生，嘉慶庚午、癸酉科鄉試房薦，候選州同，誥封朝議大夫，誥贈中議大夫，賞戴花翎

祖妣氏孫 誥封恭人 誥贈淑人

妣氏西 誥封恭人 誥贈淑人 例贈修職郎諱敏公女 國學生諱道隆公國學生諱燮隆公胞姊 邑庠生諱夢庚公胞姑母 國學生名光第九品銜名開第胞祖姑母

妣氏王 誥封恭人 誥贈淑人 武庠

九品銜

縣

鳳洲 優廩膳生，同治庚午科副榜，光緒乙亥恩科舉人，丁丑考取漢謄錄，議敘知縣

鳳書 邑庠生，同治癸酉科鄉試房薦

鳳標 國學生

鳳璣 國學生

鳳篆 邑庠生，光緒己卯科舉人

鳳翰 廩膳生，光緒乙酉科鄉試房薦

鳳諾

維翰

維楨 國學生

維乾 郡庠生，元配袁安人旌表節孝

維清

維垣 國學生

維城

維寅

維墉 國學生，浙江候補鹽運司大使

維鈞 國學生

維璋

維琳

維璹

桂榮 九品銜

桂徵 候選巡檢

桂盧 國學生

桂芬 九品銜

桂珍 國學生

桂芳 九品銜

桂馨

桂莟

桂星 業儒

桂一

桂年 俱幼殤

嫡堂兄弟

恩寶 廩膳生，覃恩誥封武翼都尉

恩華 邑庠生，覃恩貤贈武翼都尉

恩

二

生諱斌公女國學生諱
裕起公胞姊候選都司
諱春元公守禦所千總
名宗元公堂姑母候選
同知賞戴藍翎諱化
成守禦所千總名化隆
堂祖
父昱雯字子雨國學生光
祿寺署正加一級
珍饈署行走欽加四
品銜誥授朝議大夫
誥封中
議大夫
母氏張誥封恭人
誥封淑人九品銜諱
魁公孫女太學生諱廷
桂公女增廣生諱元勳

林 國學生三品銜 恩禮 國學生候選都司 恩全 議敘六品銜 恩沛 議敘五品
銜
胞兄恩光 字藹階優附貢生光緒壬午科鄉試堂
胞弟恩備 覃恩誥封武翼都尉恩鴻受業 恩
彤 字筱儒邑庠生三品職銜
再從堂姪世慶 世瑞 世賡 世昌 世鑾 幼讀 世
鏞 世朋 世倫 世鈴 世鈺 世鐸
從堂姪孫彌 承彌 守禦所千總 士琦 候選巡檢 士彬 士彰
士吉 士襄 士珩 士鑾 士清 士燕
士鈺 士榮 士淇 國學生 士濂 國學生 昆璧 郡庠生同治庚

尾
公九品銜諱元贊公九
品銜諱元輔公胞妹六
品銜諱元鎖公胞姊國
學生諱元度公國學生
諱元翰公堂姊國學生
覃恩誥封奉直大夫
諱萬慶候選守禦所千
總諱嵩高胞姑母國學
生名彥紳嫡堂姑母候
選布政司理問諱紹濂
國學生諱紹
賢胞祖姑母

嚴侍下

庭訓

業師

午科副榜癸酉科舉人揀選知縣　長鈺國學生　長珠　長璞　長琜　三

長珣　長瑾　長瑛業儒　長琛業儒　長琪　長琨　長

理　長瑜　長琇俱幼讀　長瑢　長瑄　長珍　長

珪　克昌　克仁　克明國學生　克勤　克耕　克

禮　克吉　克家　克寬　克信　嘉鈴　嘉賢

嘉銘　嘉琨　嘉謨業儒　嘉珅業儒　嘉猷　嘉麟

嘉瑞　嘉仕　嘉璸　嘉琛　嘉貞　嘉珩　嘉

貴　嘉玲　嘉言　嘉忠　既信九品銜　既昌　既

和九品銜　既平業儒　既恆　既均　既康　既佳　既

堂兄瀛士夫子 印鳳洲 履歷詳前

表伯子鶴皋夫子 諱浦郡鈐庠生

姻伯張紫廷夫子 諱芝誥 增廣生

表兄張子紛夫子 印申同系治 壬戌恩科舉人辛未科大挑二等候選教諭

表姪卿夫子 印全邑庠金生

生俱幼讀

嫡堂姪女壽齡 候選都司 益齡 柏齡 俱業儒 紀齡 幼讀 曼齡

錫齡

胞姪耆齡 候選都司 椿齡 祝齡 俱幼讀

再從堂姪孫 炳衡 炳璋 炳尉 炳鋆 幼讀 炳發

從堂姪孫 裕檯 裕樞 裕榞 裕楷 裕棕 裕

林 裕樑 裕柱 椿壽 樗壽 郡庠生 桐壽 榕

壽 永祥 永五 永裕 永春

從堂姪曾孫 貴年 恆年

四

居

田鹿莊夫子 諱樹滋 邑庠生

賈子貞夫子 印炳元 同治丁卯科經魁福建歐甯縣知縣 欽加同知銜

姻兄楊春吟夫子 印光儀 咸豐壬子科舉人揀選知縣東光縣教諭主講輔仁書院著有環珥館詩鈔行世

課師

張雷門夫子 諱靈 丁酉科舉人前任天津縣教諭一

娶李氏 太學生貤贈奉直大夫諱樹基公曾孫女 附貢生例贈武略騎尉諱樹華公廩貢生原署正定府藁城縣儒學訓導嘉慶庚申恩科舉人考取 實錄館校錄選授河南新鄭縣知縣歷任四川屏山銅梁等縣知縣加三級道光辛巳恩科四川鄉試同考官 誥授奉直大夫諱長清公歲貢生候選訓導 例授修職郎諱長基公姪曾孫女附貢生原任安徽鳳陽府宿州州判歷署定遠靈璧等縣知縣 敕授徵仕郎諱葆謙公孫女候選都司 誥封武功將軍諱嘉善公郡庠生諱光謙公郡增生諱中孚公太學生道光壬午考取 恩職候選主簿 例授修職郎諱益謙公廩膳生諱觀公姪孫女太學生 誥封武德騎尉諱伯抑公次附貢生藍翎五品銜候選巡檢名仲平公歲貢生候選訓導諱叔泰公胞姪女邑庠生諱兆蓉公廩膳生咸豐乙卯科舉人壬戌會試大挑二等候選訓導同治七年津防保案 賞加五品銜 賞戴花翎原任保定府安肅縣儒學訓導

蕭康甫夫子 諱世本 癸亥翰林 前任天津縣知縣

郭紹虞夫子 印奇中 前任天津縣知縣

何劍秋夫子 印承緒 丁丑進士 前任天津縣知縣

馬松圃夫子 諱繩武 前任天津府知府

子望夫子 印宣霖 前任天津府知府

諱秉璋公附貢生運同銜 貤封通奉大夫 賞戴花翎名運昌公郡庠生光緒丙子科挑取謄錄 諱國祥公堂姪女邑庠生名鍾俊邑庠生名春第堂姊廩膳生光緒乙亥 恩科舉人丁丑科考取謄錄充補 國史館漢謄錄四品銜候選知縣名春棣附貢生同知銜 諱春穠從堂妹廩膳生光緒乙酉科舉人名春澤從堂姊議敘從九品名潤田再從堂妹郡庠生名夢吉再從堂姊國學生守禦所千總名應熊堂姑母

[illegible]氏 國學生 貤封奉政大夫 晉封朝議大夫名如芝公女咸豐己未 恩科舉人庚申考取咸安宮學漢教習壬戌考取內閣中書委署侍讀 國史館方略館校對官分發廣東本班同知光緒乙亥 恩科同考官實授赤溪直隸廳民府候補知府名向華公胞姪女道光壬辰科舉人癸丑科大挑二等候選教諭 諱向榮公堂姪女國學生候補典史名濟霖胞妹國學生候補鹽經

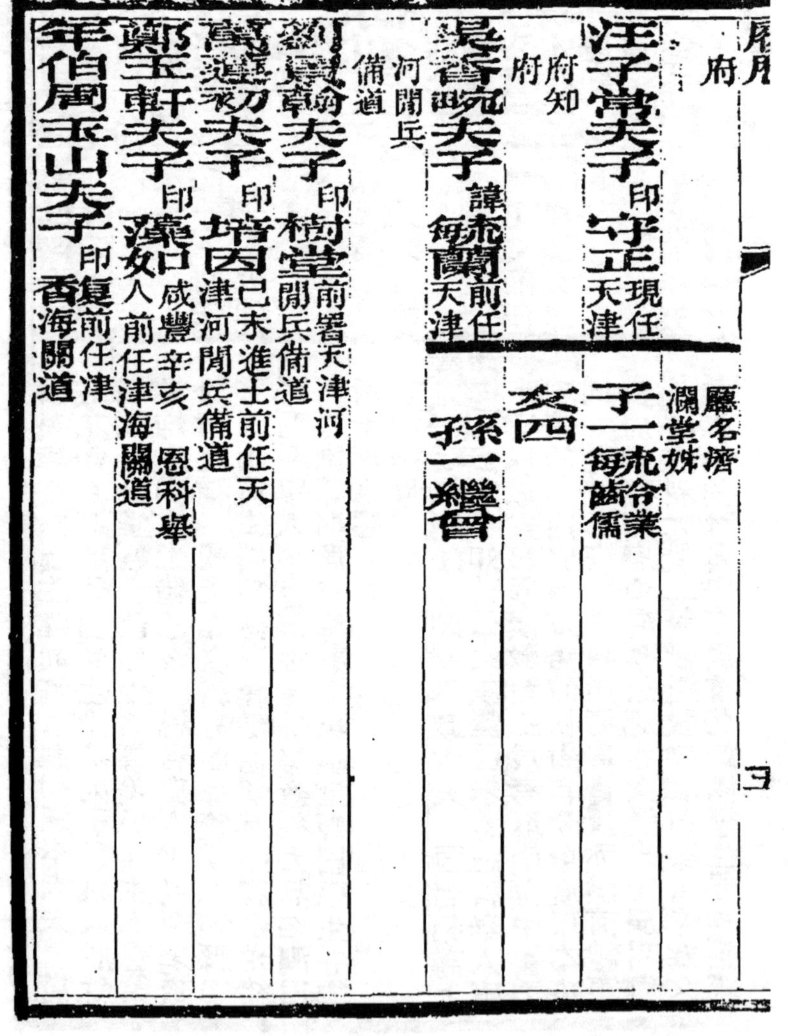

履

府

汪子常夫子 印守正 現任天津府知府

吳詩畹夫子 諱毓蘭 前任天津河間兵備道

劉景韓夫子 印樹棠 前署天津河間兵備道

萬選初夫子 印培因 己未進士前任天津河間兵備道

鄭玉軒夫子 印藻如 咸豐辛亥恩科舉人前任津海關道

年伯周玉山夫子 印馥 前任津海關道

歷名齋 瀾堂妹

子一 毓令業 毓齡儒

女四

孫一 子一 鑾

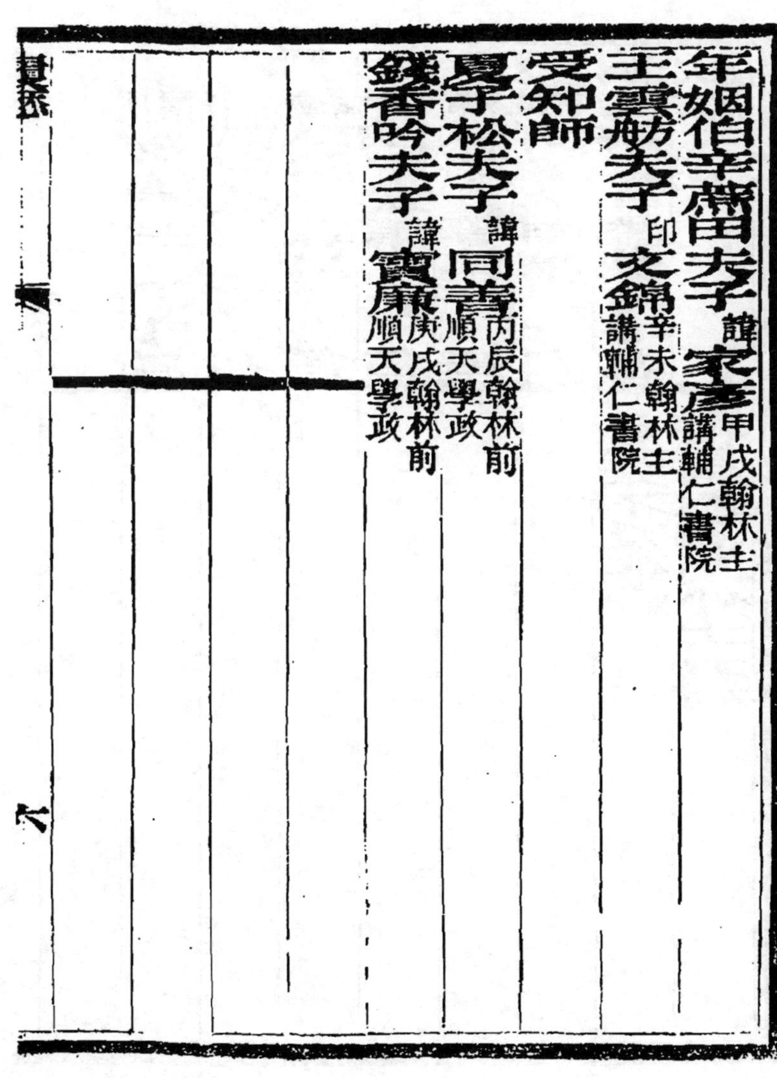

年姻伯辛齋留夫子諱家彥甲戌翰林主講輔仁書院

王雲舫夫子印文錦辛未翰林主講輔仁書院

受知師

夏子松夫子諱同善丙辰翰林前順天學政

錢香吟夫子諱寶廉庚戌翰林前順天學政

副榜第三十九名

鄉試中式第　名

覆試第　等第　名

會試中式第　名

覆試第　等第　名

殿試第　甲第　名

朝考第　等第　名

欽點

族繁不及備載

世居鎮海門外土城村

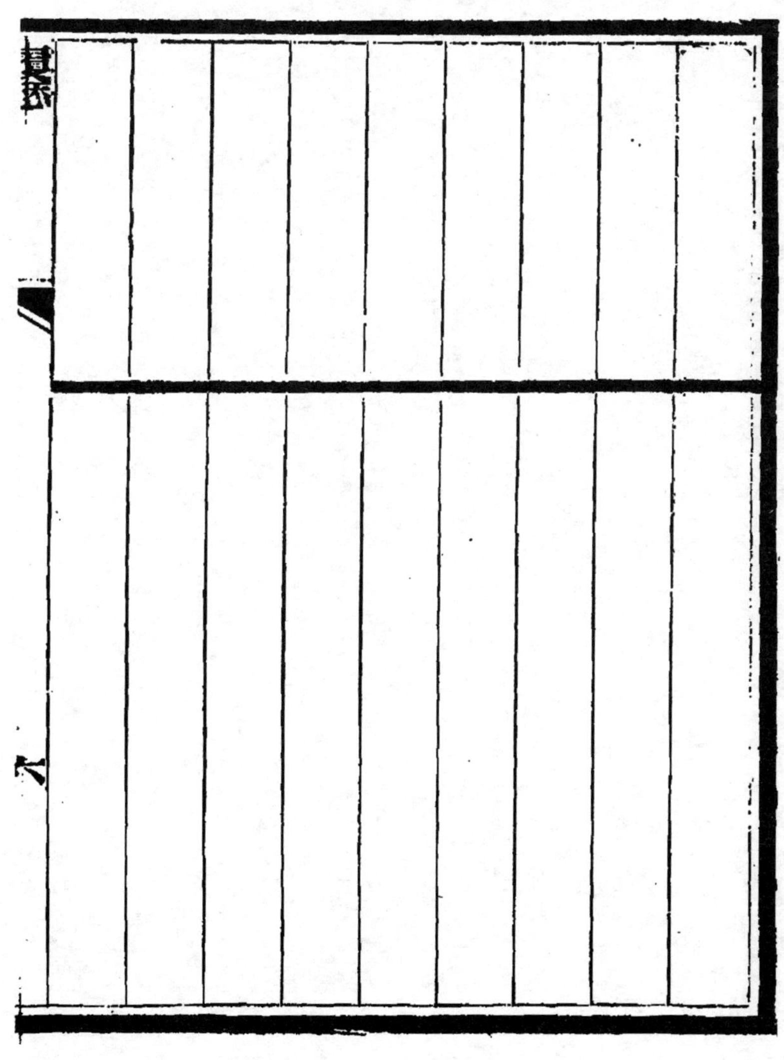